스타벅스에서 동양철학 한 잔

동양철학 현자의 갈등 해소법
직장 생활, 37가지 명약처방전

스타벅스에서 동양철학 한잔

초판 1쇄 발행일 2023년 9월 12일

지은이 | 정예서 외 5인
펴낸곳 | 도서출판 달의뒤편
펴낸이 | 이헌건
주 소 | 경기도 남양주시 진접읍 해밀예당1로 295 2401동 1004호
전 화 | 0505. 625. 7979
팩 스 | 02. 6007. 1725
이메일 | toree58@naver.com

등 록 | 제399-2021-000037호(2021. 06. 14.)

ISBN 979-11-87132-52-3 (03100)
값 16,000원

[달의뒤편]은 [도서출판 유심]의 임프린트입니다.

스타벅스에서 동양철학 한잔

정예서함께성장인문학연구원
정예서 외 5인

달의 뒤편

C O N T E N T S

제4장 자본주의 사회에서 내 연봉 지키는 법

제5장 사회와 더불어 사는 직장인

스타벅스에서 동양철학 한잔

출근길에 나선 당신에게

오늘 아침도 어김없이 출근길에 나선 당신의 직장생활은 안녕하신지요? 2019년 초여름, 저희 '함께성장인문학연구원'에서 출간한 『스타벅스에서 철학 한잔』을 펴낸 지 4년 만에 당신의 안부를 묻습니다. 선물로 드릴 『스타벅스에서 동양철학 한잔』을 들고 말입니다.

독자 여러분은 고전 특히 동양철학이라 하면 어떤 이미지가 떠오르시나요? 현대인과 무관한 고리타분한 고어(故語), 현재 상황과 맞지 않는 규범과 예속을 얼핏 떠올릴 수 있겠지만 『스타벅스에서 철학 한잔』이 그랬듯 이 책의 공저자들은 직장에서 고충을 겪을 때마다 당신이 떠올리는 질문에 답이 될 '동양고전 한 구절'을 찾았습니다.

직장인이 대부분인 우리 연구원들뿐 아니라 많은 직장인에게 『스타벅스에서 철학 한잔』이 전해준 서양철학이 직장생활에 도움이 됐다는 인사를 전해 들었습니다. 그 인사에 힘입어 『스타벅스에서 동양철학 한잔』 역시 전작과 같은 맥락으로 철학자들의 지혜가 위로와 공감이 되기를, 또 직장뿐 아니라 가정의 상황에도 도움이 될 수 있기를 바라는 마음으로 엮었습니다.

직장의 상황을 동양고전 한 구절의 해법으로

어디선가 열심히 일을 하며 이 책을 읽을 당신. 그 직장인의 일상에 도움이 되리라는 마음으로 내내 이 책을 썼습니다.

이 책을 재미있게 읽는 방식을 소개합니다. 당장 풀리지 않는 당면문제가 있다면, 목차에서 비슷한 키워드를 골라 먼저 읽는 게 도움이 될 것입니다. 무엇보다 저자 프로필, 서문, 목차를 차례로 읽다 보면 이 책의 3분의 1을 이해하게 되고 어느덧 이 책의 마지막, 닫는 글을 읽게 될 것입니다. 책의 구절구절이 모두 당신과 무관하지 않은 직장의 이야기이니 말입니다.

특별히 공자와 맹자 그리고 순자, 노자, 묵자에 이어 우리나라 퇴계 이황의 철학을 전한 건, 수천 년 전의 갈등과 지금, 현대를 살아가는 인간의 갈등이 다르지 않기 때문입니다. 따라서 이 책이 독자 여러분에게 필요한 책으로 남아 100년 후에 전해져도 공감을 느낄 수 있도록 보편적 사례를 들고자 했습니다.

물질문명이 아무리 발달해도 인간이 희로애락(喜怒哀樂)을 느낄 때 서로에게 파생되는 영향력은 인류가 존재하는 한 반복될 것입니다. 이 때문에 사람으로 행복하기를 추구했던 선대자들의 오롯한 연구 결과가 주는 도움은 실로 크며, 그것이 우리가 지금도 고전을 찾아 읽는 이유입니다.

동서양을 막론하고 철학은 우리네 삶의 본질적인 대답을 구해왔습니다. 다만 동서양 철학자들의 연구 주제는 그 시대의 역사 서사와 시공간의 다름에서 확연한 차이가 있을 수밖에 없습니다. 그러니 서양철학과 동양철학

중 어느 학문이 탁월하다고 단정 짓는 건 좁은 견해가 될 수 있습니다.

서양철학이 그리스 소피스트들과 소크라테스, 플라톤과 아리스토텔레스 등에 이어 칸트의 합리주의, 비트겐슈타인의 논리철학 등으로 존재의 '분석'을 주제로 삼아 왔다면 동양철학은 '우리'를 중심으로 타자와 어떻게 조화로운 관계를 이루며 살아가느냐를 그리며 더 멀리 전망해 왔습니다. 그러나 이 또한 두 양대 산맥의 대표 주제로 논해지는 것일 뿐 동서양 구분 없이 이미 존재와 관계를 다룬 철학자들이 있었습니다.

동양철학은 춘추시대의 공자를 효시로 전국시대의 제자백가에 이르러 그야말로 학문의 꽃을 피웠습니다. 춘추전국의 패권을 제압하려는 위정자들로 인한 혼란기 속에서 어느 때보다 다양한 학파가 생성된 것이지요. 이처럼 철학은 곧 당대를 사는 시대인의 소명을 띤 연구로 면면히 이어져 왔습니다.

공자를 '유교의 창시자'라고 온 세계가 인식하고 있지만, 공자는 자신이 창시자라기보다 옛부터 이어져 오던 예악(禮樂)의 전통을 정리해 옛 성왕, 성현의 행적에 깃든 뜻을 밝혀낸 것일 뿐이라고 말합니다.

술이부작(述而不作). '저술이지 창작은 아니다'

공자는 제자들이 엮은 『논어』 술이편에서 "내가 터득한 예부터의 사상을 진술하여 후세에 전수하며 새로운 것을 지어내지는 않으니 이러한 나 자신을 은근히 우리 노팽(은나라의 현인)에게 비겨본다."[1]라고 말합니다. 술이

1) 술이부작 신이호고 절비어아로팽(述而不作 信而好古 竊比於我老彭)

부작(述而不作), 즉 '저술이지 창작은 아니다.'라는 말은 여기서 유래합니다. 공자가 단 한 권의 책도 남기지 않은 것은 사실입니다. 그러나 겸양을 한 것이지 공자는 스스로 이상적 정치계보로 세운 '요순우탕문무주공'(堯舜禹湯文武周公) 왕들의 사상을 계승하면서도 해석에서 더 나아가 유가 철학의 확장을 이룬 철학자입니다. 그러므로 공자는 동양철학 계보의 효시라고 할 수 있습니다.

제자백가 중 하나인 법가는 도덕이 아닌 법으로 다스려 벌을 엄하게 하는 것이 나라의 기본이라고 주장했습니다. 하지만 공자는 사람이 마땅히 지켜야 할 다섯 가지 도리[五常], 즉 인의예지신(仁義禮智信)에 따라 어질고 의롭되 예의를 지킬 줄 알며 지혜롭고 믿음직하다면 법이 없어도 된다고 말합니다. 법이 없어도 스스로 오상을 지킬 수 있다는 건 염치(廉恥), 즉 부끄러움을 안다는 말과 같습니다.

세계적 팬데믹 현상을 견디다 못해 폐업하거나 설 자리를 잃은 소상공인들이 속출하고, 재택근무와 단축근무, 시간제 근무 등 갖가지 형태의 근무로 코로나 시대를 살아야 했던 당신.

'별일 없었다'는 인사가, 지겨울 법했던 반복의 일상이 언제부터인지 고마움이 된, 하 수상한 시절을 그예 우리는 지나쳐 올 수 있었습니다. 그 환란을 기억해 경계하고, 또 오늘 직장의 일화를 돌아볼 수 있다면, 즉 부끄러움을 기억하고 있다면 저녁 퇴근길에 서 있는 당신은 이미 누구보다 현자(賢者)입니다. 돌아보는데 그치지 않고 더 평화로워질 수 있을 실천을 하게 될 것이니 말입니다.

날마다 하루 세 번

오늘을 산다는 건 예상치 못한 내 몸의 증상이나 감정과 대면하는 일이기도 합니다. 그러니 낯선 상황에 부대끼는 '나'와 만나는 하루를 보내고 돌아봄은 너무나 자연스러운 일일 밖에요. 『논어』 학이편에 실린 것처럼 '오일삼성오신'(吾日三省吾身), 날마다 세 번씩 꼭 반성하지 않더라도 말입니다.

돌아보고 반성한다는 건 이렇듯 복잡다단한 탁류와 같은 현대를 살면서 맑은 물에 귀를 씻고 눈을 정화하여 내일, 다시 살아갈 힘을 충전한다는 말과 다름 아닙니다. 생은 그렇듯 날마다 낯선 나를 알아가며 타자와 어울리는 시간 안에 실재(實在)할 때 비로소 '오늘도 살아가고 있다'라고 말할 수 있는 것이지요.

『스타벅스에서 동양철학 한잔』에는 이렇듯 직장에서 있을 법한 37가지 이야기가 실려 있습니다. 무엇보다 원전의 뜻을 오독하지 않으려 했고, 동양철학의 식견이나 지식보다 직장에서 당장 적용할 수 있는, 그러면서도 어떻게 하면 더 유쾌하고 평화롭게 직장생활을 할 수 있을지를 조언하는 현자들의 촌철살인(寸鐵殺人)을 쉽게 전하는 것에 비중을 두었습니다.

또렷하게 그려지는 지혜로운 직장생활 지도

어제도, 오늘도, 내일도 반복될 동료들의 사례를 책을 통해 보는 동안 마음 안에 또렷하게 그려지는 직장생활 지도 덕에 당신은 어느덧 안도의 노래를 부르게 될지도 모릅니다. '깊고도 향기로운 철학에 힘입어 오늘 더 단단해진 나는 조직 안에서 안전하고 평등하며 나로서의 개성과 조화를 발휘할 수 있는 직장으로 출근하고 있어'라고 말입니다.

선뜻 문밖을 나서기가 망설여지던 시기를 극복하고 투명하게 반짝이는 계절이 찾아온 이때, 경쾌한 걸음걸이로 출근을 위해 현관문을 나서는 당신은 절대 순환되지 않는 현재를 사는 귀하고 귀한 사람입니다.

그런 당신에게 오랜만에 찾아온 싱그러움 속에서 마치 속 깊은 대화를 나눌 수 있는 반가운 벗의 손을 잡듯 함께 작업한 연구원 저자들과 이 책을 설렘으로 드립니다.

내내 행복하시되 늘 일상 안에서 반 보 성장의 기쁨을 누리실 수 있기를 응원하며, 이 책을 읽으신 당신과 언젠가 인문학을 공부하는 문우로 연구원에서 함께할 수 있을 날을 고대해봅니다.

2023년 가을, 인사동에서

'정예서함께성장인문학연구원' 정예서

직업인과
직장인의 간극

제 1 장

타고난 재능과 지능은 군자와 소인이 똑같다. 영예를 좋아하고 치욕을 싫어하며, 이로움을 좋아하고 해로움을 싫어하는 것도 군자와 소인이 다 같다. 그러나 그들이 그것을 추구하는 방법은 다르다.

—『순자』 '영욕'

자신감과 자뻑 사이, 핵심인재 좌표 찾기

김 선 영

(순자, 치불능 불치불견용—등용되지 못하는 것을 부끄럽게 여기지 않는다)

경력사원으로 최근 회사에 입사한 B는 화려한 경력으로 주목받았습니다. 그가 다양하게 근무 경력을 쌓아온 회사는 이름만 들어도 알 수 있는 유수의 기업들이었습니다.

어느 날 출근길에 함께 커피 한잔하자는 B의 요청에 응한 C는 B로부터 입사 과정의 뒷이야기를 듣게 됐습니다. 입사한 지 한 달이 지났다며 운을 뗀 B는 불만을 토로했습니다. B는 "애초부터 직급을 한 단계 높게 요구할 걸 그랬어요. 직급별 보상 차이를 정확히 알았다면 부장 연봉을 질렀어도 먹혔을 거 같은데 순진하게 인사부가 하는 말을 곧이곧대로 믿었던 게 잘못이죠."라고 했습니다. B는 입사 당시 회사와 충분히 협상하지 못한 아쉬움이 커 보였습니다.

얼마 후, 사내 식당에서 마주친 B는 C에게 이런 말을 들려주었습니다.

"이전 직장에서 최근 핵심인재 유출 단속방침이 내려졌다 하더라고요. 조직개편 후에 저를 비롯해 일 좀 한다는 능력자들이 줄줄이 떠났거든요.

있을 때 잘해주지, 이렇게 뒷북을 친다니까요."

C는 자신을 과신하는 B의 태도가 거슬렸지만, 스스로 핵심인재라 여기는 B의 자신감이 내심 부럽기도 했습니다.

당신도 핵심인재인가요?

2018년 3월, 직장인 960명을 대상으로 한 잡코리아의 설문조사 내용을 살펴보면 '나는 회사의 핵심인재인가?'라는 질문에 73.3%의 직장인이 '그렇다'라고 답했습니다. 반면 자신을 핵심인재라 여기는 직장인의 절반 이상(56.3%)이 '회사로부터 핵심인재로 대우받지 못한다'라고 느끼는 것으로 조사됐습니다. 그런데 문제는 대부분 조직에서 별도로 관리하는 핵심인재 비율은 전체 직원 중 많아야 10% 내외에 불과하다는 겁니다.[2] 이는 직장인의 자기인식과 현실 사이의 괴리를 말해줍니다.

여기서 우리가 생각해봐야 할 건 인재에 대한 개념입니다. 모든 인간은 각자 고유한 재능을 타고난다는 의미에서 성장 잠재력을 지닌 재목인 인재(人材)라 할 수 있지요. 하지만 기업에서 지칭하는 '핵심인재'의 의미는 좀 다릅니다. 조직적 맥락에서 핵심인재란 보통 중요한 사업 부문이나 전략적 역할을 맡은 리더 또는 이들을 승계할 차세대 리더가 되기에 적합한 역량을 갖췄다고 평가되는 사람을 말합니다. 예측 불가능한 '뷰카'[3]시대에 핵심인재의 발탁과 양성은 21세기 기업경영의 주요 의제 중 하나입니다. 핵심

2) DBR 46호, 2019년 12월 Issue 1, 전문가 인터뷰(1)

3) VUCA: 변동성(Volatility), 불확실성(Uncertainty), 복잡성(Complexity), 모호성(Ambiguity)의 약자로 미국 육군대학원에서 처음 사용한 조어.

인재 관리야말로 예고 없는 격변과 혼란을 헤쳐 나가야 하는 기업의 생존과 성장의 근간이기 때문이지요.

인재란 잘 팔리는 상품이다?

유교 전통에서 제시하는 인격의 표상이자 참된 인재상은 '군자'로 대표됩니다. 유가(儒家)의 전통을 잇는 순자도 지와 덕이 균형을 이룬 리더의 모습을 군자로 묘사합니다.

> 타고난 재능과 지능은 군자와 소인이 똑같다. 영예를 좋아하고 치욕을 싫어하며, 이로움을 좋아하고 해로움을 싫어하는 것도 군자와 소인이 다 같다. 그러나 그들이 그것을 추구하는 방법은 다르다.[4]

널리 칭송받는 군자의 고매함과 탁월함을 우리는 마치 선천적으로 타고난 재능과 성품에서 비롯된 것으로 여기기 쉬운데, 순자는 이것을 오해라고 말합니다. 군자와 소인의 차이는 재능의 크기에 있는 것이 아니라 영예와 이로움을 추구하는 가치관의 실천에서 가늠된다고 주장한 것입니다.

순자 시대에 영예와 이로움을 추구하는 방법은 왕이나 제후에게 발탁되어 관직에 등용되는 것이었습니다. 고도로 산업화된 현대 사회에서도 경력 개발을 위한 기회를 잡으려면 무엇보다 자신의 재능을 효과적으로 피력해 일자리를 얻어야 합니다. 따라서 우리는 채용시장에서 자신을 상품화해 미

4) 재성지능 군자소인일야 호영악질 호이악해 시군자소인지소동야 약기소이구지지도칙이의(材性知能 君子小人一也 好榮惡疾 好利惡害 是君子小人之所同也 若基所以求之之道則異矣)『순자』'영욕'

래가치를 팝니다.

오늘날 통용되는 핵심인재란 자신을 시장에서 잘 팔리는 상품으로 인정받게 하는 능력을 갖춘 사람, 다시 말해 잘 팔려야 핵심인재라는 등식이 통용됩니다. 그러므로 핵심인재의 확실한 징표는 몸값에 있고, 지금은 자신의 시장성을 높이기 위해 얼마나 성공적으로 이력을 관리해 왔느냐를 중시하는 시대입니다. 기업에서는 높은 몸값을 주고 공들여 영입한 인재를 그들이 직면한 문제를 타개해줄 해결사나 역전의 구원 투수로 띄우기도 하지요.

누가 진짜 인재인가?

외부에서 영입한 핵심인재가 기대에 부응하지 못해 조직에 실망감과 손실을 안긴 사례를 우리 주변에서 쉽게 찾을 수 있습니다. 그 말은 즉, 기업의 의사결정자들이 외적인 경력의 화려함에 속아 때때로 판단 오류를 범한다는 뜻이지요.

자기 효능감이 지나치게 높은 사람, 채용시장에서 잘 팔리는 핵심인재 이미지를 자신과 동일시하는 사람은 조직에서 중요한 존재로 보이기 위해 과도하게 신경을 쓰게 됩니다. 그 결과, 균형감을 잃은 과욕 때문에 협업이 쉽지 않은 사람으로 인식되거나, 실제로 그렇게 행동하기 쉽습니다. 대부분 지나친 인정욕구 때문이지요. 이쯤 되면 한때 유능한 인재라는 후광을 달고 영입된 그 사람이 오히려 조직의 시너지를 저해하는 걸림돌이 되고 맙니다. 그저 한 끗 차이로 보이는 '자신감'과 '자뻑'은 자기 안의 인정욕구를 어떻게 다루느냐에 따라 큰 차이로 귀결됩니다.

군자에게는 할 수 있는 일이 있고 할 수 없는 일이 있다.… 등용될 만한 능력을 기르기는 하지만, 사람들이 자기를 반드시 등용하도록 하지는 못한다.… 능력이 없는 것은 부끄럽게 여기지만, 등용되지 못하는 것을 부끄럽게 여기지 않는다. … 그 때문에 명예에 유혹당하지 않고 남의 비방을 두려워하지도 않는다.[5]

경력 관리의 목적이 '시장에서 잘 팔리는 상품'이 되는 것이라 여겨지는 오늘날, 우리는 핵심인재에 대한 착시현상을 쉽게 봅니다. '높은 가격에 잘 팔리는 사람'으로 보이고 싶은 마음은 어쩌면 명예욕이나 타인의 시선에 대한 민감도가 크다는 방증일지도 모릅니다. 그렇다면 순자의 말 중 "능력이 없는 것은 부끄럽게 여기지만 등용되지 못하는 것을 부끄럽게 여기지 않는" 군자의 태도에서 '누가 진짜 인재인가?'에 대한 단서를 찾을 수 있지 않을까요? 군자라면 '몸값을 올리기 위해 나를 어떻게 드러낼 것인가?' 하는 방법에 골몰하기에 앞서, '내게 요구되는 능력을 기르기 위해 지금 무엇을 하고 있는가'를 질문할 것입니다.

이렇듯 우리는 동서고금을 초월한 핵심인재의 주요 요건 중 하나는 명확한 자기인식(self-awareness)에 있다는 결론에 도달합니다. 자신이 가진 재능이 진정 빛나는 자리를 알고, 커지는 인정욕구를 알아차리는 것은 "등용될 만한 능력"을 기르는 데는 물론, 핵심인재로 발탁된 이후의 성공에 중요한 덕목이기 때문입니다.

5) 사군자지소능불능위…능위가용, 불능사인필용기…치불능, 불치불견용…시이불유어예, 불공어비(士君子之所能不能爲…能爲可用, 不能使人必用己…恥不能, 不恥不見用…是以不誘於譽, 不恐於誹)『순자』 '비십이자'

여러분도 한번 자문해 보시지요. '우리 조직이 필요로 하는 핵심인재의 요건은 무엇인가? 능력을 기르기 위해 나는 지금 무엇을 하고 있는가?' 하고 말입니다.

직장인 노마드족 시대, 우리에게 필요한 성의

강 효 주

(공자, 필신기독야-군자는 홀로 있을 때 더 신중하게 행동한다)

코로나 펜데믹은 우리 삶의 방식뿐만 아니라 일하는 방식에도 파격적인 변화를 가져왔습니다. 많은 직장인이 재택근무에 돌입하면서 기존과는 완전히 다른 업무환경을 경험하게 됐기 때문입니다. 직장 출퇴근을 17년간 해온 K차장은 처음 접하는 재택근무가 매우 기대됐습니다. 출퇴근 시간을 쓰지 않는 건 물론이고 교통비, 커피값 등 통근 시 필요했던 부대비용도 줄어 여러모로 실용적이라는 생각이 들었기 때문입니다.

재택근무 체험기

새로운 재택 근무방식에 적응하는 과정은 나름 신선했습니다. K차장은 근무시간 사용의 주도권을 자신이 갖게 됐다는 점이 매우 흡족했습니다. 회사에서는 전화, 회의, 공통업무 등이 수시로 발생해 직무 수행 시간을 스스로 조정하기 어려울 때가 많았기 때문입니다. 반면 재택근무는 개별 업무처리 시간이 충분히 확보되었고 시간 운영의 자율성이 높아졌습니다.

하지만 재택근무 돌입 후 근무와 휴식의 경계가 모호해졌습니다. 회사에서처럼 점심시간을 12시로 고정하지 않아도 되었기에 스스로 쉬고 싶을 때 쉬고, 배고플 때 식사하는 습관이 생겼습니다. 또한 업무의 종료를 중요시하게 되면서 자발적으로 퇴근시간을 연장해 근무하는 일이 많아졌습니다.

직장인 노마드족 시대의 서막

팬데믹을 경험한 회사와 직장인들은 재택근무가 회사의 생산성을 저해하지 않는다는 사실을 깨달았습니다. 2021년 사람인에서 355개 회사를 대상으로 '재택근무 생산성 현황'을 조사한 결과 조사대상 기업의 55%가 '생산성에 차이가 없다'고 답했습니다. 또, 재택근무를 경험한 직장인들은 직장인의 중요한 근로조건 중 하나로 재택근무를 꼽습니다. '2022년 퀄트릭스 직원경험 보고서'에 따르면 '과거처럼 풀타임 근무를 해야 한다면 이직을 고민하겠다'라고 답한 직장인이 조사대상자의 18%를 차지했습니다.

K차장이 근무하는 회사에서도 향후 회사의 유연근무제도를 정하고자 자체적으로 재택근무에 대한 인식조사를 실시했고, 그 결과는 매우 흥미로웠습니다.

리더들은 대부분 '재택근무가 출근해서 근무하는 것보다 효율적이지 않다'라고 했습니다. 직원들이 눈앞에 보이지 않을뿐더러 매시간 어떤 업무를 하고 있는지 알 수가 없어 구성원의 성과관리에 어려움이 있다고 판단했기 때문입니다. 반면, 실무자급은 '재택근무는 회사에서 일하는 것 이상으로 효율적인 방식이다'라고 답했습니다.

최근 타인의 눈치를 보지 않아도 되는 환경에서 일하는 것을 선호하는 직장인이 많아지고 있습니다. 그들을 잡기 위한 회사의 선택은 오직 직장인 노마드족 시대를 준비하는 것이 될 것입니다.

직장인 노마드족 시대, 성실의 의미

'노마드'는 본래 유목민이라는 뜻으로, '노마드족'이란 전 세계 어디든 시간 및 장소에 구애받지 않고 원격으로 일하는 사람을 뜻합니다. 이제는 프리랜서뿐만 아니라 직장인들도 '직장'이라는 장소에 귀속되지 않게 되었고, 누군가 지켜보는 가운데 일해야 하는 환경에서 벗어나 있습니다. 그러니 리더들이 구성원의 자율성을 충분히 검증하기 전까지 불안함을 가질 수밖에 없다는 것도 이해가 됩니다.

직장인 노마드족 시대, 직장인은 어떠한 자세를 가져야 할까요? 과거부터 직장인의 주요 덕목으로 꼽혀온 '성실'은 직장으로 매일, 근면하게 출근하여 일하는 것을 의미했습니다. 아무리 늦게 들어가도 새벽이면 일어나 출근 준비를 하던 우리 아버지들이 성실의 대표적인 모습이었을 겁니다. 그러나 직장인 노마드족 시대의 '성실'은 다른 의미로 정립되어야 할 것입니다.

공자의 가르침을 받은 제자인 증자가 집대성하였고, 유가의 사서삼경(四書三經) 중 하나로 꼽히는 대인의 학문,『대학』에서는 사람으로서 지켜야 할 도리인 성의(誠意) 즉 성실함을 다음과 같이 정의했습니다.

자신의 의지를 성실하게 한다는 것은 자신을 속이지 않는다는 것이다. 악을 싫어하기를 마치 악취를 싫어하듯이 하고… 이것이 스스로 만족하면서 흔쾌히 선을 행하고 악을 제거한다는 의미이다. 군자는 반드시 홀로 있을

때 신중하게 행동한다.[6)]

『대학』 6장 성의(誠意)에서는 '성의를 다한다는 것은 의지를 성실히 하는 것, 즉 자신을 속이지 않는 것이다'라고 강조했습니다. 또한 '필신기독야'(必愼其獨也)라는 구절을 통해 '군자는 반드시 홀로 있을 때 더욱 신중하게 행동한다'라고 했습니다. 누군가 지켜보지 않아도 스스로 자율적이어야 하며, 자신의 의지에 따라 행동할 수 있는 역량이야말로 군자의 덕목이라고 말입니다.

노마드족 시대, 요즘 직장인에게 강조되어야 할 덕목이 '필신기독야'가 아닐까 합니다. 몸이 회사에 있든 제3의 어느 장소에 있든 군자의 마음으로 자신을 속이지 않는다면 재택근무 중 상사의 눈을 피해 다른 일을 하거나, 노트북만 켜놓고 시간을 허비하는 직장인은 나오지 않을 테니 말입니다. '필신기독야'는 직원 스스로 자율적으로 업무에 임할지에 대한 상사의 우려를 신뢰로 바꿀 수 있는 중요한 덕목이 될 것입니다. 또한 스스로를 경영해야 하는 자기경영 시대에 꼭 필요한 자세이기도 합니다.

리더의 여민해락(與民偕樂) 정신

이제는 거스를 수 없는 직장인 노마드족 시대, 리더의 덕목 또한 달라져야 하겠지요. 관리와 통제를 통해 직원의 성실함을 검증하고, 카리스마 있게 직원의 성과를 이끌던 리더의 모습보다 직원의 자율성을 끌어올리고, 직

6) 소위성기의자 무자기야 여오악취 여호호색 차지위자겸 고군자 필신기독야(所謂誠其意者 毋自欺也 如惡惡臭 如好好色 此之謂自謙 故君子 必愼其獨也)『대학』'6장'

원의 행복추구권을 존중하는 리더가 더 필요한 시대가 도래했기 때문입니다. 맹자가 보여준 여민해락(與民偕樂-백성과 함께 즐기다) 정신이 다가오는 직장인의 환경에 맞는 리더의 모습일 수 있습니다.

『시경』에 이르기를 '문왕이 영대 건축에 착수하여 헤아리고 계획하자 백성들이 와서 일하니 금방 완성되었다. 문왕은 서두르지 말라고 당부했으나 백성들은 자식의 부모의 일을 하듯 서둘렀다. … 문왕이 백성의 힘으로 대(臺)와 연못을 만들었으나, 백성이 이를 기뻐하며 즐겨하니 그 대(臺)를 영대라고 부르고, 그 연못을 영소라고 하며 문왕이 사슴과 물고기, 자라를 가진 것을 즐거워하였다. 옛사람들은 백성과 함께 즐겼으니 이러한 것들을 즐길 수 있었다.'[7]

위 이야기는 맹자가 백성의 자발적 참여와 노력으로 이루어진 영대와 영소의 모습을 즐기는 양혜왕에게 시경을 예로 들어 중요한 깨달음을 전하는 장면입니다. 진정한 리더는 좋은 결과물이 구성원의 자율적 참여에서 온 것임을 알고, 그 고마움을 인식하며, 그 결과물을 구성원과 함께 즐겨야 의미가 있다는 것입니다. 이를 오늘에 적용해보면 회사의 리더는 구성원의 행복을 저해하는 판단을 해서는 안 된다는 의미입니다. 최근 많은 기업에서 '구

7) 시대아영대지편 경 량도야 영대 문왕대명야 영 모위야 공 치야 불일 부종일야 극 속야 언문왕계이물극 야 자래 여자래추부사야 맹자언문왕수용민력 이민반환락지 기가이미명 이우락기소유 개유문왕능애기민 고민락기락 이문왕역득이향기락야(詩大雅靈臺之篇 經 量度也 靈臺 文王臺名也 營 謀爲也 攻 治也 不日 不終日也 亟 速也 言文王戒以勿亟也 子來 如子來趨父事也 孟子言文王雖用民力 而民反歡樂之 既加以美名 而又樂其所有 蓋由文王能愛其民 故民樂其樂 而文王亦得以享其樂也)『맹자』'양혜왕 상'

성원의 행복'을 최우선 가치로 생각하는 것 또한 이와 같은 맥락입니다.

직장인 노마드족 시대의 리더는 나와 함께하는 구성원들의 일체감을 만들어낼 줄 알고, 구성원의 자발적인 참여를 통해 즐겁게 성과에 기여하도록 도와야 합니다. 이제는 모든 구성원을 사무실이라는 하나의 공간에 모아둘 수 없다는 현실에 적응하고, 성과를 구성원들과 함께 나눌 때 더욱 자발적이고 자율적인 참여를 이끌어낼 수 있다는 것을 알게 되기를 바랍니다.

완벽한 직장,
그 원더랜드를 찾아서

강 효 주

(노자, 지족상족–만족함을 알아야 도달하는 만족감)

얼마 전 L대리는 O차장에게 차 한잔을 청했습니다. 평소 자주 들르던 회사 앞 카페를 두고 L대리는 조용한 곳으로 O차장을 이끌었습니다. 늘 명랑하던 그녀가 웬일인지 뜸을 잔뜩 들이다가 말문을 열었습니다.

"차장님, 드릴 말씀이 있는데 저 다른 회사 이직 면접에 합격했어요."

O차장은 크게 당황했습니다. 회사에서 인정받는 전문직 여성을 꿈꾸어 왔던 후배였기에 더욱 놀라지 않을 수 없었습니다. 게다가 최근 부쩍 L대리의 업무역량이 성장하여 스스로 성취가 많았기에 이직을 결정한 이유가 무척 궁금했습니다.

완벽을 원하는 그녀를 채우지 못한 것

O차장은 후배의 이직 준비를 전혀 눈치채지 못한 선배가 돼 버린 것이 속상했지만, 그 마음을 숨긴 채 물었습니다.

"그동안 힘든 일이라도 있었어? 얼마 전 기획서도 채택됐고 업무적으로 만족하고 있다고 생각했는데."

"차장님, 저는 이곳이 제게 완벽한 직장이 아니라고 생각해요."

"완벽한 직장? 그게 무슨 말이야?"

경험 측면에서 지속 성장할 수 있다면 만족할 만한 회사라고 생각해왔던 O차장은 단 한 번도 '완벽한 직장'을 꿈꿔보지 않았기에 그녀의 말이 선뜻 와 닿지 않았습니다.

"최근 들어 업무적으로 인정받고 있고, 승진하면서 급여도 인상되어 이 정도면 좋은 직장이라고 생각했어요. 그런데 날이 갈수록 무언가 자꾸 아쉬운 점들이 눈에 들어와요. 그래서 더욱 제가 만족할 수 있는 조건을 갖춘 회사를 찾고 싶어진 거죠. 우리 회사의 업무와 연봉은 만족스러운 편이지만 동료보다는 선배들이 더 많아 동년배 직원들과 일하고 싶었어요. 합격한 회사는 젊은이들이 선호하는 기업이라 지금보다 더 활기차고 즐거울 거 같긴 해요. 반면에 개인당 업무량이 많고 퇴근이 늦은 편이라 퇴근 후 운동이나 개인생활을 하기 어려울 것 같아 이직이 망설여져요."

결핍 없는 파라다이스

내심 이직을 고민하다가 타사에 합격까지 한 상태에서도 L대리가 O차장에게 대화를 요청한 건 자신이 어떤 선택을 하면 좋을지 여전히 다른 사람의 의견이 필요했기 때문이었습니다. 담담하게 상황을 전하는 그녀. 어느 것 하나 부족함 없는 파라다이스, 모든 조건에 만족할 수 있는 직장을 찾고 있는 후배에게 O차장은 어떤 시원한 조언도 하지 못하고 돌아서야 했습니다.

고민에 빠지다

O차장은 90년대생다운 L대리의 적극성과 당당함이 부러웠습니다. 자신이 원하는 걸 잘 알고 있을 뿐 아니라 그 조건을 찾기 위해 노력하고 있으니까요. 한편으로는 그녀가 원하는 완벽한 직장, 그런 곳을 과연 찾을 수 있을까 하는 의구심이 들었습니다.

O차장은 자신의 직장생활을 돌아보았습니다. 일과 삶의 균형을 포기하기도 했고, 원치 않는 업무를 도맡아 스트레스를 받기도 했고, 동료와의 마찰로 직장 내에서 외로움을 느끼기도 했던 불만족스러운 감정들이 되살아났습니다.

그런데 O차장만 그런 직장생활을 했던 걸까요? 많은 직장인들이 지금도 어려움과 불만족을 극복하고 직장에 소속돼 있습니다. 그렇다면 우리는 완벽하지 않은 직장생활을 어떤 마음으로 지속해 나가야 할까요?

O차장은 인문학 연구원에서 틈틈이 읽던 노자를 펼쳐보았습니다.

지족상족(知足常足): 아는 데서 얻는 만족한 상태.

'지족상족'은 도가(道家)의 대표적인 사상가인 노자의 『도덕경』에서 유래된 것으로 다음과 같은 구절로 시작합니다.

천하에 도(道)가 있으면 잘 달리는 말을 되돌려 밭을 일구게 하고, 천하에 도(道)가 없으면 새끼를 밴 암말까지도 전쟁터에 나가서 새끼를 낳게 된다. 화는 만족할 줄 모르는 것보다 더 큰 것이 없고, 얻으려고만 욕심내는 것보

다 더 큰 허물이 없다. 그러므로 있는 그대로 만족할 줄 알면 언제나 부족함이란 없다.[8]

지금도 지구상 곳곳에서 벌어지고 있는 인간 탐욕의 끔찍한 결과인 전쟁을 비판하면서 노자는 도(道)가 없으면 끝이 없는 인간의 탐욕으로 인해 어질지 못한 행위가 멈춰지지 않고 욕심으로 인한 화를 면하지 못한다고 했습니다.

'지족상족'은 『도덕경』 44장의 '지족불욕, 지지불태, 가이장구'(知足不辱 知止不殆 可以長久)와도 연결됩니다. 지족(知足)은 '만족을 알고, 탐욕을 멈출 줄 안다'는 뜻으로 마음의 절제를 의미합니다. 인간은 본래 만족을 모르기 때문에 절제를 통해 이를 멈출 줄 알아야 한다는 겁니다. 모든 일에는 필연적으로 만족과 불만족이 존재하기 마련인데 노자는 '욕심을 멈출 줄 알아야 한다'라고 깨달음을 주면서도 모든 상황에서 '무조건 참으라'고 하지는 않습니다. 오히려 '어느 것이 자신에게 더 귀한가?'를 묻고, 그것을 찾았다면 가진 것에 집중하라 권합니다.

어느 것이 내게 더 귀한가?

L대리는 과연 새로운 회사에 입사하면 '완벽한 직장'을 만날 수 있을까요? O차장은 L대리에게 한 직장에 오래 다녀야 한다고 말하고 싶은 것이 아니었습니다. 오히려 그녀가 원하는 다양한 환경과 조건을 두루 경험해볼 필요

8) 천하유도 각주마이분 천하무도 융마생어교 화막대어부지족 구막대어부욕득 고지족지족 상족의(天下有道 却走馬以糞 天下無道 戎馬生於郊 禍莫大於不知足 咎莫大於欲得 故知足之足 常足矣)『도덕경』'46장'

가 있다고 생각했습니다. 그러나 모든 조건을 다 만족하는 직장을 찾는 것이 그녀의 목표가 되지는 않기를 바랍니다. 다른 조건이 조금 부족하더라도 자신이 중요하게 생각하는 한 가지를 채울 수 있다면 좋은 직장이 될 수 있겠지요. 그렇지 않다면 그녀는 철새처럼 이직을 계속하는 직장인으로 살다가 정체성을 상실할 수도 있습니다.

노자는 자연의 모든 것 가운데 오직 사람만이 자각, 즉 인식할 수 있는 존재임을 강조하며 '만족함을 아는 데서 얻는 만족의 상태', 즉 지족상족을 강조했습니다.

그녀가 원하는 많은 조건 중 '내게 가장 귀하고 중요한 것이 무엇인가?'라는 질문에 대한 답을 찾는 날, 그녀는 '완벽한 직장'에 버금가는 일터를 만나게 되리라 믿습니다.

인사평가,
희로애락의 달콤쌉싸름

강 효 주

(노자, 자견자불명-자기 관점으로만 보면 진정한 인식에 도달하지 못한다)

직장인에게 12월은 인사평가가 진행되는 시기입니다. 누군가에게는 만족과 성취를, 누군가에게는 아쉬움과 불평을 가져오는 인사평가는 회사에 대한 애사심을 불어넣기도, 사표를 내고 싶게 만들기도 합니다. 물론 회사로서는 절차와 기준의 객관성을 갖추기 위해 최대한 공을 들이지만 평가 결과가 공개되면 여지없이 불만의 목소리를 피할 수 없습니다.

"회사 좋은 일만 실컷 하고 인정도 못 받으니, 회사 다닐 맛이 나지 않아요!"

"야근까지 하면서 시키는 일은 다 했는데 왜 평가는 늘 중간일까요?"

"내가 올린 회사 매출이 얼마인데 평가를 이렇게 짜게 줬다고? 열심히 일해야 할 이유를 찾지 못하겠어."

인사평가의 한계

누구나 타인의 평가를 온전히 수용하기는 어렵습니다. 오랜 기간 직장생활을 해온 P과장 역시 인사평가 시즌마다 수많은 갈등을 느꼈습니다. 상사가 1점이라도 점수를 하향한 것을 보며 '나를 싫어하나?' '공정하게 평가한 것일까?' 하는 의구심에 의기소침해지기도 하고, 문득 '내가 얼마나 조직에 헌신해왔는데 평가 등급이 겨우 이 정도라고?' 하는 생각에 화가 치밀기도 했습니다.

이 글을 읽는 독자 여러분도 같은 경험을 해 보셨을 겁니다.

다년간 인사팀에서 근무해온 J과장은 매년 인사철이 되는 12월이면 되풀이되는 숙제처럼 이 문제에 직면하게 됩니다. 그도 그럴 것이 인사평가에 만족하지 못한 동료나 선후배들로부터 '인사평가 프로세스에 문제가 있다'는 지적을 집중적으로 받기 때문입니다.

대부분 자신의 노력만큼 반영되지 못해서 혹은 상대평가의 한계로 일부 직원의 등급이 내려가거나, 자신의 의지와 상관없이 벌어지는 대내외적 환경 변화를 포괄적으로 반영하지 못한다고 생각하면서 리더와 인사팀에 대한 불신이 더해지고, 결국 불만은 확신으로 굳어지곤 하지요.

자기평가와 타인평가의 간극

J과장이 재직 중인 회사에는 다행이랄까 이의를 제기할 수 있는 절차가 있습니다. 인사평가 결과가 불합리하다고 생각될 때 회사에 공식적으로 재검토를 요청할 수 있는 제도입니다. 그러나 앞서 말씀드린 것처럼 직원들은 사석에서 J과장을 만나면 평가에 관한 의견을 허심탄회하게 말하지만 절차에 따라 이의제기를 하는 직원은 극소수에 불과합니다. 절차가 번거롭기도 하고 혹시 그 과정에서 되레 불이익을 당하지는 않을까 하는 염려도 뒤따르

기 때문입니다. 그래서 표면적으로는 결과를 수용하는 듯하지만 어쩌지 못한, 양가감정을 표출하게 되는 거죠. 직장인이라면 누구나, 충분히 이해가 가는 대목입니다.

J과장은 직원들과의 대화를 통해 인사평가에 아쉬움을 가진 분들의 공통점을 찾을 수 있었습니다. 그 몇 가지는 아래와 같습니다.

첫째, 인사평가 결과가 좋지 않은 이유를 외부에서 찾는다.
둘째, 자기평가와 타인평가의 간극이 크면 클수록 아쉬움도 크다.
셋째, 회사의 평가 기준을 정확하게 이해하지 못한 경우가 많다.

'나는 정말 열심히 일해 왔지만, 연초에 세웠던 업무목표를 100% 달성하지 못할 만큼 더 중요한 일들이 많이 일어났으며 그 결과는 나름대로 최선이었다.' 대부분 직장인이 공통으로 이러한 생각을 하고 있기에, 인사평가는 애초에 임직원 모두를 만족시킬 수 없는 제도일지 모릅니다. 그러나 조직에 속한 직장인들은 자기평가와 타인평가의 간극이 어디에서 비롯되는지 한 번쯤 고민해볼 필요가 있습니다. '나를 알아봐 주지 않는다'라는 관점에서 잠시 벗어나 '나를 평가한 회사의 기준이 무엇이었을까?'를 고민해본다면 객관적으로 직장에서의 내 공과를 가릴 수 있게 됩니다.

기업의 인사 담당자면서 평가를 받는 입장이기도 한 J과장은 인사평가의 커다란 축은 회사가 중요하게 생각하는 가치에 있다고 여겼습니다. 그것을 대변하는 것은 리더지요. 회사의 전략을 대변하는 리더가 어떤 방향성을 추구하고 있는지에 따라 평가의 기준은 매우 다를 수밖에 없습니다. 회사에서는 평가자의 관점을 균등하게 맞추기 위해 노력하지만 한계가 있습니다. 리더의 개인별 주관성을 배제할 수 없고 리더마다 평가의 기준점이 서로 다르기 때문입니다.

일을 헛되이 하지 않으려면

타인의 평가 기준을 알면 자신을 객관적으로 바라보는데 필요한 기준점을 알게 됩니다. 우리가 자신을 바라보는 관점은 주관성에 따라 관대하기도 엄격하기도 하므로 객관성을 유지하기 쉽지 않습니다. 이럴 때 선인, 맹자의 진심장구(盡心章句)편에서 지혜를 찾아보면 어떨까요.

어떤 일을 하려고 하는 것을 비유하면 우물을 파는 것과 같으니, 우물을 아홉 길이나 팠더라도 샘물에 미치지 못하면 오히려 우물을 버리는 것이 된다.[9]

맹자는 어떤 일을 함에 있어 결국 뜻을 이루어 내는 것을 가장 중요하게 생각했습니다. 큰 노력을 기울였어도 뜻을 이루지 못했다면 헛된 일이 되어버리는 것을 우려했기 때문입니다. 직장인의 일도 이와 비슷합니다. 인사평가를 대하는 직장인들은 자신의 업무가 회사의 기준에 부합하는지 계속 점검하고 기준을 파악해야 합니다. 리더와 적극적인 소통을 통해 방향성과 기대 수준이 맞추어져야 상호 만족하는 결과를 만들어낼 수 있습니다. 그래

9) 유위자비약굴정 굴정구인이불급천 유위기정야(有爲者辟若掘井 掘井九軔而不及泉 猶爲棄井也) 『맹자』 '진심장구'

야 아홉 길이나 파놓은 우물에서 물이 나오지 않아 헛된 일이 되는 것을 막을 수 있습니다. 즉, 직장의 인사평가는 리더와의 소통을 통해 함께 만들어 낸 우물과 같은 것이라 할 수 있습니다.

또한 직장인은 자신을 좀 더 객관적으로 바라볼 마음의 준비가 필요합니다. 노자의 『도덕경』 24장은 자신을 돌아볼 때 도움이 될 만한 조언을 담고 있습니다.

> 자신의 관점으로만 보는 사람은 진정한 인식에 도달하지 못하고, 자신을 옳다고만 하는 사람은 빛나지 못한다. 스스로만 드러내려는 사람은 현명하지 못하고, 스스로만 옳다고 하는 사람은 공이 없다. 또한 스스로 자만하는 사람은 오래가지 못한다.[10)]

도를 추구하는 사람은 자신의 공을 과시하거나 자랑삼는 일을 하지 않는다는 뜻입니다. 우리는 간혹 자기연민에 빠져 자신을 관대하거나 과장되게 바라볼 수 있습니다.

자신을 사랑하는 건 중요한 덕목이지만 자기중심적으로만 사고하면 타인과의 거리가 더 벌어집니다. 또 불만족의 탓을 외부에서 찾거나 스스로에 대해 편향된 인식을 하는 것은 마치 한쪽으로만 기운 저울과 같이 균형을 이루지 못합니다. 노자는 자신을 올바로 성찰해야 힘이 됨을 전하고 있습니다.

---

10) 자견자불명 자시자불창 자벌자무공 자긍자불장(自見者不明 自是者不彰 自伐者無功 自矜者不長)『도덕경』 '24장'

올해도 어김없이 12월 인사평가 시즌이 오면 우리는 평가로 인한 불안과 혼란을 경험할 것입니다. 그러나 성찰과 자기 인식을 통해 자족(自足)의 단계로 나아가는 지혜를 터득한다면 예전처럼 인사평가 결과에 연연해하지 않을 힘을 갖게 됩니다. 또한 직장인의 업무가 회사를 위한 희생이 아니라 자신의 직업적 성장을 위한 과정임에 방점을 둔다면 매해 어김없이 찾아오는 인사평가 기간을 흥미롭게 지켜볼 수도 있지 않을까요?

여전히 힘든 시기가 될지, 의미 있는 자기 점검의 시간이 될지, 다가올 12월을 함께 기다려보면 어떠실는지요.

원하던 직군전환의 기회가 온다면

김 준

(공자, 사이우즉학-여력이 있으면 배워야 한다)

여러분은 혹시 회사에서 직군 이동의 경험이 있으신가요? 이번에 소개해 드릴 A가 근무하게 된 기관은 구성원의 직군을 일반직과 기능직 그리고 기술직으로 구분했습니다. 전문 분야의 자격증을 보유하고 있던 A는 입사하면서부터 행정과 기술, 두 가지 업무를 하게 됐는데 어느 날, 기능직으로 직군 소속됐다는 안내를 받았습니다. A는 그 상황이 뭔가 잘못됐다고 느꼈습니다. 처음 출근할 때는 A의 출근부가 일반직에 있었는데, 당장 그날부터 기능직에 가 있었던 겁니다.

'아무 설명도 없이 이게 무슨 말이지?' 놀란 A가 인사부에 질의하자 A의 관련 부서 자격증 소지로 인해 일반직에서 기능직으로 변경됐다는 설명과 함께 '일반직군을 원했다면 입사할 때 희망 부서를 더 적극적으로 어필했어야 했다'라는 답변이 돌아왔습니다.

중요한 직군 배정에 대한 충분한 설명은 물론 사전고지도 하지 않은 회사 측의 처사에 A는 몹시 당황했습니다. 그러나 어렵게 취업한 회사인데다 규정상 소속을 되돌릴 수 없다는 말에 A는 자신도 모르게 직군이 바뀌어버린 부서에서 일해야 했습니다.

그런데 일을 하다 보니 일반직과 기능직은 단순히 업무만 다른 게 아니라 직종 간 급여와 직군에 대한 인식의 차이도 컸습니다. 또 승진의 기회도 일반직에 더 많이 부여돼서 기능직 출신의 관리자가 전혀 배출되지 않았습니다. A는 그와 같은 상황이 자신에게도 적용될 거 같아 불안했지만 추후 혹시라도 있을 직군 조정 계획을 기대하며 다음을 기약할 수밖에 없었습니다.

직군 전환의 희망과 한계

입사 6년이 지난 어느 날, A가 기다리던 직군 전환의 기회가 찾아왔습니다. 회사의 직군 조정 계획으로 일반직 전환이 가능해진 겁니다. 하지만 한 가지 조건이 있었는데, 전환과 동시에 최하위 직급이 되는 거였습니다. 그 조건은 차치하고라도 A는 지금껏 해온 업무가 나쁘지 않았고, 기획안을 만들고 정책을 수립하는 일반 행정업무에도 흥미가 있었던 터라 막상 전직을 선택하기가 쉽지 않았습니다.

그렇게 일반직과 기능직 사이에서 고민하던 어느 날 다른 부서 계장과 마주쳤는데, 그는 A에게 마침 잘 만났다는 듯 근황을 물었습니다.

"엊그제 인사과장에게 얘기 들었는데 전직 대상이라며? 자네가 원하던 일인데, 잘 된 거지?"

"네, 그러게요. 이런 날도 오긴 오네요. 그런데 막상 일반직으로 전직하려니 이거저거 고려해야 할 것들이 많네요. 일반직으로 가면 당장 하위직이 돼서 급여도 줄고…. 결정하기가 쉽지 않아요."

"그래, 급여, 중요하지. 그런데 말야. 기능직으로 있는 것보다는 지금, 조금 손해를 감수하더라도 일반직으로 전환하는 게 장기적으로 급여나 승진에 더 많은 기회가 주어질 거야. 그러니 잘 판단해봐. 무엇보다 자네가 오래 기다린 전환 기회니까."

계장의 조언을 들으며 자신이 무엇을 더 염두에 두어야 하는지 분명해진 A는 확신을 가지고 결정했습니다.

일을 하며 성장과 배움이 있을 수 있다면

『논어』의 자장편에는 다음과 같은 글이 있습니다.

> 모든 기술자는 공장에서 일을 이루고, 군자는 학문으로써 도(道)에 이르게 된다.[11]

군자는 학문으로, 기능인은 기술로 각자 배우고 성장한 바에 따라 본분을 다할 때 일과 도를 이루며 조화에 이른다는 말입니다.

직군 간 처우 차이가 없었다면 A도 굳이 직군을 변경할 생각을 하지 않았을 것입니다. 그러나 직군 간 승진 기회와 급여 차이가 확연했고, 조직에서의 성장은 승진과 함께해야 이루어진다는 게 A의 평소 생각이었습니다. 그런데 이번 결정을 통해 입사 때의 초심을 돌아보니 자신은 승진보다 안정과 배움에 더 가치를 두고 있었다는 걸 발견했습니다. 또 승진은 일에 대한 평

---

11) 자하왈 백공 거사 이성기사 군자학 이치기도(子夏曰 百工 居肆 以成其事 君子學 以致其道)『논어』'자장'

가와 평판 등 다양한 요소에 의해 이루어지는 결과라 A의 뜻대로 이루어지는 게 아니었습니다. 직군 차이로 자신의 경력이 불합리하게 인정받지 못하는 건 아닌가 하는 조바심 때문에 중요하게 여기는 가치를 잊고 있었던 것입니다.

그 후 A는 지난 6년간의 기술 업무 경험을 바탕으로 행정 업무를 하며 현장 이해와 조정의 폭을 넓혀 갈 수 있었습니다. 실제의 경험을 바탕으로 책상머리 행정에서 그치지 않는 업무를 할 수 있었던 겁니다.

『논어』의 자장편에는 또 다음과 같은 글이 있습니다.

벼슬을 하고도 여력이 있으면 배우고, 배우면서도 여력이 있으면 벼슬을 하는 것이다.[12)]

관직에 나아가, 다시 말해 출사를 하면 반드시 배워야 하고, 출사를 하지 못했다 해도 배워서 준비가 되면 출사할 수 있다는 말과 같습니다.

일과 배움은 이처럼 상호작용을 일으켜 기회를 만나게 하고 또 일할 때는 그 일을 바라보는 안목이 깊어지게 한다는 뜻으로 풀이됩니다. 따라서 직장생활 중 여력이 있다면 배워야 하고, 그 배움을 일로 실천할 수 있어야 한다는 말이지요. A의 경우를 빗대어 본다면, A는 그동안 기능과 일반 업무를 겸해야 했기에 얇고 넓게 일을 수행하고 있었던 겁니다.

---

12) 자하왈 사이우즉학 학이우즉사(子夏曰 仕而優則學 學而優則仕)『논어』'자장'

학령기 때만 배우는 시대는 지났습니다. 배움 활용의 사이클이 너무 짧기 때문입니다. 근대 이전의 교육과 학습은 성인 학습에 무게의 중심이 있었습니다. 근대에 들어오면서 비로소 학령기 때 배우기 시작했던 거지요. 이처럼 현대의 빠른 변화는 더 새로운 지식과 역할을 요구하고 있습니다. 직장인도 다양한 분야의 평생 학습이 당연히 필요합니다.

『논어』의 위령공편에는 다음의 글이 있습니다.

나는 일찍이 온종일 먹지도 않고, 밤새도록 자지도 않고 생각해 보았으나 아무런 유익함이 없었고, 배우느니만 못하였다.[13]

A의 직군 전환이 가능했던 것도 위의 글처럼 지속적인 학습으로 행정가로 성장할 토대를 만들어 왔던 덕분입니다. 앞으로 A가 더 전문적으로 공부한다면, 조직에서의 기여는 물론 승진의 기회도 주어질 거라 기대할 수 있습니다.

혹시 원하지 않는 직군과 직무로 고민하는 분이 있다면, 장기적인 안목으로 자신의 성장과 일의 확장에 도움이 되는 배움을 추구하며 하고 싶은 일의 직군 전환을 차곡차곡 준비해보시길 권합니다.

13) 자왈 오상종일불식 종야불침 이사무익 불여학야(子曰 吾嘗終日不食 終夜不寢 以思無益 不如學也)『논어』'위령공'

평생 일하지 않고 놀고먹는 사람!

정 예 서

(묵자, 뇌기력자생 불뇌기력자불생–힘써 일하는 자는 살고, 그렇지 않은 자는 살지 못한다)

얼마 전, 20대 후반부터 30대 중반의 이직이나 취업 준비생을 대상으로 고민을 나누는 집단 프로그램이 열렸습니다. 그중, 참가자 10명이 익명으로 한 가지의 바람을 써서 상자에 넣고 진행자였던 제가 그 쪽지의 주제를 나누는 순서가 있었습니다. 그런데 무작위로 쪽지 내용을 개봉한 후 우리는 누구랄 것도 없이 한숨을 내쉬었습니다. 10개의 바람을 적은 쪽지의 내용이 비슷했기 때문입니다. 참가자들도, 저도 놀랐던 닮은꼴의 내용은 무엇이었을까요.

참가자들의 공통된 바람은 자신의 이름으로 된 아파트를 가진 사람 또는 건물주의 아들딸이나 건물주와 결혼한 사람이었습니다. 어떻게 그게, 모두의 단 한 가지 바람이 될 수 있느냐고 묻자 이구동성으로 돌아온 대답은 '건물주가 되면 월세를 받아 평생 출근하지 않아도 돈 걱정 없이 살 수 있으니까'라는 것이었습니다.

상자를 개봉하기 전에는 이직이나 적성, 취업 불안에 관한 내용이리라 짐작했던 저는 적잖이 놀랐지만, 일하지 않고 소비만 하는 것을 부러워하는, 물질만능주의가 보편적 욕구로 자리 잡은 것을 목격하게 된, 참으로 씁쓸한 경험이었습니다.

독자 여러분은 이 결과에 대해 어떤 생각이 드시나요? 참여자들의 바람에 100퍼센트 공감하는 분도 있고, 우리 사회 전반에 걸친 물신숭배에 대해 회의를 느끼는 분도 있겠지요. 또 그래도 월급을 받으며 출퇴근하는 안정감이 우선이다, 나는 일에 대한 가치관을 바로 정립하고 있다 등등 여러 생각이 드실 듯합니다.

당신에게 일이란 무엇일까요?

현재의 20대는 150세까지 기대수명이 가능하다는 사회학자들의 전망이 있습니다. 그러니 앞의 분들처럼 건물주의 자녀 즉 우리 사회에서 규정한 속칭 금수저가 되고 싶다는 갈망을 할 수도 있겠지요. 이쯤에서 우리는 물질의 만족이 과연 인간의 행복 척도에 어느 정도 기여할 수 있을지 숙고해봐야 하겠습니다. 모두가 물질 만능으로 치달아 가며 다양한 가치관을 상실해 가는 이때, '물질이 과연 내 행복을 대표하는 가치'가 될 수 있는가 하고 말입니다.

맹자가 아비 없는 자라고 비난했던 묵자는 춘추와 전국시대 사이에 태어났습니다. 성은 묵(墨), 이름은 적(翟)이며 노(魯)나라 사람으로 알려져 있습니다. 그는 노동의 신성함을 강조하며 혈연을 넘어선 인류공동체의 사랑을 실천하고자 했습니다. 아랫글은 '일하지 않는 자는 인간이 아니다'라고 말하는 묵자가 인간의 가장 큰 특징을 '일하는 자'로 정의하고 있는 대목입니다.

사람은 짐승과 달라서 힘써 일하는 자는 살고, 그렇지 않은 자는 살지 못한다.[14)]

묵자는 노동을 인간으로 살기 위한 첫 번째 신성한 행위라 여겼습니다. 선과 악, 윤리 등을 논하던 공자의 사상과 대척점에서 노동으로 인간됨을 논한 묵자는 그 시대의 어떤 철학자보다 파격적 사상을 펼쳤던 거지요. 후대의 철학자 마르크스가 '인간은 노동 안에서 창조성이 발현된다'라고 한 것과도 맥을 같이 하는 구절입니다.

내 돈의 지도에는 명분이 있는가?

내가 일하지 않았음에도 잔고가 있다는 건 그 돈의 이력에 '생산성'이 결여되어 있다는 뜻입니다. 그러니 내 자산이 어디서 왔는지 확인할 수 있다면 당신은 이미 신성한 자본가인 거지요. 이처럼 자본주의 국가에서 돈의 이력을 투명하게 확인할 수 있다는 건 돈의 윤리관을 제대로 알고 실천하고 있다는 겁니다.

14) 금인여차이자야 뇌기력자생 불뇌기력자불생(今人與此異者也 賴其力者生 不賴其力者不生)『묵자』'비악상'

중국 역사상 유일한 평민 출신의 철학가였던 묵자는 그래서였는지 피지배층인 서민의 입장을 대변하는 연구를 지속했으며, 제자백가 중 유가와 함께 영향력 있는 학파의 선생이었습니다. 그 연구의 연장선에서 묵자는 또 사유재산이 있는 한 도둑을 없앨 수 없다며 '상속과 사유재산 소유'를 반대했습니다. 노동을 하지 않고 열매를 얻는 건 결국 자기 소유가 아닌데 취하는 도둑과 같다는 것이 묵자의 말입니다.

이른바 작은 일에 대해 잘 안다는 것은 어떻게 된 일인가? 지금 어떤 사람이 여기에 있는데 다른 사람의 채소밭이나 과수원에 들어가 그 사람의 복숭아, 자두, 외, 생강을 훔쳤다면 윗사람은 그를 잡아 벌을 줄 것이며 사람들은 듣고서 그를 비난할 것이다. 그것은 어째서인가? 그것들을 기르는 데 참여하지도 않고 그 과실들을 획득하였으며, 그의 소유가 아닌데도 훔쳤기 때문이다.[15]

멀리 볼 것도 없이 우리 사회에도 노동과 자본의 윤리가 바로 서지 않은 까닭에 자본이 사람을 넘어서 사건과 사고로 이어지는 일이 빈번합니다. 묵자는 이렇듯 위정자들이 힘을 남용하여 힘없는 남의 재산을 편취하는 것을 신랄하게 비판하고 있습니다. 노동하지 않고 남의 물건을 훔치는 행위, 무

15) 소위소물즉지지자 하야 금유인우차 입인지장원 취인지도리과강자 상득차벌지 중문즉비지 시하야 왈 부여기노획기실 이비기유소취지고 금인여차이자야 뇌기력자생 불뇌기력자불생(所謂小物則知之者 何若 今有人於此 入人之場園 取人之桃李瓜姜者 上得且罰之 衆聞則非之 是何也 曰 不與其勞 獲其實 已非其有所取之故 今人與此異者也 賴其力者生 不賴其力者不生)『묵자』'천지'

상으로 점유하는 행위를 처벌해야 한다고 주장하는 묵자를 그 당시 사회 지배층이 환영할 리 없었겠지요.

내 일에 어떤 의미를 부여 하며 시간을 쓰고 있는가?

K는 홈쇼핑의 패널로 일하게 돼 홈쇼핑 입점 상품 심사를 위한 자리에 참석하게 됐습니다. 매주 다양한 상품들이 심사대에 올라왔고, 패널들은 그 상품들을 소비해보고 추천하는 막중하다면 막중한 역할을 맡았습니다.

어느 날 심사가 끝나갈 무렵, 패널 중 한 분이 K에게 '더 좋은 게 많은데 왜 다른 패널들이 선택을 기피하는 건강기능 식품만 가져가 후기 보고서를 쓰는 거냐. 혹시 집에 환자가 있느냐' 하고 물었습니다.

그분의 말처럼 건강기능 식품은 장기 복용을 해야만 효용성을 알 수 있기에 대부분의 패널이 기피했습니다. 반면에 전자제품부터 먹거리, 의복, 화장품 등, 당장 가정에서 쓸 수 있거나 먹을 수 있는 상품이 인기였지요. 그런데 패널을 진행한 지 6개월이 지나도록 유독 건강기능 식품만 가져가는 K가 이상해 보였던 모양입니다. 그 동료의 질문에 일순 이목이 집중됐습니다.

당황한 K는 '집에 환자는 없고, 회사가 주력하고자 하는 방향성이 건강기능 식품에 있는 듯해서'라고 이실직고했습니다. 그 말을 듣고 처음에 소란하던 패널들과 달리 회사의 대표와 본부장, 각 부서의 팀장도 참석했던 자리에는 잠깐 정적이 돌았습니다.

며칠 후, K는 대표의 면담 요청을 받았습니다. 그 자리에서 대표는 패널이 회사의 방향성을 알고 있는 게 놀라웠다며 혹시 재직 의사가 있냐고 물었습니다. 원한다면 특채 형식으로 채용을 고려할 테니 이력서를 제출해보라는 말에 선뜻 대답을 못하고 그 자리를 벗어났습니다. 그러면서 그는 회사의 방향성을 알고 있었던 게 그렇게 주목받아야 할 일인지 한동안 생각하게 됐습니다.

그날, K가 대표에게 건넨 20페이지에 걸친 '보고서'는 홈쇼핑 웹구조, 상품 품목, 쇼호스트의 진행 태도, 독자적 경쟁력 강화에 관한 건의안이었습니다. 보고서에 차마 올리지 못한 문항도 있었는데, 그건 팀장급들이 회사를 바라보는 태도, 상하 소통이 안 돼 소극적일 수밖에 없는 업무방식의 한계 등이었습니다.

K는 패널로 일하는 한 달 동안 타 홈쇼핑의 품목을 분석하며 경영진이 어떤 품목을 주력으로 삼고 있는지를 알게 되었습니다. 그에 따라 심사대에 건강기능 식품이 올라오면 직접 식용해보며 면밀한 보고서를 썼던 것입니다.

직업인과 직장인의 차이

대표에게 보고서를 낸 이후 K는 관련자들과 더 많은 이야기를 주고받는 자리에 참석하게 됐고, 사실상 연임이 불가한 직책이었지만 K가 참석할 수 없는 여건이 될 때까지 2년이 넘도록 연임을 계속했습니다.

그때 K가 사람들에게 가장 많이 받았던 질문은 '단순 패널이고 6개월 단기직에 불과한데 왜 그렇게까지 일하느냐' 하는 것이었습니다. 정말, 그는 왜 그렇게까지 했던 걸까요?

"직장에 다니면서 제일 고민했던 건 그냥 아무 생각 없이 시키는 일을 하는 거였어요. 점점 기계가 되어가는 느낌이었어요. 또 그렇게 일하고 싶진 않았어요. 저는 직장인이되 직업인이고 싶었거든요."

여기서 우리는 K의 일에 대한 가치관 즉 태도를 볼 수 있습니다.

직장인은 그저 월급을 받는 것에 족하고, 주어진 업무 외에는 더 이상 하려 하지 않으며 의무를 다할 뿐입니다. 또 일부는 근무시간을 어떻게 하면 업무 외의 시간으로 쪼개 쓸까 궁리하기도 합니다. 반면 직업인은 스스로 하고 싶고 잘하는 일을 신중하게 선택하고, 일단 선택하면 돌아보지 않습니다. 오직 그 일을 어떻게 잘 해낼 수 있을까, 어떻게 소명을 다할까만 염두에 두며 그 일을 좋아하게 되는 거지요.

우연한 계기로 시작된 일이지만 K는 말 한마디에 상품 판매에 영향을 미치는 패널의 무게가 결코 가볍지 않다고 생각했습니다. 패널들의 방송 가부 결정에 따라 중소기업의 성장 여부가 달렸으니 제대로 해야만 했습니다. 그러기 위해 자연스럽게 그 회사의 연혁과 역임했던 대표들 그리고 그 공간 안에서 부딪히는 모든 것에 대해 공부를 했습니다. 시스템을 이해할수록 일이 재미있어졌고 일의 효율성도 당연히 커졌습니다.

K는 그때, 10여 년 동안 자신이 하고 있던 일의 정체성에 대한 의문 때문에 경력 전체를 돌아보는 멈춤기였습니다. 마침 그 시기에 자신을 찾아와준 그 일이 무척 고마웠고, 고민에 대한 답을 들은 듯 힘을 받았습니다.

이 글을 읽고 계신 독자들도 자신이 직장인과 직업인 중 어디에 속하는가 한번 생각해 보시면 좋겠습니다.

노동의 가치가 생의 지도가 될 수 있는 사회

'노동할 수 있어야, 노동의 기꺼움을 알아야 인간이라던, 또 노동자가 존중받는 나라가 좋은 나라'라고 했던 묵자의 말이 다시금 생각납니다.

그 일을 계기로 K는 자신이 평생 할 수 있는, 좋아하는 일을 찾아 심리상담사가 됐고, 보람과 성취의 균형을 맞추며 직업인으로 만족스럽게 일하고 있습니다. 신기한 건 직업인의 정체성을 찾고 일에만 집중했더니 먹고사는 게 걱정 안 될 만큼 경제적인 안정도 찾아왔다는 겁니다. 일에 대한 정의를 내리고 행동으로 옮겼을 뿐인데, 이렇게 일에 대한 좌표가 뚜렷해지다니요.

저도 마흔이 다 돼서야 직업인과 직장인을 구분하게 됐습니다. 제자 K처럼 제게도 일은 먹고살기 위한 수단이 아니라 삶의 가장 중요한 부분을 차지하는, 제 존재를 증명하는 것입니다. 가정생활도 일이라 생각하는 저를 보고 워커홀릭이라고 하는 분도, 다섯 명의 시간을 쓴다고 하는 분들도 있지만 어쨌든 저는, 제 정체성을 대표한다고 여기는 일을 계속해왔기에 만족할 수 있었습니다.

제가 일에 더 의미를 두는 까닭 중 하나는 멀리 아득한 곳에 계신 부모님, 스승님이 채 못 쓰신 그 시간마저 다 써야 한다는 시간에 대한 부채의식 때문입니다. 그렇게 저 또한 이런저런 이유로 늘 일이 우선돼 온 거지요. 그러므로 지금까지 주로 직장인이 공부하는 인문학연구원에서도 줄곧 제가 주목했던 건 직장에서 사람들이 '일'을 어떻게 인식하고 대하는지에 대한 태도였습니다. 직장인과 직업인의 태도에 따라 '즐거운 일'과 '마지못해 하는 일'의 척도가 갈린다는 걸 너무나 잘 알게 됐기에 말입니다.

물론 일부분이지만, 하고 싶지 않지만 월급을 위해 일해야 하는 것으로 '오독'하게 하는 건 무엇일까요? 직장에 출근하는 일이 마치 니체가 말한 '노예의 도덕'에 머물러 있는 건 무엇 때문일까요? 여러 이유가 있겠지만 분명한 한 가지 이유는 우리가 살아가는 자본주의 시대의 욕구로 인한 '가꿈'과 관련이 있습니다.

건물주가 되고 싶다는 것도, 내내 휴양지에서 살고 싶다는 것도 우리 인간이 빚어낸 닮은꼴의 막연한 꿈입니다. 전작『스타벅스에서 철학 한잔』에서 저는 꿈에 관해 아래와 같이 썼습니다.

꿈을 그리는 건 내 안의 보석을 발견할 수 있는 훌륭한 동기가 되어줍니다. 그러나 욕구 또한 계층을 이루고 있기에 하위기준의 욕구가 충족되면 다음, 또 다음 단계로 상향되기에 꿈은 갈망, 즉 욕구의 다른 말입니다. 그러니 그 불안한 선택의 나침판이 되어주는 참꿈과 가꿈을 잘 구별해야 합니다.[16)]

그렇다면 어떻게 참꿈과 가꿈을 구별해야 할까요. 꼬박 하루가 필요한 작업이지만 간략히 해보자면 첫 번째로 여러분의 생애에서 필요한 것들을 전부 나열하고 거기서 '일, 직업, 공적인, 교환가치, 기여, 소명, 사명' 등의 낱말을 삭제한 후 자신의 미래, 꿈 풍광을 그려 보세요. 그리고 상상해보는 겁니다. 삭제한 가치를 배제하고 얼마나 오래 행복이 지속 가능할지 말입니다.

16)『스타벅스에서 철학 한잔』 284P

휴양지에서 평생을 보내는 거, 써도 써도 비워지지 않는 잔고 덕에 원하는 자동차나 명품을 소비하며 무엇보다 인간인 내가 평생 무쓸모로 사는 거…. 진정한 '일' 없이 사는 내 모습을 제대로 그려 보는 겁니다. 당장 몇 개월만 그렇게 지낸다 해도 더 큰 쾌락을 맛보기 위해 돈으로 가능한 일탈을 꾀하는 자신을 그리는 게 어렵지 않을 것입니다.

돈을 어떻게 벌어야 할지 결정하는 건 소비의 기쁨을 배로 누리는 것

물질만 풍요롭다고 더 나은 인간이 되는 걸까요? 도시의 아침을 깨끗한 청소로 여는 보람을 느끼고, 그 일로 번 돈으로 휴가를 떠난 사람의 시간과 공간의 질은 '무쓸모'로 사는 사람의 휴가와 비교가 불가합니다.

돈을 어떻게 벌어야 할지 결정하면 쓰는 기쁨을 배로, 제대로 느낄 수 있습니다. 그렇게 풍광을 구체적으로 그리다 보면 내 꿈의 우선순위가 선명하게 보입니다. 그저 한순간의 욕망에 불과한 낱말의 가지치기 삭제 버튼을 과감히 누르세요. '물질' 대신 균형 있게 살고자 하는 건강한 동기로 일의 윤리를 추구하게 되면 그때부터 허망해지지 않을 진짜 자신의 삶을 만날 수 있습니다.

이처럼 일의 윤리중요성을 이해하면 일을 통한 재미와 성취, 나아가 기여가 가능해집니다. 점차 내 삶의 존중감이 커다란 기둥처럼 안정감으로 자리잡게 되는 건 자연스러운 변화인 거지요.

개인이 가진 자본의 크기에 따라 춤추던 욕망이 불로소득, 일확천금, 금수저라는 말에 휩쓸린 일탈로 순식간에 건강했던 삶이 무너져 버릴 수 있다는 걸 우리는 종종 매스컴을 통해 목격해 왔습니다. 그럼에도 이 사회에서 자신이 해온 일이 어떤 것인지 또 어떻게 사회와 나누어야 하는지를 너무나도 잘 알고 실천하신 분이 지금, 우리 시대에 자랑스럽게 존재하고 계십니다. 그분은 MBC에서 방영했던 다큐『어른 김장하』의 주인공 김장하 선생입니다.

김장하 선생은 한약방에서 머슴처럼 일하다 열여덟 살 때 국가에서 시행한 한약사 자격시험에 합격했고, 이듬해인 1963년 경남 사천에 처음 한약방을 열었습니다. 다른 약국보다 싸면서도 좋은 약재를 써서 효험이 좋았던 남성당한약방은 전국에 소문이 나면서 첫차가 다닐 때부터 매일 긴 줄이 늘어서곤 했습니다. 덕분에 선생은 직원 스무 명과 함께 새벽부터 약을 지어 큰돈을 벌었습니다.

그는 그렇게 축적한 부로 1984년 명신고등학교를 설립했고, 10여 년간 이사장으로 재임하다 1991년 국가에 기부했습니다. 서른아홉 살의 그가 당시 가치로 100억 원이 넘는 자산을 기부한 것은 대단한 이슈였기에 미담 기사가 다수 등장했지만 세간의 관심은 금세 사라졌습니다. 선생이 자신을 드러내는 인터뷰를 다 거절했기 때문입니다.

그리고 1990년대 시민주로 창간했던 '진주신문'의 주주 · 이사로 참여했고, '진주신문이 역할을 해야 한다'며 아무 조건 없이 매달 적지 않은 후원을 했습니다. 또 1995년부터 27년간 '진주가을문예'를 지원해 어느 문학상과 견줄 수 없을 만큼 엄정하고 투명한 심사로 소설가와 시인을 배출했습니다. 2000년에는 남성문화재단을 설립해 다양한 지원을 아끼지 않았으며 여성평등기금을 조성해 가정폭력 피해 여성 지원 등 여성운동을 지원하는 건 물론 가정형편이 어려운 학생들의 공부를 돕기 위해 수많은 학생에게 장학금을 주었습니다.

"똥은 쌓아두면 구린내가 나지만 돈은 흩뿌려 버리면 거름이 돼 꽃도 피우고 열매도 맺는다"

선생의 평소 지론이었던 이 말대로 많은 이들이 선생의 도움으로 학업을 마쳐 우리 사회의 꽃이 됐습니다. "우리 사회는 평범한 사람들이 지탱하고 있으니 그들을 돕는 게 내 일"이라는 선생의 평소 가치대로 걸어온 삶입니다.

2022년 5월 말, 선생은 60년간 운영했던 남성당한약방 문을 닫았습니다. 그러면서 그는 27년간 매해 1,500만 원의 상금으로 시인과 소설가를 배출해 온 남성문화재단을 해산하고 남은 기금 34억 원마저 경상국립대에 기부했습니다.

채우고 비우기 위해서 가치 있는 일로 돈을 버는 사람

"선생님 댁에 갔다가 책을 한번 보게 됐다. 페이지별로 장학생 이름과 학생에게 언제 무슨 돈을 줬는지 기록한 가계부였다. 수재도 많았지만 여상이나 공고를 다니는 분들, '여상이라도 다니고 싶었던' 분들도 많았다. 선생님은 직접 우체국으로 가서 우편환으로 하나하나 송금을 하셨다. 그때 여성들은 집에서 초·중학교도 안 보내던 때인데, 학생들을 지원하는 선생님 마음은 어땠을까. 그 학생들이 대학에 가고 싶어도 못 가고 공장에 가서 일해야 했을 때 선생님의 마음이 얼마나 아프셨을까 생각했다."

MBC경남『어른 김장하』 김현지 PD의 말입니다. 선생이 끝까지 자신을 설명하는 인터뷰를 거절하는 바람에 도움을 받았던 이들을 찾아 방송을 만드는 게 더 쉬웠다는 PD의 말도 선생의 성품을 그대로 보여주는 대목입니다.

선생은 "내가 돈을 벌었다면 결국 아프고 괴로운 사람들을 상대로 해서 번 건데, 그 소중한 돈을 함부로 쓸 수 없었다."라고 하면서 자신의 자산을 사회로 환원하는 건 너무나 당연한 일이라고 했습니다. 내게로 온 돈의 윤리성을 아는 데서 머물지 않고 나눔을 실천하는 가치관을 알 수 있는 대목입니다.

MBC경남이 2부작으로 방영한『어른 김장하』는 MBC에서 전국 방송으로 방영됐고, 넷플릭스에서도 방영되고 있습니다. 시청자 여러분에게도『어른 김장하』는 우리 사회의 진정한 어른 즉 멘토 부재의 목마름 가운데 만나게 된 희망의 상징, 닮고 싶은 인물의 상이었던 거지요.

독자 여러분은 두 사례를 보며 어떠셨나요? 아무리 자본주의 사회지만 일로 인한 소득이 나를, 내 가족을 위해서만 쓰여진다면 내 돈은 내 우물만 채운 것이 되지만 일에 이름을 붙이고 그 가치를 멀리 보낸다면 평생 일을 해도 '나는 무엇을 위해 긴 시간을 노동했을까'라는 회한은 찾아오지 않을 듯합니다.

내가 노동을 하는 그 시간이 누군가를 빛나게 할 수 있다면 나 또한 지지 않는 별로 남을 수 있습니다. 그러니 김장하 선생이나 앞 사례의 제자는 나이가 들수록 더 빛나는 별이 되겠지요. 순조롭지 않은 유년을 보내면서도 일찍이 '일'의 정의를 세워 직업인으로 살아왔을 뿐인데, 노년에는 이렇듯 분명한 갈림길에 서게 됩니다.

일을 예찬하는 삶

제 삶에서도 일을 배제한다면 저라는 사람을 어떤 말로도 설명하기가 쉽지 않습니다. 출장 끝에 몸살로 앓아누운 저를 일으킬 수 있는 건 오늘 내가 할 일이 누군가의 작은 시너지라도 될 수 있다는 믿음입니다. 그러니 생에 가족 등의 고유가치와 함께 '일'의 가치가 우선돼야 하는 건 당연했습니다.

제가 이렇게 '일'에 대해 긴 이야기를 하는 이유는 그간 현장에서 만났던 많은 분이 일에 대한 정의를 제대로 정리해 볼 기회를 만나지 못한 채 일을 선택했다는 아쉬움 때문입니다. 또 독자 여러분도 '나는 일을 어떻게 생각하고 대해 왔는가'를 정리해 명확한 '일' 지도를 그려보고, 일을 통한 비전을 세워보시길 바라는 이유입니다. 한번이라도 정의를 내려보지 않는다면 하고 있는 일에 대한 정체성은 늘 불안할 뿐입니다. 언제든 그만두고 싶지만 월급이 주는 안정감 때문에 수많은 날을 불안한 채로 보내고 있다면 생의 전체로 봤을 때 그 손실은 얼마나 클지요.

이 글을 읽는 독자 여러분께 다시 '당신에게 일이란 무엇입니까'라고 질문을 드린다면 어떻게 대답하실까요.

세상의 두드러진 학문은 유가와 묵가다.[17]

17) 세지현학유묵야(世之顯學儒墨也)『한비자』'현학'

유가와 묵가를 비판하기도 했던 법가의 한비자가 기록한 말입니다. 그 옛날, 노동자의 시선에서, 노동의 신성한 가치를 연구하는 공동체를 만들었던 묵자의 말이 다시금 묵직하게 다가오는 아침입니다.

당신의 관계도

제 2 장

공맹 사상의 핵심 가르침은 '인(仁), 의(義), 예(禮), 지(智), 신(信)'으로 표현되는 다섯 가지 덕목으로 알려져 있습니다. 이 중에서 공자는 '인'을, 맹자는 '의'를 핵심 사상으로 강조했습니다. 그런데 우리는 『논어』의 '인(仁)'을 이해하기 위한 중요한 요소로 '예(禮)'에 주목할 필요가 있습니다.

공을 가로채는 상사, 어떻게 할까요?

차 경 숙

(노자, 화광동진-주변의 빛은 물론 먼지와도 어울리자)

회식에서 돌아온 K과장은 화가 나서 잠을 이룰 수 없었습니다. 성공적으로 마무리된 프로젝트를 사장님이 치하하는 회식 자리였기에 프로젝트에 가장 많이 이바지한 자신이 당연히 주인공이 될 줄 알았는데, 눈앞에서 공을 도둑맞아 버린 것입니다. 자신의 옆에 앉은 C팀장이 위기에 빠진 프로젝트를 살린 사람이 바로 자신이라고 사장님에게 말하는 걸 K과장은 똑똑히 들었습니다. 말없이 고개만 끄덕이는 사장님과 당황한 표정을 감추지 못하는 K과장을 슬쩍 곁눈질한 후, C팀장은 이야기를 이어갔습니다. K과장의 황당함은 점차 분노로 변했습니다. '거짓말입니다! 이 프로젝트는 제 아이디어와 헌신으로 살렸습니다!' 소리치고 싶었지만 차마 그러지 못하고 돌아온 K과장은 끙끙 앓기 시작했습니다.

공을 가로채는 상사

서정주 시인은 '자화상'에서 '나를 키운 건 팔할이 바람'이라고 노래했지만, 직장에서 직장인이 성장하려면 상사의 역할이 정말 중요합니다. 어떤 상사를 만나느냐에 따라 일상의 '질'뿐만 아니라 성과에 대한 평가와 그에 따른 진급도 좌우되니까요. 그런데 어느 직장에서든 상사 복이 없다는 푸념은 쉽게 듣지만, 능력 있고 공정하면서 따뜻함까지 두루 갖춘 상사 덕을 봤다는 이야기는 듣기 힘듭니다. 그나마 직접 부정적인 영향을 끼치지만 않아도 다행인데, 사사건건 지적하고 견제하는 상사가 있는가 하면 부하직원의 성과를 마치 자신의 것처럼 가로채는 상사도 드물지 않습니다.

회식 이후 무섭게 굳은 K과장의 표정을 C팀장은 모르쇠로 일관했고, 곧 다가오는 인사철에 C팀장이 임원으로 승진할 거라는 소문이 돌았습니다. K과장은 믿었던 팀장에 대한 배신감과 실망감으로 일이 손에 잡히지 않았습니다. K과장은 이런 대접을 받고 더는 회사에 다닐 수 없다는 결론을 내리고 C팀장에게 면담을 신청했습니다.

"K과장의 실력은 인정하지만, K과장을 전적으로 믿고 그 프로젝트에 전념할 수 있도록 출장과 경비를 아낌없이 지원해준 사람이 누구야? 그리고 만약 프로젝트가 잘못되면 누가 책임을 지겠어? 프로젝트가 성공하든 실패하든 팀장인 내가 다 책임지는 거잖아."

미안해할 줄 알았던 C팀장은 오히려 당당했고 K과장은 결국 참았던 화가 폭발하여 언성을 높여 대들고 말았습니다. 이 일을 전해 들은 입사동기 B과장이 K과장을 찾아왔습니다.

한 사람의 적도 만들지 말라

큰 원한을 풀더라도 반드시 남은 감정이 있다.[18]

K과장의 마음을 진정시키기 위해 B과장은 노자의 말을 인용한 후 덧붙였습니다.

"조직 생활에서는 백 사람에게 잘해주는 것보다 한 사람의 적을 만들지 않는 게 중요하잖아. 네가 다른 부서로 옮기든 다른 회사로 이직하든 직속 상관의 평가가 항상 따라다닐 텐데, 이렇게 팀장의 감정을 상하게 하면 평가를 제대로 받을 수 있겠어? 결국, 너만 손해야."

C팀장에게 망신을 주려 할수록 오히려 적대적인 감정의 골만 깊어져 자신에게 돌아오는 이득이 없다는 건 K과장도 모르진 않았습니다. 그렇지만 자신의 공을 눈앞에서 도둑맞고 소명조차 하지 못하다니, 아무리 생각해도 참을 수가 없었습니다.

여러 길이 있다

"백번 옳은 이야기더라도 기분 나쁘게 들으면, 들은 사람은 그때 느낀 나쁜 감정밖에 기억하지 않는대."

힘들어도 냉정하게 생각해 보라는 B과장의 간곡한 설득에 K과장은 한숨을 쉬었습니다. 이성적으로 생각해보면 C팀장이 승진하거나 잘 나가는 게 자신에게 손해될 건 없었습니다.

---

18) 화대원 필유여원(和大怨 必有餘怨)『도덕경』'79장'

장차 거두어들이려면 반드시 먼저 베풀어야 하고, 장차 약하게 만들려면 반드시 먼저 강하게 만들어주어야 하며, 장차 없어지게 하려면 반드시 먼저 홍성하도록 해주어야 하고, 장차 빼앗으려면 반드시 먼저 주어야 한다.[19]

언짢은 표정을 풀지 않는 K과장에게 B과장은 "모든 길은 로마로 통한다."라면서 목표를 이루는 방법은 한 가지가 아니라 여러 길이 있다고 덧붙였습니다. 예를 들어, 상황에 따라 상대방에게 먼저 공을 돌리고 그의 공을 치하해주는 노자의 전략이 더 효과가 있을 때가 있다고요. 성과에 대한 지분을 따지기 전에, 당신도 잘했고 나도 잘했으니 먼저 잘했다고 팀장을 치켜세워주면 C팀장이 설마 K과장을 나 몰라라 하겠냐고요.

'말이 쉽지, 고생은 내가 제일 많이 했는데….'

K과장은 여전히 불만스러웠지만 '기여도가 아무리 높아도 프로젝트를 나 혼자 다 했다고는 할 수 없지' 하는 생각이 들기 시작했습니다.

화광동진, 빛과 먼지 사이에서

회사 일은 조직과 개인의 업무를 칼로 자르듯이 구분하는 게 애매해서 자신의 아이디어나 보고서가 선배나 상사의 성과로 둔갑하는 경우가 종종 있습니다. 그럴 때마다 배신감과 울분을 느껴 감정에 따라 행동하면 얻는 것보다 잃는 게 더 많은 게 현실입니다. 노자는 뛰어난 사람이 역사의 무대에서 제대로 빛을 발하기 전에 꺼져가는 걸 수없이 목격했기에 다음과 같이

---

19) 장욕흡지 필고장지 장욕약지 필고강지 장욕폐지 필고홍지 장욕탈지 필고여지(將欲歙之 必固張之 將欲弱之 必固强之 將欲廢之 必固興之 將欲奪之 必固與之)『도덕경』'36장'

말합니다.

"나의 빛을 주변과 조화롭게 누그러뜨리고 세속의 먼지와도 함께 어울리자."

지혜로운 자는 말하지 않고 말하는 자는 지혜롭지 않다. 그 구멍을 막고 그 문을 닫으며 그 날카로움을 꺾고 그 엉킴을 풀어주며 그 빛을 조화시키고 그 먼지에 동화되니 이를 일러 현동이라고 한다.[20]

오늘을 사는 직장인에게도 이 구절은 정확하게 맞습니다. 누구나 내 빛이 남들보다 더 밝게 빛나길 원하지만, 정오의 태양처럼 너무 강하면 오히려 피하는 게 이치지요. 부드러운 석양빛 아래에선 모든 게 사랑스럽듯이 자신의 빛을 때로는 누그러뜨리는 여유와 지혜는 조직생활의 윤활유가 됩니다.

당장 C팀장만 스포트라이트를 받는 듯이 보여도 회사를 운영하는 리더는 K과장처럼 뛰어난 역량과 열정을 갖춘 사람을 주의 깊게 보고 있습니다. 이번엔 타이밍이 좋지 않았지만 인정받고 성장할 기회는 앞으로도 얼마든지 있지요. 외려 갑자기 큰 주목과 관심을 받게 되면 견제하거나 질투하는 사람이 생겨 의도치 않게 적을 만들 수도 있습니다. 자신에게 닥친 불운을 긴 호흡으로 바라보고 먼저 내어줌으로써 불리한 상황을 전환하라는 노자의 요량이 이 땅의 많은 K과장에게 필요한 이유입니다.

---

20) 지자불언 언자부지 색기태 폐기문 좌기예 해기분 화기광 동기진 시위현동(知者 不言 言者 不知 塞其兌 閉其門 挫其銳 解其紛 和其光 同其塵 是謂玄同)『도덕경』'56장'

상사의 괘씸죄가 걱정되는 당신에게

김 선 영

(공자, 문질 빈빈연후 군자–형식과 내용이 고루 어울린 후라야 군자다)

30대 직장인 A는 직장 내 호칭 문제로 묘한 감정에 휩싸였습니다. 회사 방침에 따라 직함을 없애고 이름 뒤에 '님'을 붙여 부르기로 한 지 3개월이 지나는 시점이었습니다. A는 본사에서 운영하는 글로벌 기준에 맞춰 직급 체계를 단순화시키고 수평적 호칭인 '님'으로 부르는 회사 방침을 내심 반겼습니다. 사실 이런 추세는 A가 근무하는 외국계 기업뿐 아니라 국내 대기업과 벤처기업도 예외는 아니어서 오히려 뒤늦은 감이 있다고 생각하던 차였지요.

그런데 어느 날 같은 팀에서 일하는 동료 B가 부서장에게 꼬박꼬박 '상무님'이라는 직급 호칭을 그대로 사용하는 것이 아니겠습니까? 그날 이후 A는 회의에서 동료들이 사용하는 호칭 언어를 유심히 관찰했습니다. 그 결과 사람과 상황에 따라 호칭이 혼재되어 사용되고 있음을 알게 됐습니다. 게다가 부서장은 여전히 자신을 '상무님'이라고 부르는 직원들에 별다른 제지를 하지 않고 있었습니다. 반면에, 그동안 일관되게 부서장을 '영태님'으로 호칭해왔던 A는 직속상사인 그에게 괘씸죄라도 걸리지 않았을까 걱정이 됐습니다.

변화 과정 속 묵인과 방관

새로운 회사 방침에도 불구하고 예전 관습을 유지하는 다수의 동료와 이런 상황을 묵인하는 상사와의 관계 속에서 A는 어떻게 처신해야 할지 난감했습니다. 회사에서 추진하는 변화 의도를 알면서도 방관하는 것처럼 보이는 부서장의 태도에 실망감도 들었습니다. 직속상사인 부서장이 먼저 자신을 낮추려고 하지 않는데 A는 혼자 노력하는 게 무슨 소용인가 싶었습니다. 변화의 당위성에 동의하고 회사 방침을 지지하지만, 부서장에게 사서 밉보이고 싶은 생각도 없었습니다. 그렇다면, A가 무력감을 느끼고 체념하는 대신 할 수 있는 선택은 무엇일까요? 인간 관계론의 진수를 담고 있다는 고전 『논어』에서 지혜를 구해봅니다.

예란 겉과 속이 일치된 상태

공맹 사상의 핵심 가르침은 '인(仁), 의(義), 예(禮), 지(智), 신(信)'으로 표현되는 다섯 가지 덕목으로 알려져 있습니다. 이 중에서 공자는 '인'을, 맹자는 '의'를 핵심 사상으로 강조했습니다. 그런데 우리는 『논어』의 '인(仁)'을 이해하기 위한 중요한 요소로 '예(禮)'에 주목할 필요가 있습니다.

제자가 '인'에 관해 묻자 공자는 이렇게 답합니다.

자기를 극복하여 예(禮)로 돌아가는 것이 인(仁)이니, 하루라도 자기를 극복하여 예로 돌아간다면 천하가 모두 인으로 돌아갈 것이다.… 내가 원치 않는 바를 남에게 시키지 말라.[21)]

다시 말해 공자는 인간을 가장 인간답게 만드는 본성을 '인'으로 규정하고 이에 도달하기 위한 구체적인 방법이자 실천 항목이 '예'라고 했습니다.

예의 바탕인 겸양으로 나라를 다스리지 못한다면 형식만의 예는 갖춘들 무엇하겠는가?[22)]

한 발 더 나아가 공자는 태도와 행위 속에 드러나는 '예'의 바탕은 스스로 낮추는 겸손과 타인을 배려하는 '겸양'이라고 설명합니다. 다시 말해 '예'가 겸손과 배려로 발현되지 않는다면 그것은 형식일 뿐이며, 겉과 속, 형식과 본질, 목적과 수단이 통합된 상태를 '예'라 이르고 있습니다.

낮추면 높아지는 역설

자신을 낮춰 남을 배려하는 '겸양'은 자신이 낮은 처지라 어쩔 수 없어서가 아니라, 자신이 귀한 존재라는 믿음이 뒷받침된 상태에서 취하는 능동적인 선택입니다. 그런 의미에서 부하직원으로서 상사와 민주적 소통, 수평적

---

21) 극기복례위인 일일극기복례 천하귀인언…기소불욕 물시어인(克己復禮爲仁 一日克己復禮 天下歸仁焉…己所不欲 勿施於人)『논어』'안연'

22) 불능이예양 위국 여례 하(不能以禮讓 爲國 如禮 何)『논어』'이인'

인 관계를 구축하고 싶다면 가장 먼저 존중해야 하는 대상은 바로 자기 자신입니다. 진정으로 자신을 존중할 수 있어야 권위 앞에서도 주눅 들지 않고 권력의 부당함에 맞서는 힘을 가지게 되는 이치지요.

비록 조직이 수직적, 관료적 체제로 운영된다 하더라도 그 안에 속한 리더가 권위주의적 태도로 치우치지 않으려면 자기 존중에 뿌리를 내린 타인 존중의 가치를 내면화해야 합니다. 진정한 자기 배려의 경험은 타인도 나와 동등하게 존중되어야 하는 대상이라는 생각에 이르게 하기 때문입니다. 결국, 권위를 가지는 리더와 '권위적인 리더'의 결정적인 차이는 사람들이 리더를 통해 경험하는 '겸양'에 달려있다고 할 수 있습니다.

보통 '조직문화'란 구성원들이 하는 행동에 일종의 '경계선'이 무엇인지 말해주는 기능을 합니다. 그러한 암묵적인 규칙을 만드는 것이 바로 다수에게 역할모델이 되는 리더의 행동입니다. 따라서 전문가들은 경직된 조직문화를 바꾸려면 무엇보다 위에서 아래로의 소통 방식이 변해야 한다고 강조합니다.

그런 의미에서 수평적 호칭과 상호존중의 언어 역시 리더가 솔선수범할 때 조직에 성공적으로 안착할 확률이 높습니다. 기득권을 가진 쪽에서 변화의 물꼬를 트면, 부하직원들도 심리적 안전감을 토대로 그들이 취할 행동의 '경계선'을 수정하기가 수월해지지요. 이렇듯 공자가 설파한 '겸양의 리더십'은 리더가 먼저 자신을 낮춤으로써 서로를 높이는 비결을 일러줍니다.

말과 행동이 빈빈(彬彬, 고루 조화되다)한가?

내용이 형식보다 앞서면 거칠고, 형식이 내용보다 앞서면 사치스럽다. 형식과 내용이 고루 어울린 후라야 군자다.[23)]

공자는 다시금 내용과 형식을 대비하며, 둘 중 어느 한쪽에 치우치게 될 때 생기는 부작용을 경고합니다. 내용이 형식을 따라가지 못하면 불손해지고, 형식이 내용에 소홀하면 허울에 불과하기 때문입니다. A의 상황에 대입해보자면, 형식은 서로에 대한 호칭법으로, 내용은 상호 관계에 대한 마음의 태도로 볼 수 있겠지요. 따라서 공자는 A에게 괘씸죄를 걱정하는 불편한 마음을 견디는 대신, 상호존중의 관점에서 상사와 맺어온 관계의 내외적 균형을 맞추는 데 에너지를 집중하라고 권할 듯합니다.

다시 말해 공자가 전하는 실천 방법은 내용과 형식, 말과 행동이 조화를 이루게 하는 가운데 참된 '예'로 돌아가라는 거지요. '극기복례'(克己復禮)라는 네 글자는 내면의 갈등을 생산적인 동기로 삼아 관계에서 주도성을 발휘할 것을 우리에게 주문합니다. 그것이 바로 타인과 조화롭고 보편타당한 관계로 나아가는 방편이라 이릅니다.

즉, 관계에 있어서 서로를 향하는 마음과 예절의 높낮이가 잠시 어긋나더라도, 그 차이를 좁히는 해답은 자기 존중에서 비롯된 '예'로 돌아가는 것에 있다는 거지요. 결국, 권위의식을 내려놓으려는 리더의 노력과 더불어, 관

23) 자왈 질승문즉야 문승질즉사 문질 빈빈연후 군자(子曰 質勝文則野 文勝質則史 文質 彬彬然後 君子)『논어』 '옹야'

습적인 권위에 대한 순응적 태도를 극복하려는 팀원의 노력이 만나는 지점에서 두 사람은 서로를 높이는 경험을 하게 되지 않을까 싶습니다.

만일 당신이 A라면 혹은 그의 부서장이라면 어떤 선택을 하실지요?

『논어』의 글귀는 수천 년간 변치 않은 채 그대로지만, 그 안에서 지혜와 통찰을 찾는 몫은 현대인인 우리에게 달려 있습니다.

꼰대 상사,
이직이 답일까?

차 경 숙

(노자, 정언약반–바른말도 반대일 수 있다)

힘들게 취업한 회사에서 희망찬 인생을 꿈꾸었던 J는, 신입사원 티를 벗은 지 얼마 되지 않았지만 벌써 이직을 생각하고 있습니다. 퇴사만이 유일한 해결책이라고 여기게 된 건 부서장에게서 하루빨리 벗어나고 싶기 때문입니다. 권위의식으로 가득 찬 부서장에 대한 거부감으로 늘 출근이 걱정되는 하루하루에 지쳐가던 J는 어느 날 부서장의 잔소리에 저도 모르게 "그만두겠습니다."라는 말을 내뱉을 뻔했습니다.

꼰대 상사 때문에 괴로워

'알아서 할게요. 잔소리 그만하세요.'
'휴일에 연락하면 지옥 갑니다.'
'내가 힘든데 힘내라고 하면 힘이 납니까?'

EBS의 대표 캐릭터 펭수는 사이다 발언으로 직장인으로부터 큰 호응을 받았는데, 그런 '펭수신드롬'을 한 저널리스트는 다음과 같이 분석했습니다.

'솔직함'은 이 시대를 관통하는 'One Word'다. 회사라는 곳을 공정하다고 생각하지 않는('회사 내 유리천장이 있다.' 72.3%, 잡코리아&알바몬 설문) 직장인에게 펭수의 솔직한 발언들은 속 시원함을 넘어서, 하고 싶은 말이 있어도 하지 못하는 현실을 대변해주는 데서 오는 카타르시스로 이어지고 있는 것이다.[24]

J도 회사의 수직 상하관계 속에서 꼰대 같은 부서장 탓에 자신의 능력을 공정하게 대접받지 못하고 있어 울분이 터질 지경이었습니다.

우리말 꼰대(kkondae)는 2019년 9월 BBC의 오늘의 단어(BBC's word of the day)로 선정되기도 했는데, '항상 자신이 옳다고(너는 항상 틀렸고) 믿는 나이 든 사람(an older person who believes they are always right-and you are always wrong)'이라고 정의하고 있습니다.

"내가 누군지 알아? 네가 뭘 안다고 그래? 어딜 감히? 나 때는 말야, 어떻게 나한테, 내가 그걸 왜?"

꼰대의 육하원칙을 충실히 따르는 J의 부서장은 상대방의 말을 다 듣기도 전에 "다 알아, 알아!" 대꾸하면서 자기 생각만 강요했습니다. 하지만 내리는 업무지시는 모호해서 무엇을 해야 할지 명확지 않을 때가 많았고, 우선

24) 송창용의 '요즈음 직장인' - 직장인이 펭수에 열광하는 이유(2020년 1월 20일)

순위가 자주 바뀌어 갑작스럽게 긴급으로 처리해야 할 일들이 끊임없이 발생했습니다. 그러다 보니 퇴근시간은 늘 정시를 넘기기 일쑤이고 병가나 휴가를 신청하면 어찌나 눈치를 주는지 마음 놓고 휴가도 쓰지 못했습니다.

"눈치 보지 말고 원하는 대로 살아, 눈치 챙겨!"

그렇게 할 수 있는 직장이 과연 있을까 싶으면서도 J는 선배 Y를 만나 하소연했습니다.

어딜 가나 있는 김 부장 대처법, 무위(無爲)

"어딜 가나 김 부장은 있어."

Y는 J의 퇴사 이유가 단지 부서장 때문이라면 다시 생각해보는 게 어떠냐고 입을 열었습니다.

"잠시 에포케(판단 중지)의 시간을 가져보는 건 어때?"

에포케는 '멈추다, 보류하다'라는 뜻을 지닌 철학 용어입니다. 고대 그리스에서 회의론적 입장을 지닌 철학자는 어떤 주장에 대해서도 그 반대가 성립될 수 있기 때문에 확실한 판단은 불가능하고, 따라서 판단을 보류하지 않을 수 없다고 하였습니다. 이것이 곧 에포케입니다.(네이버 지식백과 참조)

Y는 이어서 노자의 말을 들려주었습니다.

함 없이 하고 일없이 일하고 맛없이 맛을 내고 작은 것을 크게 여기고 적은 것을 많게 여기며, 원한을 덕으로 갚는다.[25]

25) 위무위 사무사 미무미 대소다소 보원이덕(爲無爲 事無事 味無味 大小多少 報怨以德)『도덕경』'63장'

매사 확실하고 분명한 걸 좋아하는 J는 발끈했습니다.

"하면 하고, 안 하면 안 하는 거지 복지부동하면서 눈치나 살피라는 거예요?"

Y는 대답 대신 갑자기 중국 사극 이야기를 꺼냈습니다. 부모가 죽임을 당한 후, 갖은 고생을 겪으며 원수를 찾아 복수했지만 알고 보니 부모를 오히려 살리려 했던 사람이었다는 뻔한 일화였습니다.

"복수를 말리는 사람 중에 '무위'를 설득한 사람이 있었어. '무위'는 아무 일도 하지 말라는 게 아니라 에포케의 시각으로 상황을 바라보고 잠시 멈춘 뒤 앞으로의 일을 도모하라는 의미였지."

하지만 능력 없고 자신의 권위 의식만 앞세우는 부서장에 대한 원망과 미움으로 가득 찬 J에게 Y의 이야기는 귀에 들어오지 않았습니다. Y는 재차 노자『도덕경』78장의 정언약반(正言若反)을 언급했습니다.

노자의 정언약반, 올바른 말이 반대라고?

어떤 사람을 미워하거나 좋아하게 되면 그 사람의 언행을 바라보는 잣대는 중립적일 수 없습니다. 노자는 이런 판단의 오류를 막기 위해 '정언약반', 즉 올바른 말이더라도 반대로 될 수 있다는 점을 잊지 말라고 합니다. 뇌과학자에 따르면 우리의 뇌는 '감정'의 정보 없이는 이성적인 판단을 하지 못한다고 합니다. '옳다' 또는 '그르다'라는 판단이 증오, 두려움, 애정, 분노 같은 주관적 감정을 통과한 사고의 결과라고 생각하면 나에게 보편타당한 일이 다른 누군가의 판단 회로에선 '그렇지 않다'로 나올 수 있는 거지요. 문제나 갈등에 부닥쳤을 때, '정언약반'을 적용하면 판단을 잠시 보류하고 나와 반대되는 생각이 틀리지 않을 수 있다는 가능성을 열어둔 채 해결점을 찾는 시도를 할 수 있습니다.

J는 '꼰대'의 정의를 떠올려 보았습니다. '항상 스스로 옳다고 생각하는 사람.' 그럼 꼰대는 항상 틀렸다고 생각하는 자신도 '꼰대'가 아닐까? 혼란스러운 표정을 짓고 있는 J에게 Y는 J의 부서장이 J의 똑 부러진 일솜씨를 칭찬하는 걸 우연히 들었다고 털어놓았습니다.

당연 대신 유연

Y와 이야기를 나눈 뒤, J는 부서장이 꼰대처럼 말하고 즉흥적으로 업무지시를 하더라도 감정적으로 반응하지 않고 '에포케'를 취하려고 노력했습니다. 업무지시가 불합리하거나 평가가 부당하다는 생각이 들어도 '무위'와 '정언약반'의 가르침을 떠올리며 '세상에 당연히 옳거나 틀린 건 없다'고 되뇐 후, 그 자리에서 반박하지 않고 충분히 검토하고 정중하게 이유를 묻거나 시정을 요청했습니다.

천하에서 지극히 부드러운 것이 천하에서 가장 단단한 것을 부린다. 형체가 없는 것이 틈이 없는 곳에까지 들어가니, 나는 이 때문에 무위가 이로운 것임을 안다.[26)]

·

전쟁터에서 하루를 보내고 퇴근하는 길, 마음에 남은 감정의 찌꺼기와 의

26) 천하지지유 치빙천하지지견 무유입무간 오시이지무위지유익(天下之至柔 馳騁天下之至堅 無有入無間 吾是以知無爲之有益)『도덕경』'43장'

문들이 해소되지 않을 때 J는 하늘을 올려다보고 노자에게 따지기도 합니다.

'이렇게 명확한데 어떻게 제가 틀릴 수 있다는 거죠?'

하지만 이런 불만도 자신이 '무위'와 '정언약반'을 염두에 두기 때문에 가능하다는 것을, 마음도 몸처럼 유연하게 만들어야 덜 다치고 오래 사용할 수 있다는 사실을 J는 이미 터득하는 중입니다.

상사의 총애를 두려워하라

김 선 영

(노자, 총욕약경–총애를 받거나 모욕을 당하면 놀란 것처럼 한다)

마케팅 부서에서 PM(상품 담당 매니저)으로 일하는 E과장은 곧 소규모 조직개편이 있을 예정이라는 소식에 내심 승진을 기대했습니다. 제법 믿을 만한 사내 정보통에 따르면, 현 부서 직원 몇 명이 다른 본부로 자리를 옮기고 팀장 자리가 새로 만들어진다는 것이었습니다.

현재 E과장이 관리를 맡은 제품 라인은 고수익 효자 품목으로 선배 담당자들 역시 과거 조직개편에서 상대적으로 승진이 빠른 편이었습니다. 따라서 해당 영역에서 오래 일하며 전문성을 쌓아온 E과장은 객관적으로도 팀장 발탁에 유리한 상황이었습니다. 작년 인사고과에서도 높은 등급을 받았기에 결격사유 또한 걱정할 게 없어 보였습니다. 게다가 상사인 G본부장은 최근 E과장과 만난 자리에서 그가 담당하는 제품의 매출 성과를 언급하며 매사에 협력적인 E과장의 태도가 마케팅 본부에 활력을 주고 있다고 칭찬했습니다.

어쩐지 자신에게 행운이 올 것 같은 예감으로 설레던 E과장은 이번에 승진하면 차부터 바꿔야겠다고 생각했습니다. 새 차 뽑는 걸 반대하던 아내를 설득하기에 팀장 승진은 더할 수 없이 좋은 명분이었으니까요. 승진하면 당장 새 차를 뽑아 드라이브할 기대감에 E과장의 얼굴에는 미소가 피어올랐습니다.

그런데 며칠 뒤, 조직개편 결과 발표를 기다리던 E과장은 동료에게 들은 얘기에 뒤통수를 맞은 듯한 배신감이 들었습니다. 동료에 따르면, 본부장이 가장 유력한 승진자 후보인 자신에 대해 '전략적 사고가 부족하다'라는 이유로 마뜩잖게 말했다는 겁니다. 본부장의 그런 표현은 누군가 마음에 차지 않을 때 에둘러 말하는 특유의 언사였습니다. E과장이 팀장 임용에서 탈락할 게 거의 확실해 보이는 상황을 전달한 그 동료는 뒤이어 본부장을 성토하기 시작했습니다. 동료 또한 그동안 본부장에게 쌓인 불만을 풀 상대가 필요했던 모양이었습니다.

이후 '설마'와 '혹시'를 끊임없이 오가던 E과장의 마음은 회사 메일함에서 승진자 발표 공지를 확인하는 순간 확연한 실망감으로 끝이 났습니다. 동시에 그는 승진을 핑계 삼아 장만하려던 새 차 생각을 조용히 거둬들여야 했습니다.

불안을 다루는 법

총애를 받거나 모욕을 당하면 놀란 것처럼 하고, 큰 걱정거리가 닥친 것처럼 제 몸을 귀하게 여기라.[27]

---

27) 총욕약경 귀대환약신(寵辱若驚 貴大患若身)『도덕경』'13장'

'무위(無爲)의 철학자'라 알려진 노자는 총애, 즉 남들이 볼 때 불공평할 정도의 호의를 받는 상태를 경계하라고 말합니다. 모욕을 당하는 것만큼이나 총애 역시 자연스러움과 자유를 해치는 상태로 규정하고 있는 것이지요. 『도덕경』 13장에는 "총애를 얻으면 (다른 사람의) 아래에 놓이니 총애를 얻어도 잃어도 놀란 듯이 한다."[28]라는 구절이 이어집니다.

여기서 우리는 지위를 원하는 욕망과 인정욕구가 지나칠 때, 평가자에 의해 어쩔 도리 없이 총애와 모욕을 오가는 상황을 상상해볼 수 있습니다. 나의 안위에 영향력을 행사하는 권력자의 관심을 끌어 호의 이상의 대우를 바라고 얻고자 한다면, 총애와 모욕이라는 양극단의 스펙트럼 속에서 자유롭기 어렵습니다.

21세기 조직 환경에서 '총애'라는 말은 다분히 시대착오적 어감을 주지만, 힘과 영향력을 행사하는 사람에게 남다른 관심을 받는 상태는 오늘날에도 많은 사람이 원하는 것임을 부인하기 힘듭니다. 흔히들 조직에서 더 높은 지위나 경제적 보상을 얻기 위한 여러 갈래 길 중에 의사결정자의 총애보다 확실한 고속도로는 없다고 여기곤 하지요. 소위 누구의 '라인'에 속하느냐 배제되느냐의 문제는 누구도 터놓고 이야기하지 않지만, 이는 수직적이고 관료적인 조직에서 여전히 유효하고도 흔한 풍경입니다

특별 승진에서 미끄러진 E과장이 크게 상심하게 된 이유 중 하나는 팀장 승진이 떼놓은 당상이라고 생각하던 자기 확신이었습니다. 상사인 본부장

28) 총위하 득지약경 실지약경(寵爲下 得之若驚 失之若驚) 『도덕경』 '13장'

의 시선을 총애로 간주한 나머지 자기 객관화가 어려웠던 겁니다. 또 어쩌면 승진이 되지 않을 수도 있다는 숨은 불안을 자기 확신으로 대체시킨 것일지도 모릅니다.

'불안은 욕망의 하녀'라고 일갈했던 작가 알랭 드 보통은 그의 저서『불안』에서 '보다 유명해지고, 중요해지고, 부유해지고자' 하는 인간의 보편적 욕망을 지적했습니다. 그중에서도 현대인의 핵심 불안을 '지위 불안'(status anxiety)으로 지목했지요. 여기에 노자의 사유를 대입하면 지위가 수단이 아닌 목적이 될 때, 불안은 우리 내부에서 '큰 걱정거리'로 증폭됩니다.

피드백은 선물이다

직장이란 환경은 우리가 미처 보지 못하는 자신을 비춰보는데 필요한 타인의 피드백이 그 어느 곳보다 풍부하게 유통되는 곳입니다. 피드백은 여럿이 협력해 성과를 내야 하는 조직에서 개인의 성찰을 위한 요긴한 재료이자 성장을 위한 선물입니다. 하지만 상사의 피드백 내용이 부정적일 때 우리는 쉽게 마음의 상처를 입고 비난의 화살을 외부 요인으로 돌리게 됩니다.

만일 노자라면, E과장이 경험한 실망과 좌절감의 원인을 외부 대상인 그의 상사에게서 찾기보다는 내면의 불안을 성찰해보라고 할 겁니다. 모욕을 받을 때만큼이나 총애를 받을 때도 똑같이 놀란 듯이 하고 큰 걱정거리처럼 경계해야 마땅하다는 것이 노자가 말하는 역설이자 '처세의 지혜'입니다. 노자는 또 외부의 시선에 우리 자신을 가두면 다른 사람과 비교하며 다투게 되어 몸이 상할 것이라고 경고합니다.

스스로 드러내지 않으므로 밝아지고, 스스로 옳다고 하지 않으므로 (그 옳음이) 드러나며, 스스로 자랑하지 않으므로 공을 소유하고, 스스로 뽐내지 않으므로 오래간다. 오직 (다른 사람과) 다투지 않으므로 천하에서 아무도 그와 다툴 수 없다.[29)]

사실 E과장은 평소 자신을 칭찬했던 본부장에게 왜 자신이 승진에서 탈락한 건지 따져 묻고 싶은 마음이 굴뚝같았지만, 대신 이렇게 바꾸어 질문했습니다.

"팀장을 발탁하는 요건 중에 본부장님은 어떤 점을 가장 중요하게 보십니까? 그리고 미래 시점에서 제게 미리 조언을 주신다면, 좋은 팀장이 되기 위해 제가 지금부터 무엇에 집중하면 좋을까요?"

E과장은 본부장과의 관계를 악화시키지 않으면서도 자신이 말하고 싶은 메시지를 전달하는 방법으로 '질문'을 사용하는 전략을 선택했던 겁니다.

비록 승진에서는 미끄러졌지만, 그는 이번 경험을 계기로 조직에서 승진자를 결정할 때 현재의 업무역량뿐만 아니라 리더십 잠재력을 포괄적으로 판단한다는 배움을 얻었습니다. 그래서 앞으로 자신의 업무성과는 물론 리더십에 대한 피드백을 본부장에게 적극적으로 청해야겠다고 생각하게 됐습니다.

무엇보다 E과장은 본부장과 나눈 질의응답 과정에서 '사회적 거울'이라 불리는 타인의 피드백을 구하고 자신에 대한 이해를 넓히려는 시도 자체가

---

28) 불자견고명 불자시고창 불자벌고유공 불자긍고장 부유불쟁 고천하막능여지쟁(不自見故明 不自是故彰 不自伐故有功 不自矜故長 夫唯不爭 故天下莫能與之爭)『도덕경』'22장'

리더십을 발휘하는 행위라는 사실을 새롭게 깨달았습니다. 이렇듯 노자는 스스로 뽐내고 드러내며 다른 사람과 다투는 대신, 오직 어제보다 나아진 오늘의 나에 집중하는 것이 오래가는 비법임을 일러주고 있습니다.

'가스라이팅'에서 벗어나는 용기

박 연 아

(맹자, 자호용호–그대는 용기를 좋아하는가?)

입사 4년 차인 김 대리는 새해 들어 인사 개편이 되면서 새로운 팀장과 함께 새로운 부서에서 일하게 됐습니다. 이전에 일하던 부서와는 업무의 성격이 완전히 달라 잘해나갈지 걱정이 됐지만, 팀장에게 일을 잘 배우는 기회로 생각하고 열심히 하고자 다짐했습니다. 그런데 팀장은 회사 특별전형으로 입사한 군인 장교 출신이었습니다. 상명하복의 수직적 관계 속에서 젊은 시절을 다 보내서 그런지 팀원들을 자신의 부하로 생각하고 군대처럼 명령을 내려서 속전속결로 일을 처리하려는 성향이 강했습니다.

그래서일까요? 김 대리가 일 처리를 조금만 늦게 해도 팀장은 같은 부서의 직원들 시선이 김 대리에게 향할 정도로 크게 화를 냈습니다. 그뿐만 아니라 중요업무는 남성 중심이어야 하고 여직원은 그저 업무를 도와주는 보조적인 역할을 하는 사람으로만 생각하는 거였습니다. 같은 팀원인 김 대리보다 옆 팀의 남자 직원인 박 대리를 더 챙기고, 박 대리가 김 대리보다 먼저 승진했으면 좋겠다거나 김 대리는 여자들이 하는 쉬운 업무로 바꿔보는 건 어떻겠느냐는 등 거의 매일 성차별적 발언을 일삼았습니다.

팀장의 이런 태도에 상처받은 김 대리는 화가 나면서도 마음 깊은 곳에서부터 '나는 여자라서 승진이 늦어져도 당연한 거구나' 또는 '남자만 중요한 일을 해야 하는 건가?'라는 생각이 서서히 들면서 자신이 초라하게 느껴지기도 했습니다.

그뿐만 아니라 사사건건 자신의 탓으로 돌리는 팀장 때문에 김 대리는 간단한 업무도 스스로 결정하지 못하고 팀장에게 일일이 보고해야 했고, 팀장이 지켜보고 있다고 생각하면 괜히 가슴이 두근거리면서 평소 잘하던 것도 실수가 잦아졌습니다. 그러면서 자신 있게 업무를 해냈던 예전을 떠올리며 '내가 어쩌다가 이렇게 되었나?' 하고 한숨만 쉬게 됐습니다.

이렇게는 버틸 수 없어

이런 상황에서는 도저히 직장생활을 계속할 수 없겠다고 생각한 김 대리는 회사 내 심리상담사 선배를 찾아가 심정을 털어놓았습니다. 김 대리의 안타까운 처지를 전해 들은 선배는 요즘 같은 시대에 군대처럼 큰소리만 치면 모든 것이 해결된다고 생각하는 팀장의 행동이 이해되지 않는다며 위로해주었습니다. 그러면서 이렇게 말하는 것이었습니다.

"김 대리 말을 들어보니 그 정도로 지치고 심리적 압박감이 들었다면 가스라이팅 피해자가 아닌가 하는 생각이 드는데?"

가스라이팅(gaslighting) 또는 가스등 효과는 패트릭 해밀턴(Patrick Hamilton)의 연극을 원작으로 한 1944년 미국 영화 『가스등』(Gaslight)에서 유래한 말로, 심리적 조작을 통해 타인의 마음에 스스로에 대한 의심을 불러일으키고 현실감과 판단력을 잃게 만듦으로써 그 사람에게 지배력을 행사하는 것을 가리키는 말입니다.(위키백과 참조)

"가스라이팅이요?"

"그래, 가스라이팅은 상대방의 자주성을 교묘히 무너뜨리는 것을 말해. 간단히 말하면 상대방을 권력이나 힘을 이용하여 심리적으로 무력하게 해서 지배하려는 거지. 이런 환경에 지속적으로 노출되면 피해자는 자기 의심이 많아지고 자존감이 낮아져서 모든 잘못을 자신의 탓으로 돌리고, 시간이 지날수록 그에게 무조건 맞춰줘야 한다고 생각하게 되는 거야. 김 대리 생각은 어때? 본인이 가스라이팅 피해자라는 생각이 들어?"

"아… 네, 가스라이팅이 그런 거였군요. 그러니까… 선배 말을 들어보니 정말 그런 것 같기도 해요."

이런 감정과 상황은 도대체 무엇인지, 김 대리는 불안하고 억울했던 감정을 선배가 명확하게 짚어주니 갑자기 그간의 일들이 떠올라 울컥했습니다.

참된 용기

그날 이후 김 대리는 정기적으로 선배를 찾아가 그동안 지쳤던 마음을 위로받으며 점점 회복하고 있었습니다. 어느 날, 선배는 김 대리에게 다음과 같은 맹자의 말을 전해 주었습니다.

"지금 김 대리에게 힘이 되는 말일 거 같아. 고리타분하다고 생각하지 말고 잘 들어봐. 어느 날 제자 공손추가 맹자에게 '마음이 동요되지 않게 하는 방법'이 무엇인지 물으니 맹자가 들려준 하나의 일화야."

옛날에 증자가 자양에게 이르기를 '그대는 용기를 좋아하는가? 나는 일찍이 스승님이신 공자님으로부터 큰 용기에 대해 들었는데, 스스로 돌이켜서 정당하지 않으면 나보다 약한 사람에게도 겁을 내어 가지 못할 것이다. 그러나 스스로 반성해서 정당할 때는 비록 천만 명이 나를 대적한다 해도 나는 두려워하지 않을 것이다.'라고 했다.[30]

"이 말을 현재의 김 대리에게 적용해본다면 팀장이 무례하게 큰소리를 치고 지배하려고 해도 내가 부끄러울 게 없다면 두려워하지 않으려는 의지가 필요하다는 거야. 또 평소 스스로 부당하다고 생각하는 것에 대해서는 당당하게 맞서서 요청할 수 있는 용기를 가져야 한다는 거지."

선배의 말에 김 대리는 머리를 한 대 맞은 듯 강한 울림이 올라왔습니다. 선배의 말을 곱씹을수록 평소에 팀장의 지시에 부당함을 넘어 모욕감을 느끼면서도 왜 참기만 했는지, 그 상황을 '자신의 힘으로는 어쩔 수 없다'라고 여기고 팀장에게 맞추려고만 했는지 자신이 바보 같아 속이 상했습니다.

이제는 더 이상 고양이 앞의 쥐처럼 숨죽이며 존재감 없이 살 것이 아니라 그동안 잃었던 자존감을 회복해야 할 것 같았습니다. 김 대리는 선배의 응원에 마침내 용기 내어 마음속으로만 그리던 장면을 증자처럼 당당하게 맞서는 현실로 불러오기로 하였습니다.

---

30) 석자 증자위자양왈 자호용호? 오상문대용어부자의 자반이불숙 수갈관박 오불췌언 자반이숙 수천만인 오 왕의(昔者 曾子謂子襄曰 '子好勇乎? 吾嘗聞大勇於夫子矣 自反而不縮 雖褐寬博 吾不惴 焉 自反而縮 雖千萬人 吾 往矣『맹자』'공손추'

가스라이팅에서 벗어나는 용기

다음 날 출근하자마자 김 대리는 심장이 밖으로 튀어나올 듯 쿵쾅거리는 마음을 누르며 팀장에게 다가갔습니다. 그리고 그동안 팀장에게 하고 싶었던 말들을 조심스럽게, 그렇지만 거침없이 '앞으로는 부당하다고 생각되는 일에는 당당하게 맞서겠노라' 선언했습니다. 평소 팀장의 강한 압력과 지시에 대답도 잘 못하고 "죄송합니다!"만 연발하던 김 대리가 자기 생각을 또박또박 말하자 팀장은 당황한 듯 보였습니다.

김 대리의 마음은 어느 때보다 후련했습니다. 팀장의 다혈질이 곧 폭발해도 견뎌낼 수 있을 거 같았습니다.

자신을 향한 팀장의 언행이 지나치다고 느껴도 그때마다 분노를 마음속으로만 삭일 뿐 이유조차 묻지 못하고 주눅 들었던 이유가 가스라이팅을 당해서라는 걸 왜 몰랐을까? 그동안 당하기만 하고 살았던 시간이 억울했지만, 지금이라도 용기를 낼 수 있었던 자신이 대단하다고, 천만다행이라고 김 대리는 생각했습니다.

나를 믿는 자기 신뢰

그 이후에도 팀장의 태도는 여전했지만, 김 대리는 예전처럼 팀장을 의식하지 않고 자기 일에만 집중하며 당당해지려 노력했습니다. 그러다 보니 팀장은 김 대리를 주눅 들게도, 상처받게도 하지 못하는 존재가 되어버렸습니다.

김 대리는 또한 선배에게 받은 맹자의 '하늘이 장차 큰 임무를 내리려 할 때'를 읽으며 앞으로 더 큰 일을 해내기 위한 과정이라 생각하고 스스로를 위로했습니다.

하늘이 장차 큰 임무를 어떤 사람에게 내리려 할 때는 반드시 먼저 그의 마음을 괴롭게 하고 그의 근골을 힘들게 하며, 그의 몸을 굶주리게 하고 그의 몸을 곤궁하게 하며, 어떤 일을 행함에 그가 하는 바를 뜻대로 되지 않게 어지럽힌다. 이것은 그의 마음을 분발시키고 성질을 참을성 있게 해 그가 할 수 없었던 일을 해낼 수 있게 도와주기 위한 것이다.[31]

그렇게 1년을 견뎌내니 인사이동과 함께 팀장이 팀을 떠나는 날이 왔습니다. 그 후, 또 어떤 팀장이 올까 두려웠던 마음도 잠시, 새로 온 팀장의 리더십은 너무나 탁월했습니다. 새 팀장의 칭찬과 격려, 자율성 보장 등 긍정적 변화로 인해 김 대리는 훨씬 편안한 마음으로 근무할 수 있게 됐습니다. 같은 직급이지만 두 팀장의 리더십이 그렇게 다를 수 있다는 게 놀라웠습니다. 김 대리는 이 일을 계기로 많은 것을 배웠습니다. 자신이 팀장이 됐을 때 리더십을 어떻게 발휘해야 하는 것까지 말입니다.

만약 김 대리가 전 팀장에게 상처받는 걸 견디지 못하고 퇴직했더라면 오늘의 이 평화는 만나지 못했을 겁니다. 그때 선배의 조언을 받아들여 자신을 믿고 전 팀장의 부당한 처사로 마음속에 차오르던 분노를 용기를 내 표

---

31) 천장강대임어시인야 필선고기심지 노기근골 아기체부 공핍기신 행불란기소위 소이동심인성 증익기소불능(天將降大任於是人也 必先苦其心志 勞其筋骨 餓其體膚 空乏其身 行拂亂其所爲 所以動心忍性 曾益其所不能)『맹자』'고자'

현했기에 직장생활을 계속할 수 있었던 거지요.

여러분, 혹시 '가스라이팅'을 당하고 있지 않은지 의구심이 가는 현장에 있다면 명확하게 자신의 상황을 점검하고 가까운 분께 조언을 구하는 등, 그 상황을 벗어나려는 적극적 노력이 필요합니다. 물론 그에 앞서 더욱 중요한 건, 증자처럼 부끄럽지 않은 나를 믿는 자기 신뢰겠지요.

직장생활의 환대와 기대

김 준

(중용, 하불우인-다른 사람을 탓하지 않는다)

A가 회사에 입사 후 처음 배치된 부서는 사람을 존중해 주는 분위기였습니다. 우선 상사인 대리부터 팀장까지 A의 근태부터 소소한 일상까지 챙겨주었고 같은 부서 동료들의 배려와 격려도 A의 첫 직장생활을 잘 적응할 수 있도록 도와주는 고마운 시간이었습니다.

A가 연차 1년이 지날 무렵, 회사는 연간 사업계획을 발표했고 신사업 분야의 팀을 새롭게 조직했습니다. 마침 그 팀으로 발령이 난 A는 낯선 부서원들과 업무에 새로이 적응해야 했습니다. 게다가 신사업 분야라 업무 처리 방식이 낯설고 기존의 업무 매뉴얼이 없다 보니 퇴근이 늦어지는 건 다반사가 됐습니다. 잦은 야근과 업무 마감에 쫓기면서 A의 피로도가 높아졌습니다. 그뿐만 아니라 새로운 부장의 날 선 지적, 일부 직원을 편애하는 모습에 A는 소외감까지 느끼게 됐습니다.

부장의 오해와 이해

그런 어느 날, A는 최근 자신에게 추가된 업무에 대한 이견을 말하고자 부장 면담을 신청했습니다. 계속 참다 신청한 면담이었기에 A는 업무 조정이 받아들여지지 않으면 퇴사도 고려하겠다는 각오로 부장실에 들어섰습니다.

"부장님 추가된 업무에 대해 조정해 주셨으면 해서요. 이게 조정이 안 되면 퇴사도 고려하고 있습니다."

"아니 이게 무슨 말이야? 자네 일을 썩 잘하는 줄 알고 있었는데 왜 그러는 거지? 퇴사라니! 무슨 일인지 말해보게나."

"저도 퇴사하고 싶지는 않습니다. 그런데 제 업무도 사실 녹록지 않은 상황에 추가 업무를 계속 주시잖아요. 어떻게든 주시는 일을 다 하려고 노력하고 있지만 업무 속성도 다르고 시간도 부족해 예정된 기일을 맞추기가 너무 힘듭니다. 업무 스트레스가 얼마나 큰지 최근에는 공황장애 진단을 받고 약도 먹게 됐어요."

"나 때문에 공황장애 진단을 받고 약까지 먹고 있다고? 누가 들으면 부하 직원 잡는 못된 상사인 줄 알겠네. 그렇게 힘들면 말을 했어야지. 나는 자네가 별 이야기가 없어 추가된 업무도 어려움 없이 하고 있는 줄 알았네. 다른 사람보다 일도 잘해서 전혀 그런 줄 몰랐지. 워낙 꼼꼼하게 일 처리를 잘하지 않았나?"

"네, 어쨌든 상황이 이렇습니다."

"진작 이야기했으면 좋았을 텐데…. 알았네. 현재 업무가 그렇게 힘들다니 미안하이. 얼른 조정해보겠네. 그런데 혹시 자네 이전 부서로 돌아가고 싶어서 그러는 건 아닌가?"

"…꼭 그렇지는 않습니다."

그렇지 않다고 대답했지만 현재의 부서와 상반된, 따듯한 분위기의 이전 부서로 돌아가고 싶은 마음도 있었기에 A의 마음은 가볍지는 않았습니다.

"네. 우선 며칠 전 추가된 업무부터 덜어주셨으면 합니다."

"알겠네. 다시 잘해 보자고. 그만 가봐."

A는 혼자서 업무에 치여 전전긍긍하던 때와 달리 부장의 말에 약간의 안도감이 느껴졌습니다. 그리고 며칠 후 다행히 A의 건의가 받아들여져 부장이 약속한 대로 업무조정이 이루어졌습니다. 퇴사까지 고민했던 A는 나름 잘 해결된 그 일을 돌이켜봤습니다. A는 부장의 말처럼 늘어나는 업무를 혼자 감당하며 앓지 말고 진작 상사에게 면담을 요청해야 했습니다.

A가 새 부서의 분위기와 부장의 업무 스타일에 적응하지 못했던 건 첫 발령 부서에서 받았던 환대의 기억 때문이었습니다. 그 부서처럼 다른 부서도 그럴 것이라는 기대가 깨지며 사사건건 예전과 지금을 비교해 현 부서의 업무가 배로 힘들게 느꼈던 탓도 있었던 겁니다.

군자의 삶의 방식

『중용』에서는 다음과 같이 말하고 있습니다.

군자는 그 자리를 현재로 하여 행하고, 그 바깥으로 벗어나는 것을 원하지 않는다. 현재의 부귀에 따라 부유하고 귀하게 행동하고, 현재의 빈천함에 따라 가난하고 천하게 행동하며, 현재의 오랑캐 땅에서는 오랑캐를 따라 행동하고, 현재의 근심과 재난에 처해서는 근심과 재난에 따라 행동하니, 군자는 들어가는 곳에서 스스로 터득하지 않음이 없다.[32)]

어떤 상황에 대한 기대보다는 처한 상황을 잘 받아들여 자기중심을 잃지 않고 자신의 마음을 지켜나가는 것이 군자의 방식이라는 겁니다.

A가 첫 부서에서 만났던 상사들처럼 직장에서 부하직원을 배려하며 격려해주는 관리자를 만나기는 쉽지 않습니다. 성격 유형에 따라 업무를 해석하고 지시하는 상사의 스타일이 모두 다르기 때문입니다. 그러니 어디서든 나를 반가이 맞아 줄 거라는 기대를 낮추어야 합니다. 직장은 일을 전제로 구성된 집단이기에 말입니다.

『중용』에서는 이와 관련해 다음과 같이 말합니다.

윗자리에 있으면서 아랫사람을 능멸하지 않으며, 아랫자리에 있으면서 윗사람을 잡아당기지 않고, 자기를 바르게 하여 남에게서 구하지 않으면 원망하는 마음이 없게 될 것이니, 위로는 하늘을 원망하지 않으며, 아래로는 다른 사람을 허물하지 않는다.[33)]

이 말은 상사, 부하직원 상관없이 누구를 탓하지 말고 스스로에게서 원인

32) 군자소기위이행 불원호기외(소부귀 행호부귀 소빈천 행호빈천 소이적 행호이적 소환난 행호환난 군자무입이부자득언(君子素其位而行 不願乎其外 素富貴 行乎富貴 素貧賤 行乎貧賤 素夷狄 行乎夷狄 素患難 行乎患難 君子無入而不自得焉)『중용』'14장'

33) 재상위불능하 재하위불원상 정기이불구어인즉무원 상불원천 하불우인(在上位不陵下 在下位不援上 正己而不求於人則無怨 上不怨天 下不尤人)『중용』'14장'

을 찾는다면 어떤 경우에도 여건과 사람 탓을 하지 않게 된다는 의미입니다. 직장 내 다양한 관계에서 겪는 오해와 갈등을 이겨내기 위해 중용의 지혜로 내 마음의 관계 근육을 단련해보시길 권합니다.

이직은 시작이 아닌 또 다른 적응기

박 연 아

(맹자, 제반구제기—돌이켜 자신에게서 원인을 찾아보라)

P는 1년 전 다니던 회사에서 상사와 갈등을 견디지 못해 사표를 던지고 이직을 결정했습니다. 오랫동안 준비해 어려운 취업의 문을 넘었건만, 상사와 관계는 그 준비과정보다 더 힘든 높은 산과 같았습니다.

그렇게 이직을 원해 퇴사를 했지만 P가 '좀 더 견뎌볼걸' 하고 뒤늦은 후회를 하게 된 건, 재취업을 위해 수십 장의 자기소개서를 보내고 면접을 보는 과정에서였습니다. 최종면접에서 번번이 탈락하다 보니 자존감은 낮아질 대로 낮아지고 무기력해지기까지 했습니다. 하지만 취업을 포기할 수는 없었기에 여러 차례 도전 끝에 바늘구멍 같은 취업에 다시 성공했습니다. P는 이제 어떤 일이 있어도 직장생활을 묵묵히 견디리라 마음을 굳게 다지고 첫 출근을 했습니다.

조언을 넘어 지적질?

출근하고 보니 같은 부서의 팀원 S는 P와 동년배였지만 3년여 먼저 입사한 파트장이었습니다. 같은 연배라는 동질감에 P는 왠지 S를 의지하며 친밀하게 지내고 싶었습니다. 그런데 친절하던 S가 시간이 지나면서 점점 태도가 변했습니다.

입사 초기에 그가 친절했던 건, 신입사원에 대한 예우 차원이었던 걸까요? P가 밤새 작성한 업무보고서를 S는 자신을 통해서만 팀장에게 결재받게 하고, 그 외에 사소한 업무까지 개입하고 지적하는 거였습니다. P는 전 직장의 이직 이유가 떠올라 불길했지만 입사 선배이며 파트장인 S의 처사가 자신을 위한 조언이라 생각하며 마음을 다잡았습니다. 그런데 날이 갈수록 S의 강압적인 업무지시는 계속됐습니다. 그럴 때마다 P는 점점 존재감이 작아졌습니다. 이런 상황에서 S와 어떻게 계속 근무할 수 있을지 앞이 캄캄해지며 다시는 퇴사하지 않기로 굳게 먹었던 마음이 자꾸만 흔들렸습니다.

또 다른 이직을 꿈꾸다. 자신을 돌아보라

내내 무거운 짐을 진 거 같던 P는 어느 날, 대기업의 파트장인 학교 선배를 찾아가 하소연하며 그간의 일을 털어놓게 됐습니다.

"선배, 다시 이직해야 할 거 같아요. 이직만 하면 다 해결될 줄 알았는데 파트장이 저를 유난히 밉봐서 그런지 지난번 직장보다 더 힘들어요. 힘들어 죽겠어요."

"어떡하니, 그렇게 힘들어서. 그러게, 어딜 가나 사람들과 관계를 맺는다는 게 참 쉽지 않아. 이직에 대한 기대가 큰데, 막상 나와 보면 그 비슷한 사람이 또 있거든. 그러다 이직을 계속하는 경우도 많아."

"네 그런가 봐요. 여기서 퇴사하게 되면 저는 비슷한 문제가 생겼을 때 또 퇴직을 탈출구로 생각하겠죠."

"그래서 비슷한 일이 계속 생기면 남이 아닌 나를 돌아보고, 혹시 내게 문제가 있는 건 아닌가도 깊이 봐야지. 계속 이직 이력서를 쓰면 안 되잖아. 어쨌든 새로운 환경에 적응하느라 힘들었네. 이럴 땐 책이 보약이야. 마침 내가 『맹자』를 다시 읽고 있는데 지금 상황에 딱 맞는 구절이 있다. 한번 들어봐."

선배가 들려준 『맹자』의 한 구절은 '돌이켜 자신에게서 구함'이었습니다.

다른 사람을 사랑하는데도 그가 나를 친하게 여기지 않을 때는 자신의 사랑하는 마음을 반성해보고, 다른 사람을 다스리는데도 다스려지지 않을 경우는 자신의 지혜를 반성해보고, 다른 사람에게 예를 갖추어 대하는데도 그것에 상응하는 답례가 없을 경우는 자신의 공경하는 마음을 반성해보아야 한다. 어떤 일을 하고서 바라는 결과를 얻지 못하면 모두 돌이켜 자신에게서 그 원인을 찾아야 한다. 자신의 한 몸이 바르면 천하 사람들이 다 그에게로 돌아온다. 그래서 『시경』에서는 '영원토록 하늘의 명을 따르니, 스스로 많은 복을 구하는구나'라고 했다.[34]

34) 애인불친반기인 치인불치반기지 예인불답반기경 행유불득자 개반구제기 기신정이천하귀지 시운 영언배명 자구다복(愛人不親反其仁 治人不治反其智 禮人不答反其敬 行有不得子 皆反求諸己 其身正而天下歸之 詩云 永言配命 自求多福)『맹자』'이루'

"너는 지금 파트장인 S의 말이 서운하고 화가 난다고 했지? 근데 기분 나쁘다고 불평만 할 게 아니라 왜 S가 자꾸 너를 지적하고 마음에 들어하지 않는지, S가 원하는 게 진짜 무엇인지, 더 나아가 S를 대하는 네 태도나 방법에 문제는 없었는지를 깊이 생각해보라는 거지. 덧붙이자면, 일하다 보면 감정이 앞서는 경우가 많은데 직장이잖아. 더 냉정해질 필요가 있어. 상사가 지시적이고 방어적이라면 그에 대한 대응책으로 되려 너 스스로 용감해질 필요가 있어. 감정적으로 지지받거나 이해받기를 바라기보다 일은 일로 냉정하게 정리해야 해. 나도 한번에 알게 된 게 아니고 그런 일을 겪으며 알게 된 거야. 어디든 날 싫어하는 사람이 한 사람쯤 있더라고. 그렇게 정리해 봐야 긍정적인 관계가 시작될 수 있더라고. 일단 마음부터 좀 식혀."

그러면서 선배는 P가 사람들과 어떻게 관계를 맺는지 패턴을 생각해보라고 했습니다.

"타인과 관계를 맺을 때는, 본인은 인식하지 못하지만 자기만의 패턴이 있어. 네가 예전 직장에서도 퇴사를 결정할 만큼 상사와 갈등이 있었다고 했잖아? 분명 네가 견디지 못할 만큼 힘들었던 포인트가 있었을 거야. 그리고 지금 회사의 파트장과는 또 어떤 부분에서 네가 불편한 감정이 올라오는지 한번 점검해봐. 분명히 그 상사와 현재 파트장과 관계에서 너를 힘들게 하는 것 중에 겹치는 부분이 있을 거야. 그 핵심을 분석해보고 성찰해보는 게 우선인 거 같아. 그 부분을 해결하고 뛰어넘어야 다른 사람과 관계를 맺을 때 맹자의 말씀처럼 너에게는 문제가 없는지, 너에게서 원인을 찾아볼 힘이 생기는 거야."

자신을 돌이켜 보는 연습

선배의 경험담과 고전의 구절을 듣고 집으로 돌아가며 P는 한결 짐이 가벼워졌습니다. 그리고 선배의 말처럼 자신을 돌아보게 됐습니다.

사회생활을 하면서 겪는 어려운 과제 중의 하나는 타인과 어떻게 관계를 잘 맺는가입니다.

어린 시절 엄한 아버지의 영향으로 눈치를 보며 성장해서인지 P는 학창 시절에도 상대방의 굳은 표정만으로 '나를 좋아하지 않나 보다, 나와 함께 있고 싶지 않은가 봐'와 같은 불안이 올라왔습니다. 또 타인과 관계를 맺는 시도를 하지 않는 건 물론 수동적으로 타인이 이끄는 대로 자신을 내맡기기도 했습니다. 아마도 이런 부정적 경험이 켜켜이 쌓이며 자신도 모르게 타인과 관계를 맺는 데 결정적인 영향을 끼쳤겠지요.

1년 전에 퇴사했던 직장에서 상사의 지적과 강압적인 태도, 새로 입사한 현재 파트장의 강한 지시와 지적이 P를 어린 시절처럼 눈치를 보게 하고 움츠러들게 했던 거 같았습니다. 그래서 상대방이 요구하는 정확한 의도를 분석하기보다 자신의 감정에 빠져 허우적대다가 스스로 상처받았다고 여기며 그 원인을 타인에게 돌렸음을 비로소 깨닫게 됐습니다.

P는 자신이 맺는 관계의 패턴을 객관적인 시각으로 바라봐주고 깊이 성찰할 수 있도록 조언해준 선배가 정말 고마웠습니다. 그렇게 자신을 돌아보며 상대를 바라보니 어쩐지 내성이 생긴 듯 여유로워졌습니다.

오랫동안 소극적 관계 맺기를 해온 P의 태도가 단기간에 변화되기는 쉽지 않았습니다. 하지만 S에 대한 경계를 풀고 방어적 태도에서 벗어나 일을 우선으로 두니 긍정적으로 바라보는 것도 가능했습니다. 가끔 S의 조언이 지나칠 때도 "네, 잘 알겠습니다. 수정하겠습니다."라며 정중하게 받아들이자 S의 지적하는 태도에도 변화가 보였습니다. 막상 그런 모습을 마주하자 P는 그동안 S를 적대감으로 대했던 자신이 떠올라 미안한 마음이 들기도 했습니다.

자신과는 완전히 다른 타인과 관계를 잘 맺기는 쉽지 않을 겁니다. 그렇지만 인(仁)은 외부로부터 가져오는 게 아니라 자신의 마음속에 씨앗처럼 있다고 한 공자의 말씀처럼 모든 관계의 시작은 자신으로부터 시작된다는 것을 이번 경험을 통해 P는 어렴풋이 알 것 같았습니다.

지금도 혹시 한 사무실에서 근무하는 상사의 턱을 한번 시원하게 날려버리고 싶다고 생각하는 독자가 계신다면 이 글에서 여러분에게 필요한 작은 단서를 발견해보시기 바랍니다.

회사에서의 관계, 뭣이 중헌디?

정 예 서

(측은지심인지단야—타인의 곤란을 불쌍하게 여기는 마음이 인의 근본)

독자 여러분은 회사 직원들과 내 관계를 1~10의 지수로 책정해 본다면 어느 정도라고 말할 수 있으신지요. 한 중소기업에 재직 중인 J는 퇴근시간이 되기 무섭게 퇴근해서 별명이 칼퇴라고 했습니다.

"선생님. 저는 회사 문을 나설 때까지 누가 아는 체하며 불러 세울까 봐 마음이 조마조마해집니다."

"아, 네. 회사에 싫은 사람이 있으신 거죠?"

"딱히 그건 아닌데 사람들과 마주치면 인사하는 것도 싫고, 억지로라도 웃어 보여야 하는 것도 민망해요. 회사에 있으면 어딘지 구속되어 있는 거 같고, 퇴근을 해야 자유로운 사람이 된 듯하거든요."

제발 칼퇴근 전문인 나를 부르지 마!

30대 초반인 그가 제게 상담을 요청한 이유는 얼마 전 팀장의 호출로 면담을 하고 충격을 받아서였다고 했습니다. 그날도 사무실에서 혼자 샌드위치로 점심을 대신한 그를 부른 팀장과 나눈 대화는 이러했습니다.

"자네 비트코인이나 주식 하나? 그런 거 들여다보느라 외부에서 점심을 안 먹나 궁금해서."

"아니요. 전 그런 거 무서워서 못 합니다. 극소심이거든요."

"그럼, 왜 점심도 회사 사람들과 같이 안 먹고 저녁때도 부랴부랴 혼자 가는데?"

"아, 그게… 요즘 좀 많이 피곤하고 컨디션이 좋지 않아서요."

"그랬군. 그래서 며칠 전 자네 바로 옆 책상의 P가 기절한 걸 보고도 그대로 집으로 갔나? 경비원이 발견하지 못했다면 큰일 날 뻔했다는데, 퇴근하면서 인사만 했어도 봤을 텐데 말일세."

"아, 대리님 일요? 그건 그날 다 해명했는데…. 저는 그냥 피곤해서 엎드려 있는 줄 알고 방해가 될까 그냥 간 건데요."

"자네도 그렇게 피곤하면 병원 가서 검사를 받아 보는 건 어떤가? 동료들이 자네를 좀 걱정하는 듯해."

"네? 저를 왜 걱정해요? 저 잘 살고 있는데."

"그렇다면 다행이지만…. 회사에 친한 동료는 있나?"

"그게, 누구라고 말할 사람은 없습니다."

"자네 재직 연차가 얼마나 되지?

"이제 4년 차 접어듭니다."

"벌써 그렇게 됐군. 4년 차 정도면 회사에 친한 사람 두엇은 있을 땐데, 자네도 참 어지간하네. 동료들과 좀 어울리지. 곧 인사평가 기간인데, 너무 혼자면 좋지 않네."

"음, 업무에 필요한 말은 충분히 하고 있다고 생각합니다. 그런데 팀장님, 왜 이런 말씀을 하시나요? 제게 무슨 문제가 있나요?"

"문제라… 그렇게 볼 수도 있겠네. 사실, 자네가 협업할 때 지나치게 자로 잰 듯 업무를 분담하고 협업 구성원을 싫어하는 듯해 함께 일하기가 불편하다는 말을 여러 사람에게 들었네."

"여러 사람요? 그런 말을 하는 사람이 누군데요?"

"누구인가가 중요한가? 여러 사람이 자네와 협업을 꺼린다는 게 문제인 거지."

"저는 그냥 공평하게 회사 일을 하고 싶었을 뿐인데, 그렇게 보였군요. 알겠습니다."

"눈에 보이는 게 다가 아니네. 업무를 정확히 분담하는 게 나쁜 일은 아니지만 보이지 않는 것도 눈에 담아야지. 그게 동료 사이의 관계라네."

어떤 대화든지 내가 이겨야 하는 대결형

"선생님. 팀장님과 면담을 하고부터 더 동료들과 인사를 나누기가 싫어졌어요. 아무 생각이 없었던 회사에서 제 태도가 문제라니…. 일일이 친한 듯 인사를 다 나눠야 한단 건가요?"

그는 많이 낙담한 듯 보였습니다. 검사지 결과와 마찬가지로 그의 대화 방식은 상대가 자신을 공격한다고 생각해 방어를 하거나, 대화의 주제가 아무리 사소한 것이더라도 이겼다고 생각이 돼야만 하는 대결형 패턴이 두드러졌습니다.

"팀장님과 면담을 끝내고 그런 생각이 드셨단 거지요?"

"네. 저는 그냥 솔직한 태도로 회사생활을 한 건데, 억울하다는 생각이 들었어요."

"억울하다는 생각요? 어떤 부분에서요?"

"빌어먹을 가식적인 관계가 문제죠. 필요한 사람에게 지나치게 어필해 친분을 과시하거나 잘 보이려는 아부 같은 거요. 그런 게 위선 아닌가요? 진짜!"

"네, 리액션이 과해야 진심이 전달된다고 믿는 사회 분위기가 좀 있죠."

"그러니까요. 우리 회사는 한 400명 정도 규모인데, 입사 초기엔 사흘에 한 번씩 부서 회식이 있었어요. 술을 잘 못 마시는 제겐 취약이었죠. 그런데 그 자리에서 나누는 말들이 또 진짜 웃겨요. 상사, 동료, 후배들에게도 온갖 아부를 해요. 2차로 노래방을 가면 개인기 없는 사람은 바보 취급하고, 상사들이 주는 술은 다 받아야 하고…. 술집의 호스트가 된 느낌이랄까. 삼삼오오 모여서 의미 없는 리액션. '정말요! 아, 그렇네요. 정말 그때 대단하셨어요. 진짜라니까요. 진심입니다. 정말 잘하세요. 진짜 좋아해요. 리얼요? 함께 일해서 너무 좋아요. 제가 영광이지요. 제가 한 건 별로 없어요.' 이런 말들을 듣고 있으면 오글거리다 못해 토가 나올 것 같아요."

평소 말수가 별로 없다던 그는 그동안 회식 자리나 동료들과의 어울림이 많이 힘들었던지 속사포처럼 말을 쏟아냅니다.

"술을 못 드셔서 더 힘드셨겠어요. 맞아요. 반응이 과할수록 친화력이 좋은 사람이라고 생각하는 경향이 있지요."

"당사자가 없을 때는 뒷담화로 별말을 다 하면서 앞에서는 추켜주기 대왕들이에요. 토씨 하나까지 전부 가식이면서. 어쩌다 사석에서 만나도 계속 출근해 있는 느낌이고. 그래서 회사 사람들과 엮이는 게 진짜 싫어요."

"네, 그럼 혹시 동료들께 사적인 도움을 받으신 적은 없으세요?"

"도움요? 없어요. 아, 제가 작년에 급성맹장으로 회사에서 갑자기 떼굴떼굴 구를 때 동료들이 구급차를 불러준 일은 있네요."

"그런 일이…. 놀라셨겠어요. 그럼 그때, 동료들이 구급차만 불러준 거군요."

"아니요, 동료 한 사람이 구급차에 같이 따라와 지방에서 어머니가 올라오실 때까지 같이 있었네요."

"그럼 그 후, 고맙다는 인사도 하셨겠네요?"

"음, 고맙다는 인사를 따로 하진 않았는데…. 꼭 해야 하나요? 그건 회사 내에서 발생한 일이고 사정이 급하니까, 누구라도 그 정도는 하지 않았을까요."

"그렇군요. 그럼, 그건 회사 동료로서 어떤 업무에 속할까요?"

"제가 빨리 회복해 회사에 복귀해야 하니까 그 사람은 그걸 도운 거죠."

"네, 그럼 회사에서 승진하거나 책임을 맡는 자리에는 관심이 있으세요?"

"생각은 해봤는데 왠지 책임도 크고 귀찮을 거 같아요."

"그럼 혹시 이직을 생각하고 계신가요?"

"아니요. 그냥 가늘고 길게 눈에 띄지 않고 한 직장에서 주욱 가는 게 제 목표라면 목표입니다."

"회사가 나쁘진 않으신 거네요. 그럼 혹시 가족들과 관계는 어떠신가요?"

"부모님은 지방에 계셔서 명절에만 뵙고, 하나 있는 형과도 별로 교류가 없어요. 결혼해서 조카들과 살기 바쁜 거 같아서요."

"그럼 집에 있을 때는 주로 뭘 하고 지내세요?"

"게임을 하거나 TV를 보거나 그렇지요. 게임 친구들도 있고"

"아, 그러시구나. 그럼 오프에서 만날 기회도 있으신가요?"

"아뇨. 오프에서 얼굴을 보지 않아서 편한 건데, 왜 만나요?"

보는 것만으로도 세습되는 대화법

J는 가상 친구들의 이야기를 할 때 표정이 가장 밝았습니다. 사람들과의 교류를 본인이 차단하고 있다고 여기는 J는 사실은 상처받는 게 두려워 관계불능 상태에 머물러 있었는데, 스스로 그 상태를 인지하지 못하는 단계였습니다.

"가상의 관계가 더 편하신 거네요. 그런데, 혹시 살아가다 돌봄을 받아야 할 경우가 생기면 어떻게 할까요?"

"충분히 저축하고 있으니 그걸로 해결되지 않을까요?"

"주변에 불쌍하다고 생각되는 분이 계신가요? 돌봐주고 싶다거나…."

"음… 딱히 없지만 그래도 한 분을 꼽으라면 어머니네요. 우리 가정을 위해서 많이 헌신하셨거든요. 아버지가 어머니 말을 늘 무시하고 대꾸를 안 하시거나 일방적으로 야단을 치셨는데도…. 제 걱정을 제일 많이 하실 분도 어머니구요."

저는 그래도 그가 측은지심을 느낀다는 것에 안도했습니다. 여러 검사 결과, 기질도 있지만 그가 직장에서 동료들의 말에 귀 기울이지 않는 것도, 대꾸하는 것에 익숙하지 않은 것도 부모님의 일방적 소통에서 대화를 배우지 못한 영향이 있었습니다. 말만 꺼내면 야단을 치거나 무대꾸인 부모님의 대화방식을 보면서 말을 하면 할수록 불편해진다는 잠재의식이 형성됐을 것입니다. 그로 인해 의사 표현에 점점 자신을 잃게 된 거지요. 그러니 대화는 자신을 방어하거나 이겨야 한다고 생각할 때만 하게 된 겁니다. 동료들과의 관계도 소원해 꼭 일에 필요한 단답식의 말만 해온 것을 스스로 알아차리지 못했습니다. 그러면서 반드시 느껴야 할 일부의 감정까지 차단된 감정의 동맥경화에 머물러 있게 된 겁니다.

차마 할 수 없는 마음

이쯤에서 우리는 일찍이 인간이 지켜야 할 사단을 위해 애써야 한다고 주창한 맹자(孟子)를 초대해 그의 말을 들어봐야겠습니다.

전국시대의 철학자, 정치사상가인 맹자는 의(義)를 인(仁)의 위치에 놓음으로써 공자의 사상을 이어간 철학자입니다. 맹자가 강조한 '의'는 공자가 제시한 '인'를 확장한 것으로, 공자가 더불어 사는 사회상으로 인의 실천을 제시했다면, 인의 실천에 필요한 것이 의임을 강조한 것입니다. 그러니까 공자의 사상을 이어 혈연에서 자연스럽게 드러나는 도덕, 인을 강조하면서도 의의 의미를 확장하여 인과 대등한 위치에 놓은 것입니다.

다시 말해 부모에게 효도하는 건 인이고, 형제와 우애하는 건 의인데 가족 구성원 간, 나아가 가족이 아닌 모든 어른을 위한 공경으로도 의를 실천해야 한다는 말입니다. 즉 개인의 완성을 위해 의를 행해야 함은 물론이고 의로 실천해야 사회가 평화로워질 수 있다고 주장한 것입니다.

왕도정치를 펼쳐야 백성이 평안해진다고 생각한 맹자는 수많은 제후의 초빙을 받거나 찾아가 지금으로 말하면 리더십 코칭을 하게 됩니다. 혼란했던 전국시대, 어떻게든 나라를 지켜야 했던 제후들은 맹자처럼 지혜로움이 있으나 벼슬하지 않은 사람 즉 재사(才士)들을 초대해 극진히 대접합니다. 맹자가 수십 대의 수레에 수행원 수백 명을 거느리고 제후들 사이를 오가는 모습을 보고 그 비용이 너무 과하다고 비판을 받기도 했습니다. 제후들과의 여러 에피소드는 『맹자』에 고스란히 실려 있고, 이 책의 다른 챕터에도 그 일화가 실렸습니다.

그런 맹자는 "모든 사람은 타인에게 '차마 할 수 없는 마음이 있다.'"라고 말합니다.

남에게 차마 못하는 마음은 예컨대 어떤 사람이든, 갑자기 어린아이가 우물 속에 빠지려는 것을 목격하면 놀라 아이를 구하게 되는데 그것이 바로 '측은한 마음'이다. 구해준 인연으로 아이의 부모와 교분을 맺으려는 것도 아니고, 아이를 구했다고 사람들에게 칭찬을 듣고자 하는 것도 아니고, 구하지 않았을 때 잔인하다는 비난을 들을 게 싫어서 그런 것도 아니다. 이처럼 사람들에게는 모두 차마 어쩌지 못하는 본성이 있으므로 남을 예우해도 답례가 없으면 내가 남을 공경하는 태도를 돌아보고, 남과 친해지지 않으면 스스로의 태도를 돌아보고, 남을 다스려도 다스려지지 않으면 스스로의 지

혜를 돌아보라.[35]

지금의 J에게 꼭 필요한 가르침입니다. 그간 상담 현장에서의 임상경험을 통해 보더라도 원활하게 의사 표현을 못하는 분일수록 역지사지, 즉 타자의 입장에서 생각해보는 게 쉽지 않습니다. 상대의 아픔을 받아들이는 공감 능력, 그 아픔을 위로해줄 수 있는 측은지심이 부족한 건데, 이런 분일수록 누군가 진심으로 자신의 말을 경청했던 경험이 부족한 경우가 많습니다. 그러니 공감능력과 경청도 대를 물리는 순기능이라고 할 밖에요. 또한 경험 폭의 차이나 현재 자신의 상황이 너무 힘들게 여겨질 때 보여지는 현상이기도 합니다.

다중 지능 중 하나인 언어지능

J의 외면은 혼자를 즐기는 개인주의적 성향이 강한 듯 보일 수 있지만 사실은 타자와 관계를 맺는 게 두려워 기피하고 있는 것일 수도 있습니다. 그러나 다중 지능 안에 포함돼 있는 언어능력은 얼마든지 후천성장이 가능합니다. 자신의 의사를 가감 없이 표현할 줄 아는 언어지능을 키우는 가장 주요한 첫 번째는 바로 공감능력입니다. 공감력을 발전시켜 사회와 어울려 지낼 수 있을 때 비로소 진정한 독립과 성장이 가능합니다. 헤쳐 모여가 조화를 이루어 그 과정이 불편하지 않음을 느끼는 것 역시 사람이 행복해지는데

35) 맹자왈 인개유불인인지심 선왕유불인인지심 사유불인인지정의 이불인인지심 행불인인지정 치천하 가운 지장상(孟子曰 人皆有不忍人之心 先王有不忍人之心 斯有不忍人之政矣 以不忍人之心 行不忍人之政 治天下 可運之掌上)『맹자』'공손추'

반드시 필요한 요소입니다. 그러니 언어능력이 부족하다고 생각되면 매일 조금씩, 자신의 마음을 표현하는 연습을 해 보시길 조언 드립니다. 말하지 않은 감정은 우리의 무의식에 그대로 남고, 욕구불만으로 변형돼 공격성으로 나타나기도 하니 말입니다. 반면 원활한 의사표현이 되는 언어지능이 높아지면 타자가 보기에도 매력적인 사람이 되는 건 물론 사통팔달, 소통의 달인이 될 수 있습니다.

이 과정을 외면하고 홀로인 게 편하다고 생각되시면 발달단계나 어떤 사건으로 인해 고착이 있지 않은지 돌아봐야 합니다. 즉 내 어느 부분을 잘 알지 못해 성장을 방치하고 있을 수 있다는 것입니다.

나는 이 지구상에 유일한, 독특성을 지닌 사람이 분명하지만 그 독특성과 미분화성을 구분할 수 있어야 합니다. 그러려면 타자를 향한 관계개방성을 가늠할 잣대가 될, 맹자가 이르는 사단을 내 삶에 적용하고 있는지 살펴봐야겠습니다.

그그렇다면 J에게 있는 '측은지심인지단야' 즉 다른 사람의 불행을 불쌍하게 여기는 마음을 어떻게 일깨워 주어야 했을까요? 저는 그에게 마침 연구원에 있던 포인세티아 한 그루를 분양하며 수행 과제를 주었습니다.

친절을 생략하는 사회

"이제 이 발 없는 식물, 포인세티아의 친구가 되셨네요. 해 밝은 창가에 두고 일주일에 한 번씩만 물을 주세요. 말은 못 해도 함께 사는 친구인 당신이 언젠가는 아침에 일어나서 잘 잤느냐는 인사를 하면 좋겠다고 여길 거예요. 음악을 들려주거나 말을 나누면 자극을 받아 식물성장이 촉진된다는 연구 결과도 이미 있어요."

"식물이 정말 말을 알아듣는다구요? 그런 말은 처음 듣는데, 뭐 선생님이 수행을 하라니 할 밖에요."

제 말에 형식적인 대꾸를 했지만, J는 포인세티아를 내버려두는 거 같지는 않았습니다.

"선생님, 3주 출장을 다녀왔더니 정말로 창 쪽 잎이 더 무성해지고 빛깔도 변했어요. 출장 가면서 엄마에게 물 좀 주라고 부탁하고 갔는데, 이렇게 좋아졌네요."

그동안 자란 포인세티아 사진을 보여주는 그의 얼굴이 어느 때보다 밝아 보였습니다.

"매일 마음을 써 주시니 이렇게 건강해졌네요. 보낼 때 좀 작고 시들했는데, 좋네요. 식물은 따듯한 햇살을 다정함이라고 느껴요. 그래서 햇빛을 따라 몸을 틀거든요. 사람도 따듯한 눈빛이나 말을 따라 마음을 내어주게 되는 거와 같은 거죠."

"정말 그런가 봐요. 그래도 뜬금없이 친절한 말을 하기는 아직도 쉽지 않아요."

"그렇죠. 저도 예전에는 무슨 일이 생기면 남 탓부터 하고 비난부터 하던 사람이라 친절한 말 하기가 어렵더라구요. 그런데 하다 보니 그게 과장이 아니고 진짜 칭찬받을 일을 아무도 말하지 않는 거라는 걸 알게 됐어요. 그러니 뜬금없는 게 아니고 다 사실인데 우리가 경쟁사회에 살다 보니 그동안 해야 할 고마운 말이나 친절을 생략하고 산 거죠. 그래서 더 각박해지고."

"맞아요. 선생님은 저를 볼 때마다 칭찬해주시는데 처음엔 익숙하지 않아 어색했거든요. 그런데 선생님 말씀처럼 생각해보면 과장이 아니더라고요. 사실만 말씀해주시니 이젠 좀 받아들일 수 있게 됐어요."

J가 저를 만나 처음으로 공감의 말, 즉 주고받는 말을 제대로 한 대화였습니다. 이런 시간을 맞기 위해 상담을 계속해온 저는 다음 진도를 나갈 수 있었습니다.

"그때 동료가 의식을 잃은 걸 모르고 퇴근했다는 것을 알았을 때 어떤 마음이셨어요?"

"아, 그때요. 지금 생각해 보니 미안한 마음에 자책이 있었던 거 같아요. 그 친구는 직급은 저보다 높은 대리인데 동기거든요. 사실 조금만 주의를 기울였다면 그 상황을 알 수 있었는데 퇴근한다는 말도 안 하고 사무실을 나섰어요. 당시는 혹시 누가 제게 책임을 물을까 봐 급급했지요."

"그러실 수 있어요. 함께 있던 동료가 기절한 걸 모르고 퇴근했다는 걸 알게 되면 누구나 당황하죠. 그럼 그 동료와는 지금 어떻게 지내세요?"

"그래서 그런지 좀 신경이 쓰이기 시작했고, 상담을 시작하면서부터는 수행으로 주신 '매일 친절한 말 한 번 하기'에 따라 그 친구에게 아침 먹었냐, 점심 뭐 먹을 거냐 등등 그런 말을 하게 됐네요. 친절한 말인 줄은 잘 모르겠지만… 몸이 약한데 야근을 많이 해서 그 일이 있었을 때도 그 친구에게 더 큰 일이 생길까 걱정했거든요."

"아, 동료를 친구라고 하시네요. 이제 그 친구가 뭘 주거나 물으면 고맙다는 말도 좀 해보시죠. 물론 고맙다고 느낄 때요. 그런 말들을 표현하지 않고 묻어두면 사람이 점점 경직돼서 AI 같은 일상을 살게 되니까요. 말을 하면 할수록 자연스러워지고 자꾸 하게 되실 거예요. 상호관계가 점점 부드러워지구요. 이제 상담 끝낼 준비를 슬슬 하셔야 할 거 같아요. 아주 좋습니다."

저는 절로 미소가 지어졌습니다. 자신을 보호하느라 꼭꼭 막혀 있던 감정의 수로들이 어느새 물길을 트기 시작하며 상대를 바라보는 눈이 커진 듯했습니다. 그의 마음속에 잠재하고 있던 맹자의 '측은지심인지단'이 발현되고 있는 과정인 것이지요.

무측은지심(無惻隱之心) 비인간(非人間)

맹자는 일찍이 사단으로 사람의 도리를 지키라 일렀는데 그 사단을 살펴보면 아래와 같습니다.

첫째 측은지심은 가엾고 불쌍하게 여기는 어진 마음의 시작이며, 둘째 수오지심은 불의를 부끄러워하고 남의 착하지 못함을 미워하는 의로운 마음의 시작이며, 셋째 사양지심은 남에게 사양할 줄 아는 예를 갖추는 마음의 시작이며 넷째 잘잘못, 옳고 그름을 분별하고 밝히는 시비지심은 지혜로운 마음의 시작으로 정의합니다.

맹자는 여기서 더 강조해 '측은해 하는 마음이 없으면 사람이 아니며, 부끄러워하는 마음이 없으면 사람이 아니며, 사양하는 마음이 없으면 사람이 아니며, 시비를 가리는 마음이 없으면 사람이 아니라고 단호히 말합니다.[36]

또 측은해 하는 마음은 인(仁)의 실마리이고, 부끄러워하는 마음은 의(義)의 실마리이고, 사양하는 마음은 예(禮)의 실마리이고, 시비를 가리는 마음은 지(智)의 실마리' 라고 말하고 있습니다.[37]

아울러 '사람이 이 사단을 가지고 있음은 사지를 가지고 있는 것과 같다. 이 사단을 알면서도 인의(仁義)를 행할 수 없다고 스스로 말하는 자는 자신을 해치는 자다'[38]라고 말합니다.

다시 정리해보자면 맹자가 말하는 '모든 사람이 다 가지고 있는[人皆有] 차마 어떻게 할 수 없는 인간의 마음[不忍人之心]'은 위에 열거한 사덕목(仁, 義, 禮, 智)이 인간 본연의 마음, 즉 인간 본성이라는 것이지요.

맹자는 또 '무릇 내게 있는 이 사단을 모두 확충해 나갈 줄 알면 마치 불이 처음 타오르고 샘물이 처음 솟아나오는 것처럼 처음은 미약하지만 결과는 대단할 것이다. 진실로 이 사단을 제대로 확충해 나간다면 천하도 보호할 수 있겠지만, 확충해 나가지 못한다면 부모도 섬길 수 없을 것이다'[39]라고 이르고 있습니다.

---

36) 유시관지 무측은지심 비인야 무수오지심 비인야 무사양지심 비인야 무시비지심 비인야(由是觀之 無惻隱之心 非人也 無羞惡之心 非人也 無辭讓之心 非人也 無是非之心 非人也)『맹자』'공손추'

37) 측은지심 인지단야 수오지심 의지단야 사양지심 예지단야 시비지심 지지단야(惻隱之心 仁之端也 羞惡之心 義之端也 辭讓之心 禮之端也 是非之心 知之端也)『맹자』'공손추'

38) 인지유시사단야 유기유사체야 유시사단이자위불능자 자적자야오위기군불능자 적기군자야(人之有是四端也 猶其有四體也 有是四端而自謂不能者 自賊者也 謂其君不能者 賊其君者也)『맹자』'공손추'

39) 범유사단어아자 지개확이충지의 약화지시연 천지시달 구능충지 족이보사해 오구불충 불족이사부모(凡有四端於我者 知皆擴而充之矣 若火之始然 泉之始達 苟能充之 足以保四海 苟不充之 不足以事父母)『맹자』'공손추'

우리가 어디로 가는지 모르고 시간에 떠밀려 종종거리며 살아가게 될 때, 맹자의 사단을 기억해 보신다면, 나로서의 주체로 속도를 늦춰 삶을 짚어나갈 수 있게 되실 겁니다. 무엇보다 '사단'에 우리가 인간으로서 바로 나아갈 수 있는 지침의 힘이 실렸기에 말입니다.

맹자의 사단을 잘 알고 실천했던 우리나라, 조선시대의 유학자 퇴계 이황 가족의 일화는 지금 들어도 놀랍습니다. 생후 6개월 된 퇴계의 증손자가 어머니의 젖이 모자라 영양실조로 목숨이 위태로워지자 이황의 가족들은 본가에서 아이를 낳아 키우고 있는 하인을 손주 내외가 거주하는 한양으로 보내려고 합니다. 그러나 이황은 이 가족들을 만류합니다. 『근사록』에는 다음과 같은 내용이 실려 있습니다.

남의 아들을 죽이고 네 아들을 살리는 것은 불가

퇴계는 손자 이안도에게 편지를 보내 하인을 보낼 수 없다는 뜻을 전합니다.

"지금 들으니 젖을 먹일 종이 3~4개월밖에 되지 않은 제 자식을 버리고 서울로 올라가야 한다고 하는구나. 이것은 그 자식을 죽이는 것과 다를 바가 없다. 남의 아들을 죽이고 네 아들을 살리는 것은 매우 불가하다."

결국 증손자는 목숨을 잃었고 퇴계는 슬픔에 젖어 있는 손자에게 다시 편지를 보내 자신의 마음을 전했습니다.

"창아의 소식을 전해 들었다. 내 마음도 찢어질 듯 아프다. 하지만 내가 너였다면 어찌했겠는가?"

이후 할아버지의 깊은 뜻을 알고 이황을 더 존경하게 됐다는 손자 이안도. 지금을 사는 우리의 눈으로 본다면 대단한 사람입니다. 할아버지와 손자는 이 일을 계기로 서로를 더 신뢰하게 됩니다.

자신의 증손자를 살리려고 여종의 아이를 굶기게 할 수 없다는 퇴계의 큰 가르침이 담긴 일화를 보며 과연 우리가 그런 상황에 처했다면 어떤 선택을 했을지 돌아보게 됩니다. 자신의 가문을 지키는 일이라면 편법, 불법을 가리지 않으면서도 부끄러움을 모르는 권력자들의 비리가 뉴스에 오르내리는 이때, 이황은 진정한 '측은지심'의 실천가였습니다.

무측은지심(無惻隱之心) 비인간(非人間)_나도 똑같이 당하리니

맹자는 사단을 모르는 사람을 '무측은지심(無惻隱之心) 비인간(非人間)'이라고 했습니다. 즉, 다른 사람의 고통과 불행을 안타깝고 불쌍히 여겨 함께 도우려고 하지 않는다면 '사람도 아니다'라는 극단적인 표현입니다.

맹자의 말처럼 우리가 사단을 지키는 사회를 만들 수 있다면, 역설적으로 '내'가 그 측은한 사람이 됐을 때 돌봄의 대상이 되는 것입니다. 그러니 고개를 숙여 내 무릎의 상처만 볼 것이 아니라 고개를 들어 다른 사람의 아픔은 어떤 것인지도 함께 살펴야 합니다. 즉 내 아픔과 네 아픔을 함께 나누면 적어도 외로울 고(孤)는 피하게 되고, 상호간의 '친절'로 시너지를 얻는 건 분명한 사실이니 말입니다.

서로 불쌍히 여기되 잘못 된 걸 비평하는 용기를 지니고, 더 절박한 이에게 양보할 줄 알며, 옳고 그름을 분별하는 지혜가 있다면 사람으로서의 기본을 갖춘다는 맹자의 사단. 이것만 기억해도 상식적인 기업풍토가 만들어질 수 있는, 혜성과 같은 말이 아닐 수 없습니다.

직장은 선택,
취미는 필수라고?

김 선 영

(노자, 오색영인목맹–다섯 가지 색깔이 사람의 눈을 멀게 한다)

IT 기술 회사에 다니는 40대 후반의 가장이자 X세대인 J부장은 오랜만에 팀원을 채용할 기회를 얻었습니다. 인사팀에 보낼 채용 요청서에 그는 5년차 이상 경력직을 써넣었다가 제출 전에 마음을 고쳐먹었습니다. J부장이 속한 부서에서 가장 나이가 적은 직원이 이미 30대 중후반인 데다, 대부분이 결혼한 중장년 남자였습니다. 오랜만에 얻은 채용 기회였기에 그는 다양성 확보 차원에 중점을 두고 신입사원을 뽑기로 했습니다.

때마침 그는 관련 기사를 접했습니다. 잡코리아와 알바몬이 공동으로 세대별 직장인 1,400명을 대상으로 '직장의 가치 및 세대 차이 현황'을 조사한 결과, 밀레니얼 세대는 전체의 절반에 미치지 못하는 46.4%만이 '성공적인 삶을 위해 좋은 직장이 필수'라고 응답해, 삶에서 직장에 대한 비중이 가장 낮은 세대로 나타났다는 내용이었습니다.(2021년 7월) 또한, 인터넷을 검색해보니 강한 개인주의, 소비 지향성, 공정에 대한 민감성을 MZ세대의 특징으로 일반화하는 내용이 많았습니다. J부장은 신입사원 채용 절차를 시작하기도 전에 자신이 불필요한 위험을 감수하는 결정을 한 건 아닌지 생각이 많아졌습니다.

취향은 곧 인격

채용 절차가 진행되어 그는 최종적으로 압축된 몇 명과 면접을 하게 되었습니다. 왜 이 회사에 입사하고 싶은지를 묻는 J부장의 질문에 MZ세대 후보자들은 거침없는 답을 내놓았습니다. 예상대로 '워라밸'(일과 삶의 균형)과 관련한 관심이 높았고, 재택근무 등 근무 환경의 탄력성과 직원 복지제도에 관한 질문이 많았습니다. 신세대 지원자들이 보유한 각종 자격증과 출중한 어학능력도 인상적이었지만, 자신의 강점을 잘 파악하고 개성을 거침없이 표현하는 그들을 보면서 J부장은 깜짝 놀랐습니다. 그 가운데서도 한 지원자의 말이 인상 깊게 다가왔습니다.

"합창부 단원으로 활동 중이라 성악 보컬 교육을 받고 있고, 주말에는 합창 연습을 하러 갑니다. 저는 합창으로 무대 공포증을 극복했고, 덕분에 규모가 큰 공연도 경험해봤습니다. 또 향수를 좋아해서 언젠가 조향사 자격증에도 도전할 계획입니다. 향수는 남녀 구분 없이 자신을 가꿀 줄 아는 사람들이 관심을 두는 것 같아요. 저는 조직에서 일을 잘하려면 사생활에서도 행복을 느끼는 삶을 사는 게 중요하다고 생각합니다."

'집은 없어도 취미는 있고, 취향은 곧 인격'이라고 여긴다는 MZ세대의 사고방식을 눈앞에서 맞닥뜨린 J부장은 적잖이 놀랐습니다. 사실 J부장은 유일한 취미라고 할 수 있는 골프를 자신이 정말 좋아해서 즐기는 건지 스스로 확실히 답할 수 없을 거 같았습니다.

획일화의 폭력을 경계하라

J부장은 가깝게 지내는 동료 K부장에게 신입사원 채용 과정의 경험을 들려주었습니다. 무엇을 좋아하고 중요하게 생각하는지, 그래서 어떤 사람인지를 드러내는 자기인식을 마주하면서 J부장은 나이 오십을 바라보는 지금도 여전히 정체성에 혼란이 있는 자신을 비춰보았다고 했지요. 무엇보다 '요새 젊은것들은 이래서 안 돼'라는 생각은 MZ세대에 대한 섣부른 편향이자 선입견이라는 걸 알게 됐다고 말했습니다.

J부장의 말을 듣고 있던 K부장은 "신입사원 뽑는 과정이 자네에게 좋은 계기가 되었나 보네. 출생연도로 따지는 세대 구분도 인위적이고, 세대 간 차이를 지나치게 강조하는 것도 위험한 생각인 듯해. 심지어 같은 세대 안에도 다양성의 요소가 얼마나 많은가. 내가 보기에 특정 세대를 동일 집단인 양 일반화하는 건 결국 사회적 갈등만 조장하는 게 아닌가 싶더라고."

K부장은 다양성에 관한 통찰을 담아낸 동양고전이 있다며 J부장에게 일독을 권했습니다. 그것은 우주 만물의 근원적 작동 원리를 '도와 덕'으로 설파한 노자의 『도덕경』이었습니다.

> 다섯 가지 색깔이 사람의 눈을 멀게 하고, 다섯 가지 소리가 사람의 귀를 먹게 하며, 다섯 가지 맛이 사람의 입맛을 상하게 한다.[40]

이 세상에 존재하는 색, 소리, 맛의 다양성이 무궁무진함에도 '청황적백

40) 오색영인목맹 오음영인이농 오미영인구상(五色令人目盲 五音令人耳聾 五味令人口爽)『도덕경』'12장'

흑'을 기준 색으로 삼고, '궁상각치우'를 기본 소리로 정했으며, '맵고 짜고 쓰고 달고 신' 다섯 가지 맛만을 인정했던 오랜 관습을 우리는 오늘날의 시각에서 비판적으로 읽어낼 수 있습니다. 취향이나 선호, 가치 판단은 상대적인 것인데, 내가 경험하는 고유의 감각조차 정해진 기준에 맞추어야 했던 것이지요. J부장은 노자의 혜안에 크게 공감했습니다. 무엇이든 지나치면 독단과 아집이 되고, 집단적 획일화의 폭력이 될 수 있다는 경계심을 일깨워주는 고마운 구절이었던 거지요.

세상 사람들이 모두 아름다운 것이 아름다운 줄만 알면 이것은 추악한 것이다. 모두 선한 것이 선한 줄만 알면 이것은 선한 것이 아니다.[41]

우리 시대는 다양성의 가치를 드높이고 있지만, 동시에 다수의 힘, 자본의 힘, 집단적 이기심 등 다양성을 훼손시키는 반작용도 거셉니다. 다름 그 자체로 존재하는 이유가 있고 존중되어야 함에도, 사람들은 대개 다수가 선호하고 영향력이 큰 것을 아름답고 선하다며 추종합니다. 그런데 노자는 아름다움을 드러내는 추함 그리고 선함을 도드라지게 하는 반대편도 같이 인식하라고 합니다. 눈에 보이지 않는 이면을 인식하고, 다름과 이질성을 포용하는 개방성과 균형 감각을 잃지 말라고 우리를 깨우칩니다.

J부장은 '다양성이 파티에 초대되는 것이라면, 포용성은 파티에서 춤을 추도록 요청받는 것'(Diversity is being invited to the party, inclusion is being

41) 천하개지미지위미 사악의 개지선지위선 사불선이(天下皆知美之爲美 斯惡矣, 皆知善之爲善, 斯不善已) 『도덕경』 '2장'

asked to dance)이라는 베르나 마이어스(Verna Myers)의 말이 떠올랐습니다. 노자를 접한 그는 이제 이 말의 뜻을 더 잘 이해할 수 있을 것 같았습니다. 사람들의 개성과 고유함이 조화롭게 어울려 시너지를 내는 조직문화를 원한다면, 다양성 그 자체가 시너지가 되도록 화학작용을 돕는 포용의 가치가 반드시 공존해야 한다고 말입니다.

『도덕경』의 책장을 덮으면서 J 부장은 신입사원 채용 절차를 서둘러 마무리 짓기로 마음먹었습니다. 젊은 세대에 대한 막연한 불안감과 부정적 감정도 해소되었습니다. 조직 안에 다양성이 확대되면서 경험하게 될 변화와 자극에 대한 긍정적인 기대 덕분이었지요. 나아가 '유무상생'(有無相生_『도덕경』 2장) 즉, 있음과 없음이 서로를 낳듯이 '일과 삶' 혹은 '통제와 자율'처럼 상호 의존하며 보완하는 요소들의 균형과 조화가 미래 일터의 비전이 되기를 J부장은 소망하게 됐습니다.

이처럼 타인이 가진 다름과 차이에 호기심을 가지고 포용성을 발휘하는 것이 노자가 말하는 21세기 직장인의 도(道)가 아닐지요.

꼰대들도 노력 중이다

강효주

(공자, 화이부동–서로 어울려 모순됨이 없는 것이 조화로움이다)

독자 여러분, 순간적으로 '라떼는 말이야' 혹은 '내가 네 나이 때는'이라는 말을 내뱉고 스스로 꼰대가 되어가고 있다는 의식에 씁쓸해진 적이 있으신지요?

17년 차 직장인이면서 40대 중반인 W부장은 젊은 세대가 바라보기에는 어쩔 수 없는 꼰대지만 꼰대는 되지 않겠다고 나름 각별한 주의를 기울이고 있습니다. 그래서 후배 직원들과 대화를 나눌 때 꼰대처럼 보이지 않기 위해 자기검열을 하고, 후배들의 업무에 부족함을 느끼면서도 그들이 원하지 않는 조언을 하지 않겠다고 다짐하곤 합니다.

이처럼, 40~50대의 직장생활은 생각보다 녹록지 않습니다. 위로는 나보다 더한 꼰대 상사를 상대해야 하고, 아래로는 꼰대로 보이지 않도록 노력해야 하기 때문입니다.

꼰대스럽다

그렇다면 과연 꼰대의 정의는 무엇일까요?

'꼰대'란 늙은이를 이르는 일종의 은어인데, 자신의 경험을 일반화하여 제 생각만을 옳다고 생각하며 남을 가르치려는 사람을 '꼰대스럽다'라고 표현합니다. 최근에는 기성세대뿐 아니라 젊은 세대에게도 포괄적으로 쓰입니다. 꼰대의 가장 큰 특징으로는 타인에 대한 배려 부족, 공감력 결여를 꼽습니다. 자신의 기준과 잣대에 맞지 않을 때 그것을 인정하지 못하며 고정관념, 전통적 편견에 사로잡혀 있는 거처럼 보일 때 꼰대라고 불러주고 싶다는 뜻이지요.

핑크색 탈색 머리가 던진 작은 파장

얼마 전 W부장은 자신이 꼰대인지 아닌지 확인받는 시험대에 올랐습니다. 월요일, 사무실에 출근하니 팀의 막내 신입사원 머리카락이, '음 뭐임?' 제 눈을 의심하며 다시 살펴보아도 핑크색과 파란색 두 가지 색으로 탈색한 게 분명했습니다. 최근 인기 드라마 덕분에 20대 젊은이들 사이에 매우 핫해진 헤어스타일입니다. W부장은 신입사원의 컬러풀한 머리카락을 보며 사뭇 놀랐지만 놀란 내색을 할 수는 없었습니다. 그러면서 내심, '저 정도 염색 머리에 당황해하면 나는 옛날 사람인가?'라는 자문만 거듭했을 뿐입니다. 아니나 다를까 신입사원의 파격적인 머리염색은 회사 내에서 작은 파장을 일으켰습니다.

회의실이나 엘리베이터에서 만나는 동료들마다 "신입사원 머리 염색에 대해 어떻게 생각하세요?"라며 W부장의 의견을 물었습니다. 예상 못한 질문은 아니지만, 그 역시 처음 겪는 일이라 어떻게 대답해야 할지 난감했습니다. 괜찮다고 하자니 '관리자 마인드가 없어 보일까' 우려되고, 용납이 어렵다고 하자니 '역시 꼰대군'이라는 말을 듣게 될까 걱정이 됐던 겁니다.

재직 17년 동안 한번도 경험해보지 못한 일이었지만, W부장의 눈에는 신입사원의 머리가 매우 상큼해 보였습니다. 더욱이 입사 후 줄곧 중요한 업무에 투입되면서 스트레스를 받아왔던 신입사원의 얼굴이 한결 편안해 보여 자신만의 해소법을 찾은 게 아닌가 싶어 한편 마음이 놓이기도 했습니다. 그런데 신입사원의 탈색 '사건'(?) 이후, 어딘지 모르게 회사 분위기가 달라지는 듯했습니다. 출퇴근길 또는 엘리베이터에서 신입사원을 만나는 직원들마다 그녀에게 말을 건네기 시작했습니다.

"오늘은 날씨가 좋아서 그런지 머리 색이 좀 더 환해 보이네요!"

"이 정도 색깔이 나오려면 몇 번 정도 탈색을 해야 해요?"

"내가 다섯 살만 어렸어도 도전해보고 싶은데, 아쉽군요."

더 흥미로웠던 건 일명 '꼰대 부류'에 속한 상급자들도 신입사원과 소통하기 위해 관심을 보이기 시작한 겁니다. 처음에는 당혹했을 그분들도 학교가 아닌 이상 그 정도 표현의 자유는 허용돼야 한다는 것을 자연스럽게 받아들이는 거 같았습니다. W부장은 그런 현상을 흥미롭게 감지하며 업무적으로는 꼰대적 사고를 할 때가 있을지라도 실상은 후배들과 편하게 소통하고 싶었던 그분들께 그녀의 파격적 변신이 소통의 연결고리가 된 건 아닐까 짐작했습니다.

조화로움에 도달하는 방법 '화이부동'과 '이례절지'

논어의 자로(子路)편에는 다음과 같은 구절이 있습니다.

군자는 화합하지만 자기의 생각이나 주장을 굽히면서까지 남의 의견에 동조하지는 않고, 소인은 이익을 위해서라면 남의 의견에 동조하고 무리를 짓지만 화합하지는 않는다.[42]

조화로움에 도달하는 건 쉽지 않은 일입니다. 사전적으로 '조화'란 '서로 잘 어울려 모순됨이나 어긋남이 없다'라는 뜻인데, 공자의 말씀처럼 자기주장을 굽히면서 일방적으로 동조하는 것도 아니요, 자신의 이익만을 생각하여 속으로 다른 뜻을 품는 것도 아닙니다. 진정한 조화는 한쪽에서 일방적으로 다른 한쪽을 맞춘다 해도 이루어지지 않으며, 생각을 반반씩 섞는다고 조화로움에 도달하는 것도 아닌 거지요.

요즘의 직장 조직은 기성세대부터 밀레니얼 세대, Z세대가 함께 생활하며 서로의 다름에 적응해 나가는 과정에 있습니다. 일부 사안에 대해서는 강력한 충돌을 일으키기도 하고, 또 어떤 점에서는 물과 기름처럼 섞이지 못하기도 합니다. 어떻게 하면 그들이 점차 조화를 이루어 나갈 수 있을까요? 『논어』의 학이(學而)편에서는 조화를 추구하는 방법에 대해 좀 더 알려주고 있습니다.

---

42) 군자화이부동, 소인동이불화(君子和而不同, 小人同而不和) 『논어』 '자로'

조화로움을 추구함에 있어 예로써 절제하는 것이 중요하다.[43]

세대간의 화합, 직장 내 다름의 인정에서 우리가 지켜야 할 가장 큰 덕목이 바로 '예의'일 것입니다. '예의'를 지키는 방법은 다양하겠지만, 그 기저에는 '다름의 인정'과 '예의 있는 표현'이 자리 잡고 있어야 합니다. 직장에서 선배 위치에 있는 사람은 자신이 꼰대가 아니기를 바랍니다. 젊은 직원들의 생각, 행동이 자신의 가치관에 맞지 않아 놀랄 때도 많지만 때로는 그들의 행동이 신선하게 다가오기도 하고, 자유분방한 사고를 부러워하기도 하고, 그들의 용기에 마음속으로 박수를 보내기도 합니다. 서로 다른 모습에 대한 '인정'의 시작인 거지요.

또한, 다름을 인정하는 걸 '표현'하지 않고서는 조화를 이루기 어렵습니다. 다름을 인정하고, 자기의 생각을 예의를 갖추어 표현한다면 상대방도 예로써 '인정'과 '수용'을 통해 마음의 빗장을 열 수 있을 겁니다.

화려한 탈색 머리를 한 신입사원의 용기 덕분에 직장 내 다른 세대들을 이해하려고 노력하는 선배 사원들의 모습을 보며 공자의 '화이부동'과 '이례절지'로 얼마든지 열린 소통이 가능하다는 걸 깨달을 수 있었습니다.

---

43) 불이례절지, 역불가행야(不以禮節之, 亦不可行也)『논어』'학이'

나이 많은 신입과 업무를 하는 방식

김 준

(노자, 선용인자위지하–사람을 잘 부리는 자는 그보다 낮춘다)

A가 입사 1년 반쯤 되어 업무가 어느 정도 익숙해졌을 무렵, 신입사원이 입사했습니다. 그런데 알고 보니 신입 B의 나이는 A보다 여러 살이 더 많았습니다. 그 소식을 듣고 점점 늘어나는 업무를 신입과 나눌 수 있겠다는 기대에 부풀었던 A는 적잖이 실망했습니다. 나이 많은 신입과 업무분장을 하기가 쉽지 않겠다는 생각이 들었던 거지요.

그런 가운데 다음 날 의아한 일이 있었습니다. 신입사원 업무에 대해 과장이 A에게 별도의 지시를 하는 거였습니다.

"자네에게 당부할 게 있는데 당분간 B가 작성한 서류는 자네가 먼저 검토하고 나서 결재를 올려주게나."

"네? 업무를 분장하는 게 아니라 B가 작성한 서류를 제가 검토한 후 결재를 올리라고요?"

"바로 그 말이네. 신입 직원의 업무 적응을 위한 부장의 지시야. 그래봤자 길어야 6개월 정도일 거야."

그 지시를 듣고 난 A는 자신의 업무를 하며 B의 일도 점검하느니 차라리 혼자 다 하는 게 편하겠다라는 생각이 들었습니다. 게다가 관리자도 아닌 A가 모든 서류를 검토하는 게 B 역시 불편을 느껴 불만을 표현했다고 합니다. 또 한편으로는 업무 서류에 직접 결재를 받지 않으니, B에게 책임의식이 없지 않을까 하는 것도 걱정이 됐습니다.

어떻게 구분해? 네 일, 내 일!

그렇게 불편하고 어정쩡한 날을 보내던 차에 다른 팀에서 전화가 왔습니다.

"자네가 보내준 계획안은 잘 봤는데 관련된 자료와 내용이 이해가 안 돼서 추가적인 설명이 필요해."

"어? 그렇긴 한데 그 내용은 나도 잘 몰라서 구체적으로 좀 알아봐야 해."

"무슨 말이야? 자네가 만든 서류잖아?"

"그게 설명하자면 길어. 이따 만나서 이야기하자."

A는 다른 팀원을 만나 결재 상황을 이해시키고 B를 불러 회의를 하며 문제를 해결했는데, 이와 비슷한 상황은 계속 반복됐습니다. 때로는 부장이나 과장이 A에게 B와 함께해야 하는 업무를 지시하기도 했습니다.

"B님. 이 업무는 과장님이 이렇게 하라고 지시하셨는데요?"

"그래요? 나도 일을 해봐서 아는데, 그렇게 하면 안 되는데. 음…. 그럼 A씨가 그렇게 하고 보고드리면 되겠네."

이렇게 A가 지시사항을 전달하면 B는 자신의 경험에 의한 의견을 제시하며 사사건건 반발했습니다. 그러다 보니 상사의 지시사항 중 A가 혼자 해결해야 하는 건도 늘어났습니다. 비아냥거리듯 이야기하는 B의 태도도 어이가 없었지만 쌓여가는 일 때문에도 A는 업무 동기를 점차 잃어갔습니다.

지시가 아닌 요청을 하는 자

신입 직원의 입사로 기대했던 업무분장은 물 건너가고 A는 B의 일까지 처리하는 건 물론 업무적 관계도 잘 풀어가야 했습니다. 그 때문에 A는 B에게 일을 지시하거나 요청하는 게 아니라 부탁해야만 하는 지경에 놓였습니다. 부탁하는 것도 요청하는 것도 쉽지 않아 괴로워지는 상황에서 A는 요즘 읽고 있던 노자에서 한 구절을 발견했습니다.

장수 노릇을 잘하는 자는 무용을 뽐내지 않고, 싸움을 잘하는 자는 노여워하지 않으며, 적을 잘 이기는 자는 다투지 않고, 사람을 잘 부리는 자는 그보다 낮춘다. 이것을 다투지 않는 덕이라 하고, 이것을 사람을 부리는 능력이라고 하며, 이것을 하늘과 짝한다 하니 옛날의 정점이다.[44]

'사람 부리는 것'은 '일을 같이하고 나누는 것'이고, '낮춘다'는 것은 상대방을 존중한다는 의미겠지요. 즉, 일을 나누기 위해서는 동료의 나이와 상관없이 먼저 상대를 이해하고 존중해야 한다는 겁니다. 네 일, 내 일 구분할 게 아니라 업무 마감까지 내 일처럼 수행해야 한다는 거지요. 또 일을 나누기 전에 잘 전달해주기 위한 과정도 반드시 필요합니다.

44) 선위사자불무 선전자불노 선승적자불여 선용인자위지하 시위부쟁지덕 시위용인지력 시위배천 고지극(善爲士者不武 善戰者不努 善勝敵者不與 善用人者爲之下 是謂不爭之德 是謂用人之力 是謂配天 古之極)『도덕경』 '68장'

노자의 조언을 읽으며 A는 예상하지 못한 여건의 신입을 맞으며 이미 마음이 경직됐던 게 아닌가 돌아보게 됐습니다. 기대와 달라 화가 나고 마땅치 않았던 그 마음이 알게 모르게 B에게도 전달돼 B가 그런 태도를 보였던 것은 아닌가 말입니다. 어느 때보다 가깝게 다가왔던 노자의 말을 되풀이해서 읽으며, A는 B에게 업무를 지시하거나 일을 나누는 것보다 B가 조직에 잘 적응할 수 있도록 돕는 게 우선이라는 결론에 이르렀습니다.

A는 B를 처음 맞이하듯 찬찬히 B의 전 직장 경험, 현재 업무 과정의 고충이 무엇인지를 묻고 경청했습니다. 또한 B가 타 부서 동료들과 친숙해질 수 있도록 동호회 활동을 추천하고, 되도록 함께 식사하는 등 업무 외적인 부분까지 챙기면서 원활한 직장생활을 할 수 있도록 도왔습니다. 나이는 어려도 자신이 이 직장의 선배니 후배를 돕는 게 당연하다 스스로 달래면서요. 그렇게 6개월이 지나자 B는 본인의 업무 몫을 어느덧 잘 처리할 수 있게 됐습니다.

그런 어느 날 점심식사 중에 B가 "A씨 덕분에 내가 빨리 부서에 잘 적응할 수 있었어. 그동안 나이 많은 신입인 나를 세심하게 살펴주고 챙겨준 거 알고 있어. 고마웠어."라고 말하는 것이었습니다. 그 말을 들으며 A는 그동안의 피로가 싹 가시는 듯하며 울컥, 뜨거운 것이 올라왔습니다.

몇 천 년 전, 다투지 말고 몸을 낮춰 겸손하라는 노자의 말을 받아들여 적용해봤을 뿐인데, 현장에서 그 말이 검증된 듯해 그 또한 신기했습니다. 잠깐의 일이었지만 A는 직장에서 구성원으로서 조화를 이룬다는 거, 어울려 일한다는 것에 대한 의미를 되짚어보게 됐습니다.

'나 때는 말이야'나 '꼰대'를 거부한다는 MZ세대 직원들은 성과와 역할 중심의 수평적 조직문화를 선호합니다. 기업들도 일방적 지시보다는 소통과 협업이 조직의 시너지를 발휘하는 핵심 요소라는 것을 수용하고 변화하고 있습니다.

우리는 '조건과 사람 그리고 환경' 세 가지가 어떻게 어우러지는지에 따라 좋은 직장인지 여부를 판단합니다. 나이 많은 신입직원의 입사로 얻은 깨달음은 A가 수평적 사고와 처신을 우선으로 하는 바탕이 됐습니다.

지금 소속된 조직의 환경이 마음에 안 든다면 내가 당장 시작할 수 있는 작은 일은 무엇이 있을까 생각해보면 좋겠습니다. 변화의 시작은 내 관찰로부터 시작될 수 있으니 말입니다.

만렙 프로직장인에게 필요한 건, 좋은 동료!

강 효 주

(공자, 현호재 부아즉불가—남을 비판할 겨를이 없다)

직장인들은 어떤 회사를 좋은 회사라고 생각할까요? 연봉이 높은 회사, 복지가 좋은 회사도 물론 좋지만, 좋은 동료들과 일할 수 있는 회사를 좋은 회사로 뽑기도 합니다. 함께 지내는 시간이 많다 보니 동료 관계가 직장생활 만족도에 영향을 주는 것은 자명한 사실입니다.

동료가 잘나가면 배가 아프다

S과장은 상사에게 인정받는 직원입니다. 부문장은 유독 S과장을 자주 찾습니다. 그녀에게 업무를 지시하면 기한 내 깔끔한 보고서가 완성되기에 누구보다 믿음이 가기 때문입니다. 부문장의 신임을 얻은 이후, S과장의 업무는 과거보다 두 배로 늘었습니다. 팀에는 S과장보다 선배인 직원도 둘이나 있지만 S과장의 능력을 따라갈 수 없었기에 그녀에게 중요한 일이 몰리는 것은 어쩌면 당연한 일이었습니다. 그런데, S과장이 인정받으면 받을수록 그녀를 바라보는 주변의 시선이 차가워졌습니다. 처음에는 열심히 하는 그

녀를 인정했지만, 점차 동료들의 질투심을 유발시킨 것입니다.

동료를 미워해본 적이 있나요?

혹시 동료를 미워해본 경험이 있으신가요? 또는 반대로 미움을 받아본 적이 있으신가요?

P차장은 평소 S과장을 좋아했습니다. 그녀가 긍정적인 성격으로 다른 사람을 배려할 줄 아는 성품을 가졌기 때문입니다. 그런데 그녀가 바빠지고 회사의 인정을 받을수록 자신을 무시하는 것만 같은 생각이 들었습니다. 그 뒤로 그녀에 대해 좋지 않은 말들을 하기 시작했습니다. '선배인 내가 차 한 잔 하자고 했는데 거절했다.', '내가 시킨 일은 하지 않았다.' 등 그녀를 미워하게 된 사유를 하나둘씩 만들어냈습니다. S과장도 언젠가부터 P차장이 자신에 대해 뒷얘기를 한다는 사실을 알게 되었고, 그를 따르지 않게 되었습니다. P차장이 S과장을 미워하는 이유는 확실해 보였습니다. S과장이 잘나가는 모습에 배가 아팠기 때문이죠.

군자는 남을 비방할 겨를이 없다

직장생활을 하면서 뒷담화 한번 해보지 않은 직장인은 없을 겁니다. 상사, 동료, 후배를 막론하고 타인에 대한 뒷얘기를 해야 스트레스가 풀리는 것 같은 기분이 들기도 하죠. 그러나 타인에 대한 비방, 평가 전에 자신에 대해 먼저 고민해본 적이 있으신가요?

『논어』 헌문편 31장에는 공자의 제자인 자공이 남을 비판하는 데 대해 공자와 나눈 대화 한 소절이 소개돼 있습니다.

자공아, 너는 현명하여 남을 비판하는구나. 나는 그럴 겨를이 없다.[45]

하늘을 원망하지 않고, 사람을 탓하지 않으며 아래에서부터 배워 위에 도달했으니 나를 알아주는 것은 하늘일 것이니라.[46]

공자는 자신의 수양에 전념한다면 남과 비교할 겨를이 없다고 여겼습니다. 또한 자신을 등용해서 정치를 맡기는 군주가 없음을 한탄하면서도 하늘을 원망하지 않고 사람을 탓하지 않았습니다. 오직 하늘의 이치를 본받아 바른길을 가고 실천할 뿐 자신을 알아주는 일에는 조금도 개의할 필요가 없다고 생각했기 때문입니다.

혹자는 내가 타인보다 뛰어나지 못하면 그를 끌어내려야 동등해진다고 생각하기도 합니다. 또는 나의 능력을 몰라주는 조직이나 상사에게 문제가 있다고 말하기도 하죠. S과장이 인정받기 시작하자 그녀를 끌어내리고자 비방을 하게 된 P차장처럼 말입니다.

P차장은 자신을 알아주지 않는 조직을 끝없이 원망하다 얼마 후 다른 회사로 이직했습니다. 그 후 1년을 채우지 못하고 또 다른 회사로 이직했다고 합니다. 타인을 탓하기보다 자신을 바로 세우는 데 전념했다면 P차장 또한 어느 조직에서든 환영받는 존재가 되었을 텐데, 그 중요한 이치를 깨달았을지 궁금해집니다.

---

45) 자공 방인 자왈 사야 현호재 부아즉불가(子貢 方人 子曰 賜也 賢乎哉 夫我則不) 『논어』 '헌문'
46) 불원천 불우인 하학이상달 지아자기천호(不怨天 不尤人 下學而上達 知我者其天乎) 『논어』 '헌문'

직장에서 좋은 동료가 필요한가?

직장에서 나를 알아주는 좋은 동료가 필요하다고 생각하시는지요? 혹자는 서로 가깝지도 멀지도 않은 존재가 직장동료 관계라고 정의하기도 합니다. 『논어』에 소개된 공자와 자공의 대화에는 벗(동료)이 얼마나 중요한지 고민하게 하는 구절이 있습니다.

장인은 그 일을 잘하고자 하면 반드시 먼저 그 연장을 예리하게 다듬는 법이다. 인을 실천하는 것도 이와 같은 것이니, 그 나라에 살면서 그 나라의 대부 중에 현명한 사람을 섬기고 또 인물 중의 어진 이를 벗으로 삼아라.[47]

어느 날 공자의 제자인 자공이 공자에게 어떻게 인(仁)에 도달할 수 있는지 물었습니다. 공자는 장인이 그 일을 잘하기 위해 먼저 연장을 날카롭게 다듬듯, 인을 실천하기 위해서는 현명하고 어진 이를 벗으로 삼는 것이 중요하다고 강조했습니다. 현명한 이를 벗으로 두는 것이 어떤 일을 하든 중요한 기반이며 수단이 된다는 것을 강조한 것입니다.

직장인의 업무 중 혼자 하는 일은 거의 없습니다. 대부분의 일이 협업과 협력을 통해 이뤄집니다. 따라서 직장인은 팀/부/파트라는 울타리 속에서 공동의 목표를 달성하기 위해 노력합니다. 직장인이 갖춰야 할 능력만큼 중요한 것이 현명하고 어진 동료를 만나는 것임을 공자의 가르침을 통해 깨달

---

47) 공욕선기사 필선리기기 거시방야 사기대부지현자 우기사지인자(工欲善其事 必先利其器 居是邦也 事其大夫之賢者 友其士之仁者) 『논어』 '위령공'

을 수 있습니다. 오늘도 많은 직장인이 서로 부족함을 채워주고 의지하면서 길고 험난한 프로직장인 만렙을 달성해 가고 있습니다.

기쁨을 나누면 질투가 된다고?

얼마 전 관심 있게 본 『대행사』라는 드라마에서는 전쟁터 같은 직장, 그 안의 동료 관계를 빗대어 다음과 같이 표현했습니다.

기쁨을 나누면 질투가 되고, 슬픔을 나누면 약점이 된다.

주인공 고아인 상무는 동료 누구와도 사적인 감정을 나누지 않고 공감해 주지 않습니다. 직장에서는 모두가 적이며, 업무 관련 대화만 하면 된다고 생각하기 때문이죠. 그러나 냉혈한 같아 보이는 그녀도 한 명의 동료는 있었습니다. 자신의 사수였던 선배입니다. 때때로 그를 찾아가 힘든 일을 나누고 혜안을 얻어오곤 했습니다. 자신이 고민하는 사안들 대부분이 선배도 이전에 고민했던 것들이기 때문이죠. 이처럼 직장인의 희로애락 속에는 반드시 동료들이 함께합니다. 따라서 '기쁨을 나누면 질투가 되고, 슬픔을 나누면 약점이 된다.'가 아니라 '기쁨을 나누면 두 배가 되고, 슬픔을 나누면 반이 된다.'는 말이 여전히 직장 내 좋은 동료 간에는 유효할 것입니다.

직장에서 역할로 일한다는 것

정 예 서

(공자, 군군 신신 부부 자자–임금은 임금, 신하는 신하, 자녀는 자녀답게)

계속되는 업무 무기력으로 이직이나 사표를 고려하고 있다는 직장인이 상담을 요청했습니다. 입사 6년 차, 서른 중반을 넘은 청년과 심리상담을 진행하며, 업무처리 능력이 신속한 그에게 과중하게 주어지는 업무가 무리인 것처럼 보였습니다. 그런데 이야기를 듣다 보니 정작, 그가 가장 힘들다고 느끼는 건 팀장과의 관계였습니다.

직장의 특성상 50대 이상 구성원이 많은데, 그분들이 자잘한 일을 그에게 던지고 가는 일이 빈번했지만 부담이 된다는 의사표현을 하지 못해 그 일을 다 해내야만 했습니다. 그럼에도 상사의 인정은커녕 지적과 견제를 받는 듯 느끼고 일이 속도를 내지 못하자 업무 무기력 상태에 이르게 된 것입니다. 스스로 최선을 다한다고 생각하는 그를 존중하지 않는 듯한 팀장을 대면하는 게 그로서는 감당하기 어려운 스트레스였던 것입니다. 또한 아직 젊지만 친밀도를 관계의 우선으로 보는 그의 성정으로 직속상사가 자신을 대하는 눈길이 차갑다고 여기면서 업무 동기가 바닥을 치게 된 겁니다.

직장에서 같은 팀의 구성원, 더구나 상사와 불편한 관계라면 그 공간을 감내해야 하는 당사자의 심신은 이루 말할 수 없이 경직됩니다. 그 긴장을 지속하며 업무를 해야 한다고 생각할 때 심신의 피로도 경중을 따져 본다면 어떤 상태일까요.

비슷한 사례로 우리 연구원 제자 중 한 명의 7대 풍광 중 하나는 '회사 임원 되기'였습니다. 10년이 지난 후 정말 회사의 임원이 된 그는 다시 인문학 공부를 시작했습니다.

"선생님, 임원이 되니 회사 전체의 흐름을 봐야 해서 때로 이성적 사실만을 직원들에게 전달해야 할 때가 많은데, 제가 관계지향인지라 관리자 역할에 어려움을 종종 느낍니다. 좀 힘이 드네요. 그래서 다시 공부해야겠다고 생각하게 됐어요."

평소 따듯하고 강직하며 책임감 또한 컸기에 회사의 임원이 되기까지 많은 노력을 했을 터인데 이제 임원이 되어 토로한 고민은 종종 현장에서 제가 내담자나 연구원들에게 들어왔던 하소연, 조직에서 그와 비슷한 성품을 지닌 이들과 같은 고민이었습니다.

독자 여러분은 앞의 두 사례를 읽으며 어떤 생각이 떠오르셨나요? 유치원에서부터 직장까지 무언가를 함께해야만 이른바 '왕따'가 아니라고 여기게 된 것이 우리의 '함께 정서'입니다. 이 정서 때문에 우리는 어떤 사람이 내게 개인적 호의가 없는 듯 느껴질 때 스스로 소외감정으로 곤두박질치며 자기 존중감이 시험에 들게 됩니다. 여기서 해봐야 할 질문은 '나는 과연 팀의 모든 구성원을 잘 이해하며 친밀감을 느끼고 있는가'입니다.

시간과 공간, 경험적 공감을 100% 나눌 수 있다면 그건, 도플갱어

우리 안에는 수만 개의 경험으로 이뤄진 요철이 있고, 그 요철을 이룬 시간대와 공간이 각자 달라 누구와도 완벽한 합을 이룰 수 없습니다. 누군가와 공간, 경험적 공감을 100% 나눌 수 있다면 그건 도플갱어를 만났다는 이야기가 됩니다. 그러니 타자와의 완벽한 일치감이나 친밀감에 대한 기대는 가능하지 않은 걸 꿈꾸는 것과 같습니다.

저는 전자의 사례인 청년에게 팀장과 감정을 실은 관계 대신 집단 안에서의 역할책임과 의무에 비중을 두고 마치 처음 만난 듯 예의가 중시되는 포지션에서 다시 시작해보라고 조언했습니다. 팀원들이 젊은 그에게 무리한 업무를 요청하면 4단계의 대화 방식 즉 마법의 대화 포스텝으로 거절하는 방식도 전했습니다.

후자인 중년의 임원에게는 관계보다는 일을 잘 할 수 있도록 독려하는 환경을 만드는 데 초점을 맞추어 보라고 했습니다. 구성원들이 성과를 잘 낼 수 있도록 임원이 응원을 아끼지 않는 걸 알게 된다면 정서지수가 오르며 관계는 저절로 청신호가 될 것이니 말입니다. 본인의 강점인 따뜻함도 그대로 감정교류로 기여할 것이고요. 또한 직원들의 반응에 일희일비하지 않는 마음근육을 강화하라고 조언했습니다.

서로의 기대욕구와 인정욕구

비단 그의 예뿐만 아니라 대부분 직장인의 갈등은 감정을 실은 관계에 대한 기대로 인해 파생됩니다. 전작인『스타벅스에서 철학 한잔』에서 제가 '이렇듯 갈등의 원인은 서로의 기대욕구와 인정욕구가 채워지지 못할 때 조직

안에서 무시로 발생합니다. 나와 다른 태도를 보이는 상대, 특히 직장에서 내 역할로 나를 보지 않고 자신의 눈높이에서 나를 볼 때 감정이 촉발되곤 합니다'[48]라고 썼듯이 그 상황에서 감정을 식히고 역할에 대한 책무와 관계의 예의만 다해도 직장에서 실망이나 상처를 주고받을 일은 훨씬 줄어들겠지요.

가족은 평생을 함께 갑니다. 그러니 의무와 책임을 다하면서도 감정의 교류가 중요합니다. 그러나 직장은 사표를 내고 돌아서는 순간 흘러가는 물 같은 관계가 됩니다. 결국 일터에서 남는 건 우리가 해낸, 업무의 기억일 뿐입니다. 그럼에도 우리는 왜 팀원에게 존중받지 못할 때, 상사에게 인정받지 못할 때 상처를 받는 걸까요? 우리가 이성보다 감정에 기댄 관계 맺기를 원하는, 심리적으로 존중받아 친밀도를 느낄 때 정서적으로 더 안정감을 느끼는 까닭입니다. 업무능력으로 서로를 인정하고, 그런 신뢰가 기반이 돼야 팀의 근육이 건강해지는데, 감정에 기댄 반응이 예상대로 돌아오지 않아 상처를 받게 되는 거지요. 이 때문에 맡은 바 직무보다 팀원과의 심리적 호불호 관계가 더 영향을 미쳐 업무 효율성이 떨어지는 건 물론, 직장이 사막처럼 느껴지며 사표를 지참하고 출근하는 단계에까지 이릅니다.

동료 · 상사와 갈등 등 인간관계(17%)

이를 뒷받침해주는 설문조사 자료가 있습니다. 지난 2017년, 취업포털 인

48) 스타벅스에서 철학 한잔』 112쪽

크루트에서 직장인 594명에게 '현재 맡은 업무에 스트레스를 받고 있습니까' 라고 물어본 결과 84%가 '그렇다'고 답했습니다. 스트레스의 원인은 동료 · 상사와 갈등 등 인간관계(17%)라는 답이 가장 많았고 이어 급여(13%), 과다한 업무(12%), 근무환경(10%), 업무성과 및 실적관리(8%) 등의 순서였습니다.

그렇다면 회사의 입장은 어떠할까요? 인사평가 자료로 쓰이는 동료 · 상사 · 부하 평가 설문 문항을 보면 대체로 직무와 관련된 향상성, 효율성, 협력성, 신속성이 대부분이고, '소통'에 관련된 질문은 업무 시너지를 내기 위한 관찰항목뿐입니다.

일찍이 역할의 중요성을 설파한 공자를 불러 답을 더 구해볼까요? 공자가 여러 나라를 주유하며 각 나라의 리더를 만나던 때의 일입니다.

제나라 경공이 '이상적인 정치란 무엇인가'라고 묻자 공자는 "임금은 임금답고 신하는 신하답고 아버지는 아버지답고 자식은 자식답게 되는 것입니다." 하고 말합니다. 그러자 경공이 "좋은 말씀입니다. 진실로 임금이 임금답지 못하고 신하가 신하답지 못하고 아버지가 아버지답지 못하고 자식이 자식답지 못하다면, 곡식이 있다고 임금인 나일지언정 제대로 얻어먹을 수 있겠습니까?"라 답합니다.[49]

---

49) 제경공문정어공자 공자대왈 군군 신신 부부 자자 공왈 선재 신여군불군 신불신 부불부 자부자 수유속 오득이식제(齊景公問政於孔子 孔子對曰 君君 臣臣 父父 子子 公曰 善哉 信如君不君 臣不臣 父不父 子不子 雖有粟 吾得而食諸)『논어』'안연'

역할의 명분과 덕이 일치해야!

이 대목은 『논어』의 주옥같은 어록 중 정명론(正名論)으로 정리되는 구절 중 하나입니다. 제자인 자로가 정치를 한다면 먼저 무엇을 하겠느냐고 물었을 때 공자는 "반드시 명을 바로잡듯이 [必也正名乎(필야정명호)] 정치 또한 바로잡는 것이다[政者正也(정자정야)]."라며 정명의 중요성을 피력합니다.

즉 경공이 정치에 대해 물었을 때, "임금은 임금답고, 신하는 신하다우며, 어버이는 어버이답고, 자식은 자식다워야 한다[君君, 臣臣, 父父, 子子(군군, 신신, 부부, 자자)]."라며 군주의 명분과 덕이 일치하지 않음을 지적한 공자의 정명 사상은 각자가 자신의 명분, 즉 역할에 해당하는 덕을 실천함으로써 올바른 질서가 이루어지는 정명사회가 된다는 뜻입니다.

또 "모난 술잔[觚]이 모나지 않으면, 그것이 술잔인가!"라고도 말하는데, 그 이름[名]에 부합한 실제[實], 즉 역할이 있어야 그 이름이 성립된다는 거지요.

'정명'을 좁게 해석하면 군 · 신 · 부 · 자 등 신분질서에 따라 각 주체의 역할과 행위가 실현되어야 함을 강조하는 것으로 해석되기도 합니다. 그러나 공자가 이르는 정명의 '명'은 보다 넓은 의미로 봐야 합니다. 신하가 신하답기 위해서는 충(忠)이 무엇인지 알아야 하고, 자식이 자식답기 위해서는 효(孝)라고 '이름'할 수 있는 수많은 '실천'이 뒤따라야 함을 함의하고 있는 거지요. 이렇게 정명은 인간 사회의 모든 역할에 적합한 이름이 있어야 한다고 이르고 있습니다. 예컨대 '올바른 상황'에 부합할 때만 '정의'라고 부를 수 있는 거처럼 말입니다.

혹자는 공자가 권력욕으로 관리기용을 꿈꾸다 낙향했다고 폄하하지만 천하를 주유하며 관리로 기용되기를 바랐던 건, 역할이 주어져야 그 안에서 리더를 보필하며 백성이 평화롭게 사는데 기여할 수 있다고 믿었던 까닭입니다. 올바른 역할을 수행해 백성을 돌보려는 대의로서 관직이 필요했던 것입니다.

업무 효율성을 염두에 두는 직장인의 윤리

세계적인 팬데믹 시대를 맞아 소비가 위축되고 물가가 상승할 때 기업은 무엇을 고민했을까요. 그 때문에 고용지수를 하락시킬 수밖에 없는 경영인의 입장에서는 관계갈등을 고민하고 있는 구성원보다 직장인의 윤리를 알고 시너지를 낼 수 있는 인재파트너가 필요한 건 너무나 자명한 일입니다.

기업의 윤리는 이윤을 내야 하는 거고 구성원의 윤리는 마땅히 이윤을 내는, 즉 성과를 내는 업무 효율성을 늘 염두에 두어야 하는 것입니다. 그러므로 직장에서 업무 효율성에 중점을 두는 게 과연 비인간적인 걸까요.

그 과정에서 함께 연합하기 위해 비난이나 지적보다는 소통할 수 있는 대화방식 정도는 연구해 두는 게 기본이겠지요. 그래서 성과를 낼 수 있다면 자연스럽게 감정교류도 비로소 가능해집니다.

다시 말해, 직장에서는 '내 개인적 기질을 표현하는 게' 아닌 내 역할을 잘 수행할 수 있을 때 비로소 '나다움을 지킬 수' 있는 거지요.

그러니 우리가 기억해야 할 건 직장은 부하직원이나 동료, 상사가 나를 보는 관점에 따라 일을 하는 게 아니라는 겁니다. 기업이 급여를 지불하는 건 반드시 쓸모 있는 일을 하라는 전제가 있는 거고 직장은 친목이 아닌 일이 우선인 관계형성을 이룰 수 있어야 합니다.

잊지 말아야 할 건 직장에서는 부하직원이나 동료, 상사가 나를 보는 관점에 따라 일하는 게 아니라는 거지요. 기업이 급여를 지불하는 건 쓸모 있는 일을 하라는 거고, 그러니 직장에서는 친목이 아니라 일의 관계를 형성할 수 있어야 합니다.

한 가지 목적을 위해 연합했다가 만나는 감정의 교류

'친밀도'에 대한 기대로 일을 시작했지만 업무가 제대로 안 됐거나 기대했던 좋은 감정을 느끼지 못했을 때를 여러분도 경험해 보셨겠지요. 『감정은 어떻게 만들어지는가』의 저자 리사 펠드먼 배럿은 "감정은 세계에 대한 반응이 아니다. 당신은 감각입력의 수동적 수용자가 아니라 당신 감정의 능동적 구성자다."라고 쓰고 있습니다.

내 감정이 상황이나 타자에 반응해 울고 웃는 게 아니라 스스로 개념을 만들어 적용하는 게 가능하다는 겁니다. 이처럼 감정을 디자인하며 일을 하는 게 어떤 이에겐 어렵지만 분별력 있는 선택을 위해 감정과 이성의 균형을 잡는 노력이 반드시 필요하겠습니다.

저 또한 많은 분들이 제가 관계지향일 거라고 생각했다 놀라는 부분이 일 중심의 관계를 지향한다는 걸 알고 나서입니다. 감정에만 기댄 관계는 마치 신기루처럼 쉬이 사라질 수 있지만 함께 일을 하면서 느끼는 감정은 훨씬 단단한 연대로 맺어져 더 풍성한 교류가 가능해진다는 걸 알게 된 저는 좋은 사람을 만나면 어떻게 함께할 수 있는 일이 있을까를 탐구하게 됩니다.

물론 대부분이 함께 공부를 하는 것으로 귀결되지만 관계의 피로도가 아닌 성장의 장을 종종 목격하게 되는 이유입니다.

역할과 일의 중요성을 누가 비난하고 칭찬한들!

함께 또는 홀로 누군가에게 필요한 일을 하고 있다는 자각이 들면, 구성원이 어떻게 여러분을 생각하든, 하물며 몹시 싫어한다고 해도 업무 동기가 바닥을 칠 일은 없습니다. 역할과 일의 중요성으로 우리가 몸 담고 있는 직장에서 마땅히 해야 할 일을 하는데 누가 우리를 칭찬해주고 인정해주고 지지해 주어야 하는 걸까요. 타자가 나를 대하는 태도보다 오늘 내가 하려는 일이 그 대상에게 얼마나 효용성 있는 일인지를 한번 점검해 보시면 좋겠습니다.

하루 중 인간의 뇌를 스쳐가는 수만 개의 감정 가운데 우리가 기억하는 직장의 인상적인 일화는 어떤 것일까요? 그것은 좋은 성과를 내거나 노력하는 구성원에게 아낌없는 인정의 말을 하거나 들을 때라는 겁니다. 그러니 역할을 훌륭히 수행해 낼 수 있는 동력 중 하나가 업무를 인정하는 다정한 말이라는 것을 관계의 기대는 발밑에 두고, 단지 업무를 잘하고 싶다는 생각으로 당장 적용해 보시면 좋겠습니다. 그 출발선에서 감정과 이성의 균형 잡힌 직장 관계도는 다시 그려질 것이고 직장이나 가정에서의 내 역할 또한 선명히 보일 것입니다.

[#3. 소중한 가족_파트너십]

육아휴직 후 맞닥뜨린 지옥

차 경 숙

(공자, 치곡–사소한 일에도 극진함)

몇 개월 전 부서를 옮긴 C대리의 전화가 회의 시간에 요란하게 진동했습니다. 불안한 마음으로 수신자를 확인하니 아니나 다를까, 어린이집이었습니다. 아침에 콧물을 흘리는 아이를 어린이집에 데려다주며 제발 아무 일 없길 기도했는데…. C대리는 결국 부서장에게 사정을 이야기하고 회사를 나섰습니다. 입사 8년 차, 열정과 역량이 경험으로 다듬어져 전문가의 아우라가 생길 때라고 하지만, 육아휴직을 끝내고 복귀한 C대리는 여전히 핵심 업무를 하지 못하고 있습니다.

어린이집을 다니기 시작한 아이는 잔병치레가 끊임없었습니다. 아픈 아이를 돌보느라 지각, 조퇴, 연차를 번갈아 내며 자리를 비우니 C대리의 업무처리가 매끄러울 수 없었지요. 결국, 인사이동 때 배려인지 추방인지 야근이 적은 부서로 이동했음에도 여전히 조퇴를 자주 해야 했고, 새로운 업무에 익숙해지지 않아 실수가 잦았습니다.

덫에 걸린 알파걸

모범적인 학창 시절을 보내고 취업 후 사내 연애로 결혼한 C대리의 인생은 늘 아스팔트처럼 잘 닦인 듯했습니다. 아이를 낳고 육아휴직을 할 때만 해도 복직 후에 이런 지옥을 맞이할 줄 생각지 못했지요. 어디서부터 잘못된 걸까? 휴직 전엔 잘하던 업무조차 어이없는 실수와 부주의로 민폐를 끼칠 때면 자존감이 바닥을 치고, 그럴수록 마음은 더욱 조급해졌습니다.

남편에게 육아휴직을 권유해야 할까, 고민하며 인터넷을 검색해보니 남성의 육아휴직이 도입된 지 20년이 되었지만 '아빠 직장인 5명 중 4명 육아휴직 사용 못했다'(이투데이 2019년 10월 2일)라는 기사가 보였습니다. 휴직을 끝내고 돌아오면 진급이나 업무 배정에서 뒤처지는 회사 분위기를 누구보다 잘 아는 C대리는 이번에도 말을 꺼내지 못할 거 같습니다. 학창 시절부터 지금까지 성실하고 열심히 살아온 죄밖에 없는데, 왜 이런 덫에 걸려 옴짝달싹도 못하게 된 걸까?

약을 먹은 아이가 잠들자 멍하니 TV 채널을 돌리던 C대리는 문득 자신이 좋아하는 배우가 나오는 영화의 한 장면에 시선을 멈췄습니다.

작은 일도 무시하지 않고 최선을 다해야 한다

작은 일에도 최선을 다하면 정성스럽게 된다. 정성스럽게 되면 겉에 배어 나오고, 겉에 배어 나오면 겉으로 드러나고, 겉으로 드러나면 이내 밝아지고, 밝아지면 남을 감동시키고, 남을 감동시키면 이내 변하게 되고, 변하면

생육된다. 그러니 오직 세상에서 지극히 정성을 다하는 사람만이 나와 세상을 변하게 할 수 있는 것이다.[50]

- 영화 『역린』 중에서

대사가 너무 멋지게 들렸습니다. 휴대폰을 열고 검색해보니 아는 사람은 다 아는 『역린』의 이 대사는 사실 『중용』 23장에 나오는 구절이었습니다.

이게 중용 23장이라고? C대리는 곧 서가에서 『중용』 책을 찾아 23장을 펼쳤습니다.

23장은 앞장인 22장이 '하늘의 도'에 관하여 말하는데 비해 '사람의 도'에 관하여 말하는 장으로, 완전하지 않은 사람이더라도 자신이 가지고 있는 지극히 사소한 면인 '곡'(曲)을 끝까지 갈고 닦으면 그 위력이 발휘되어 자신과 세상을 변화시킬 수 있다는 메시지를 담고 있습니다. C대리는 자신의 '곡'은 뭘까 그리고 그 '곡'을 어떻게 다루어 왔나 생각에 잠겼습니다.

악마는 디테일에 있다

요즘처럼 복잡한 세상에서는 여러 가지 일을 동시에 척척 해내는 멀티태스킹 스킬이 뛰어난 사람이 대단해 보입니다. 하지만 자세히 보면 한 가지만 할 때보다 집중력이 떨어지고 효율도 그만큼 높지 않지요. 집중력에 생긴 틈은 작고 사소한 일까지 꼼꼼하게 챙기지 못하게 하고, 그 작은 어긋남

50) 기차치곡 곡능유성 성즉형 형즉저 저즉명명즉동 동즉변 변즉화 유천하지성위능화(其次致曲 曲能有誠 誠則形 形則著 著則明 明則動 動則變 變則化 有天下至誠爲能化) 『중용』 '23장'

으로 인해 큰일을 그르치는 경우도 종종 있습니다. 그래서 서양에서는 '악마는 디테일에 있다'고 하고, 중용에서는 '치곡'(致曲, 사소한 면을 갈고 닦다)하라고 하지요.

C대리는 시간은 없고 할 일은 많다는 이유로 자신의 생활에 '치곡'이 부족했음을 인정했습니다. 예를 들어 회의시간에는 이런저런 생각에 빠져 주요한 지시사항을 놓쳤고, 열쇠나 서류 같은 물건을 어디에 둔지 몰라 발을 동동 구르곤 했습니다. 자신의 인생이 불행하게 된 원인이 남편에게 있는 것 같아 집에서는 남편만 보면 부아가 치밀어 트집을 잡고 짜증을 냈고, 사무실에서는 지금 제일 힘든 시간을 보내고 있는 자신을 동료, 선배, 후배들이 충분히 배려해 주지 않는 것 같아 섭섭할 때가 많았습니다.

조용히 지난 일을 복기하던 C대리는 누적된 피곤과 산만한 걱정과 자기 연민으로 어떤 일에도 온전하게 정성을 쏟지 못하는 자기 민낯을 발견하곤 가슴이 덜컥 내려앉았습니다. C대리는 자신이 놓친 '치곡'을 하나하나 써보기로 했습니다.

마치 귀신이 있는 듯

제사를 지낼 때는 마치 조상이 있는 듯하고, 신에게 제사 지낼 때는 마치 신이 있는 듯이 제사를 지냈다.[51]

51) 祭如在 祭神如神在(제여재 제신여신재)『논어』'팔일'

『논어』에 나오는 이 구절은 공자가 제사 지낼 때의 모습을 묘사하고 있습니다. 매일 수많은 제자와 찾아오는 손님들로 북적이는 공자의 하루가 현대인의 하루보다 덜 바쁘지는 않았을 터이지요. 하지만 제사를 지낼 때마다 다른 일은 다 잊고 무섭게 집중하는 공자의 모습을 볼 수 있습니다.

우리는 늘 바쁘다는 말을 입에 달고 삽니다. 그러다 보니 A라는 일을 하면서 B를 걱정하고, B를 할 때는 C를 염려하는 경우가 많습니다. 모래시계의 모래들이 셀 수 없이 많아도 한 번에 한 알씩 구멍을 통과하듯이 할 일이 산더미처럼 압박해 오더라도 '치곡'하는 마음으로 지금 내 눈앞에 있는 일과 사람에 정성을 다하면 다음 길이 열립니다.

육아의 사막 함께 건너기

그렇다고 아이를 낳은 엄마에게만 또는 특정 가족 구성원에게만 육아의 책임을 맡기고 '치곡'하라고 한다면 '치곡'은 곧 '지옥'이 되고 말 겁니다. 오죽하면 육아를 사막 건너기에 비유할까요. '직장대디'라는 말은 하지 않지만 '직장맘'은 버젓이 대명사처럼 쓰이는 게 현실입니다. 편중된 육아의 책임은 가정과 직장에서 균열을 일으키고 이 균열은 사회 전체로 번져나가 당장 급격한 출산율 저하라는 현실로 나타나고 있습니다. 2021년 통계청 '장래인구추계: 2020~2070년' 보고서에 의하면 신생아 수는 2000년 63만 명에서 2020년 27만 명으로 떨어졌다고 합니다.

출산 장려금과 어린이집 보육료 지원뿐 아니라 엄마나 아빠의 육아휴직을 가족 돌봄 경력으로 인정, 경력과 승진에 불이익을 주지 않아야 합니다. 또 공무원에게만 허락된 육아 시간과 가족 돌봄 휴가 등의 제도가 모든 직장으로 확대되어야 합니다. 직장맘 또는 직장대디에게만 슈퍼우먼, 슈퍼맨이 되라고 한다면 인구 절벽 시대를 맞이한 우리나라에 미래는 없겠지요. 제도의 개선과 더불어 가족 구성원, 직장 상사, 동료, 이웃 등 사회구성원이 육아를 함께 책임져야 할 신성한 의무로 여기는 사회적 합의가 자리 잡아, 이 땅의 수많은 C대리들이 일에서도 육아에서도 '치곡'할 수 있길 소망합니다.

나와 내 일을 지켜주는 부부 파트너십

김 선 영

(중용, 군자지도 조단호부부–군자의 도는 부부에게서 단서를 만든다)

"여기 오른쪽 뺨이요. 아이한테 맞아서 패인 자국이에요."

J의 눈 밑에 난 상처는 눈에 띌 정도로, 네 살 딸아이가 손톱으로 할퀸 거라는 게 믿기지 않았습니다. 마른 체구인 그녀는 겨우 28개월 된 딸이 흥분해서 달려들면 감당하기 무섭다고 하소연했습니다. 눈가에 난 상처보다 대화 도중 눈가에 촉촉이 젖어오는 눈물이 동료 J가 버텨내고 있는 육아 현실이 얼마나 팍팍한지 말해주고 있었습니다.

어느 점심시간, 우연히도 네 명의 워킹맘이 모여 앉은 회사 식당 테이블에서는 J가 꺼낸 이야기로 자연스레 육아 토크가 시작됐습니다.

각자도생 육아 분투기

J 옆에 앉은 또 다른 동료는 한창 활동성이 많은 유아기 아이 두 명을 맡아주고 있는 도우미 이모님이 최근 힘들다는 눈치를 보여 조만간 그만둘까 봐 노심초사했습니다. 이모님은 계약 조건에 따라 아이가 먹을 음식과 놀이

만 챙기고, 부부가 먹을 음식 준비와 집 안 청소는 퇴근 후 아이 엄마가 직접 해결하고 있었습니다.

연장자였던 K는 후배 동료들의 고민이 남의 일같이 여겨지지 않았습니다. K의 눈에 이들은 '회사에서 퇴근해 집으로 다시 출근'하는 육아 분투기의 산증인으로 보였습니다. 그런데 한 가지 흥미로웠던 사실은 이들이 들려준 사례에 배우자는 등장하지 않는다는 점이었습니다. 아이와 관련된 사건 사고를 수습하는 사람은 아이 엄마와 도우미 아주머니 혹은 할머니가 전부였습니다. 그들의 배우자는 바람 잘 날 없는 육아 현장에서 대부분 '부재중' 상태였던 겁니다. 이날 K는 맞벌이 후배들의 부부 사이 악화가 이들이 겪는 육아의 고충보다 더 걱정스럽게 느껴졌습니다.

부부관계는 도의 근원지

모든 부부가 부모가 되는 것도 아니고 반드시 그래야 하는 것도 아니지만, 어느 날 부모가 되는 경험은 부부에게 이전과 완전히 다른 삶에 들어서는 전환점이 됩니다. 부모의 지극한 헌신과 돌봄이 필요한 육아기를 통과하며 고군분투하고 있는 후배들의 상황에 답답함을 느꼈던 K는 문제 해결을 위한 단서가 부부의 '파트너십'에 있다는 생각이 들었습니다. 파트너십이란 '서로가 공동의 목적을 달성하기 위해 협력하는 관계'라고 할 수 있지요. 그런데 여기서 핵심은 파트너인 두 사람이 각자 혼자서는 그 목적을 이루기 힘들다는 사실을 얼마나 진실로 수용하고 공감하는지에 달려 있습니다.

동양고전 속에서 부부에 대한 통찰을 찾아보던 K는 유가(儒家) 철학자인 순자의 말을 곱씹어 보았습니다.

역경의 함괘(咸卦)는 부부의 관계를 보여준다. 부부의 도는 올바르지 않아서는 안 되는 것으로, 임금 · 신하 · 아버지 · 아들 관계의 근본이 되기 때문이다. 함(咸)은 느낀다는 뜻이다. 높으면서도 아랫사람의 아래에 처신하고, 남자로서 여자의 아래에 처신하며, 부드러운 것이 위에 있고 강한 것이 아래에 있게 되어 서로 감응한다는 것이다.[52)]

순자는 부부의 관계가 한 개인에게 부여된 사회적 관계의 토대가 된다고 말하면서, 『주역』에서 서로 감응한다는 뜻을 가진 '함'(咸)괘를 소개합니다. 이 구절에서 음양의 조화를 상징하는 부부는 모름지기 상호 공감의 윤리를 내포하는 관계라는 것을 말하고 있습니다.

또한, 공자의 언행을 기록한 『중용』에서는 이런 구절이 눈에 띄었습니다.

군자의 도는 부부에게서 단서를 만드니, 그 지극함에 미쳐서는 하늘과 땅에 드러나게 된다.[53)]

이 구절은 유가에서 최상의 경지라 일컫는 군자의 도(道)가 멀리 있는 것이 아니라 가장 친밀한 관계인 부부, 즉 평범한 남녀 사이에서 시작되는 것이고, 따라서 도의 기본은 평범한 사람도 알 수 있다는 의미로 해석됩니다. 넓고도 잘 드러나지 않아 남들이 쉽게 보지 못할지라도 지극히 행해지면 세

52) 역지함 견부부 부부지도 불가불정야 군신부자지본야 함 감야 이고하하 이남하녀 유상이강하(易之咸 見夫婦 夫婦之道 不可不正也 君臣父子之本也 咸 感也 以高下下 以男下女 柔上而剛下)『순자』'대략'

53) 군자지도 조단호부부 급기지야 찰호천지(君子之道 造端乎夫婦 及其至也 察乎天地)『중용』'12장'

상 어디에도 드러나는 도는 인륜의 시초가 되는 부부관계에서 생성된다는 것이지요. 부부관계가 인간관계의 출발점이자 도(道)의 근원지임을 말하는 대목입니다.

부부는 무엇으로 사는가

유교 사상에서 말하는 부부관계의 사회적 맥락과 윤리적 의미를 확인한 K는 오늘날 중산층 핵가족의 모습을 떠올렸습니다. 2021년 통계청의 지역별 고용조사 부가항목(맞벌이 가구 및 1인 가구 고용 현황)에 따르면, 맞벌이 가구가 꾸준히 증가하는 가운데(2021년 전체 유배우 가구의 46.3%), 40대 맞벌이 가구 비중은 관련 조사가 시작된 2011년 이래 최고치를 나타냈습니다. 교육 정도로는 대졸 이상 맞벌이 비중이 가장 높았습니다. 이처럼 개인의 가치를 능력 본위로 평가하는 사회에서 자라온 고학력의 남녀가 결혼 후에도 일을 통한 경제적 안정, 사회적 인정, 나아가 자아실현의 욕구를 그들 삶의 우선순위 목록에 올리는 것은 어쩌면 당연해 보입니다.

그런데 고학력 맞벌이 부부의 관계는 육아와 양육이라는 새로운 의무가 부상하면서 변화에 직면하게 됩니다. 마치 비교적 느슨한 연대감으로 달리던 트랙에서 어느 순간 이인삼각 경주 구간으로 접어드는 셈이라 할 수 있습니다. 문제는 부부 파트너십이 게임의 규칙이 바뀐 경기장에서도 제대로 작동되는가에 있습니다. 이 단계에서 파트너십이 원활하지 못하면 '양육'이라는 부부간 공동의 목적이 위협받고, 어느 한쪽 배우자의 일방적인 애씀과 희생으로 귀결되기 때문입니다.

이런 상태에 놓인다면 맞벌이를 하는 조직 구성원의 업무 몰입은 기대하기 어렵게 됩니다. '직장대디'라는 말이 존재하지 않듯이 대부분 '직장맘'이 일방적인 수고를 감내하다 일터를 떠나는 선택을 하곤 합니다. 경단녀(경력단절여성)가 되는 가장 큰 이유가 육아 때문이고, 비율로 보면 10명 중 4명(43.2%)에 이른다는 조사 내용(2021년 통계청 상반기 지역별 고용조사-기혼여성의 고용현황)도 이러한 현실을 뒷받침합니다.

따라서 부부의 공동 양육을 위해서는 일과 가정의 양립을 지원하는 정책적 · 법적 제도 외에도, 조직 내 일하는 방식과 문화도 함께 바뀌어야 합니다. 사회의 적극적이고 다양한 지원과 평등의식의 확산으로 일하는 부모의 부부 파트너십이 공고해질 때, 육아는 견뎌야 하는 고된 사막의 시기가 아니라 한 생명을 키우고 돌보는 생산적 탐구가 될 수 있습니다.

부부여 파트너십을 회복하라

K는 함민복 시인의 '부부'[54]라는 시 한 구절을 적어 J에게 응원의 메시지를 보냈습니다.

이 시에서는 부부 사이를 '한아름에 잡히지 않아 같이 들어야 하는 긴 상을 옮기는' 두 사람의 모습에 비유합니다. 각자가 긴 상을 양쪽에서 들고 서 있으니 두 사람은 '잠시 허리를 펴거나 굽힐 때 서로 높이를 조정해 가면서' 조심스럽게 한 발 한 발 디뎌야 합니다. 또한 '다 온 것 같다고 먼저 탕하고 상을 내려놓아서도 안 되는' 사이가 부부라는, 의미심장한 표현을 담아내지요.

---

54) 『말랑말랑한 힘』, 문학세계사, 2005

평등한 파트너가 된다는 것은 언제나 50:50 동등한 균형을 유지하는 상태라기보다, 상대를 필요로 할 때 항상 곁을 지키고 돌봐주는 신뢰의 행동임을 K는 되새겼습니다. 결론적으로, 그는 '세상에서 가장 가까운 타인'인 배우자를 향한 상호 배려가 곧 군자의 도(道)에 다가가는 길임을 깊이 수긍할 수 있었습니다.

휴식하는 곳이 가정인데 뭔 파트너십?

정 예 서

(퇴계 이황, 상경여빈-서로를 손님처럼 공경하라)

최근 결혼 2년 남짓 된 신혼부부의 이혼 상담이 부쩍 늘었습니다. 상담 중에 가장 많이 듣는 말은, 연애할 때는 '그' 혹은 '그녀'가 그러지 않았다는 말입니다.

"선생님. 도대체 이 사람과 뭘 같이 할 수가 없어요. 저는 수영, 등산 등 뭐든 움직이는 걸 좋아하는데 이 사람은 여행을 가도 그저 호캉스를 좋아해요. 그러려면 왜 여행을 가요? 어쩌다 돌아다녀도 보는 게 제각각이라 제 옆에 없어요. 차라리 혼자 가는 게 덜 외롭더라구요."

"그건… 저도 오랜만에 쉬러 간 건데 하루 일정 다 짜놓고 거기에 맞춰 운전을 하라니, 이게 여행인지 노동인지…. 차라리 회사 가는 게 덜 피곤해요. 한 군데 정도는 나중에 가자고 해도 꼭 거길 가봐야 한다니…. 그리고 서로 관심사가 다른데 꼭 붙어 다녀야 하는 건 아니죠."

"그래서 운전면허 딴다고 연습 중인데 잘 가르쳐 주지도 않고, 뿐만 아니라 저와 함께 있을 때는 밥을 먹으면서도 핸드폰을 보고 대답도 건성이에요. 다른 사람들과는 점심 약속도 잘하면서 제게는 시간이 없대요. 이제 저와는 밖에서 밥 먹을 이유가 없다니, 이게 애정이 식은 거지 뭐예요?"

"우리는 집에서도 밥 먹을 수 있는데 굳이 일하다 나와 점심까지 사 먹어야 해? 볼일이 있어 그 친구를 만난 거지. 점심을 누구와 먹는지도 다 보고하고 허락받아야 되냐고! 분명히 내 집인데 왜 이렇게 불편한지…. 결혼이 아니라 감옥에 들어간 거처럼 답답해요."

"결혼 전에는 잘만 시간을 내서 어디든 같이 갔잖아. 뭐가 달라진 건데?"

"지금도 너 하자는 대로 주말 다 쓰고 있거든! 일주일에 한두 번 쉬는데, 제발 하루라도 나 좀 그냥 내버려둬. 집에 있는 사람이 청소도 안 해서 주말에 내가 다 해야 하는데…."

이런 대화는 이 부부뿐 아니라 갈등을 빚다 이혼을 염두에 둔 모든 신혼부부의 상담에서 들을 수 있는 보편적 내용의 일부입니다. 생의 반쪽을 만났다 생각해 열애를 하다 결혼까지 했는데, 왜 이런 일이 발생할까요?

연애 시기에는 최상의 컨디션으로, 가장 좋은 모습으로 만나려 노력하던 상대의 민낯을 보며 낯섦을 경험하게 됩니다. 그뿐 아니라 사소한 생활습관부터 시가, 처가 등의 여러 상황까지 맞춰 가야 할 일이 하나둘이 아닌 거지요. 그 과정에서 갈등이 생기고 상대의 마음이 변했다고 여기게 됩니다.

두 사람의 가치관의 방향에 따라 그 가문이 성장하길 원하는 마음은 부부가 똑같습니다. 결혼할 때 어른들께 수없이 덕담으로 들었을 '잘 살아라'라는 말에 함의된 행복한 삶의 지향 말입니다. 그렇다면 두 사람의 협업과 유대감을 위해 반드시 필요한 건 무엇일까요. 그건 가정의 든든한 버팀목이 되어줄 두 사람의 파트너십입니다. 그러니 두 사람이 조화를 이루지 못한다면 맞은편 집의 행복해 보이는 '불 밝힌 창'을 내내 부러워하게 될 뿐입니다.

첫 번째 파트너십, 다름을 받아들이기

생애 주기별로 부부 파트너십도 달라져야 하는데 신혼기 때 특히 힘써야 할 첫 번째가 다름을 받아들이는 겁니다. 사실 저 또한 좌충우돌, 가정생활을 할 때 수없이 떠남을 상상하며 살아낸 시기가 있기에 다름을 이해하는 방식이 얼마나 중요한가를 뼈아픈 교훈을 통해 배웠습니다. 그 후 제가 펴낸 『유쾌한 가족 레시피』에 다음과 같이 썼습니다.

연애를 시작하고 사랑이 깊어갈 때 두 사람은 부모와 유아기 자녀의 관계처럼 공생기 상태가 됩니다. 그 때문에 상대가 부르면 한달음에 달려가고, 시도 때도 없이 상대를 보고 싶어 하고, 어떤 요청도 거절할 수 없을 만큼 서로에게 몰두합니다. 어른들이 흔히 하시는 말씀처럼 눈에 콩깍지가 씐 것이지요.

그랬던 두 사람이 결혼을 하면서 공생기에서 벗어나는 건 아주 자연스러운 일입니다. '사람이 달라졌다'는 말은 이 과정을 제대로 이해하지 못한 이해 부족에서 비롯됩니다. 저도 이 시기에 대한 이해가 전무한 상태로 결혼했기 때문에 태도가 달라졌다 느껴지는 상대에게 속은 것이 아닐까라는 생각에 힘든 시기를 겪어야 했습니다. 서로에게 완전히 밀착하는 공생기가 긴 결혼생활 내내 유지되는 것도 아닐뿐더러, 그 시기가 아주 특별한 시기였다는 것을 한참 후에야 알게 됐지요. 다시 말해 사랑은 모든 것을 함께하는 것이 아니라 서로의 가치관을 존중하면서 두 사람이 원하는 것을 더 잘할 수 있도록 응원하며 나아가는 것이었습니다.

공생기가 끝나고 두 사람이 본래 모습으로 돌아오면서 크고 작은 부부싸움이 시작됩니다. 무엇이든 절대적으로 상대에게 맞춰주려던 뜨거운 열정의 계절이 가고, 무엇이든 자신의 틀에 맞추기를 요구하는 차가운 계절을 맞는 것이지요. 이 시기를 잘 지나지 못하면 결혼생활이 지속되는 내내 가정은 모래바람 날리는 황량한 전쟁터가 됩니다. 결혼을 약속하며 상대에게 품었던 기대가 충족되지 못하면서, 투덜이처럼 자꾸 혼잣말을 하는 시기도 이때입니다. 그렇다면 두 사람이 부부가 되며 함께 살아가야 하는 시간이 창창한 가운데 만나는 이 감정의 변화를 우리는 어떻게 받아들여야 할까요? 우선 나와 다름을 받아들이는 것에 익숙해져야 합니다.[55)]

열정은 사라지고 타성의 찬바람이

몇십 년을 다른 정서와 사회 환경 속에서 살아온 이성에게 이끌려 결혼을 결심한 경우가 대부분이기에, 열정이 사라진 후 그 외의 부분을 맞추어 나가는 것이 쉽지 않습니다. 모든 의견이 나와 같아야 하고, 내 의견에 동의해 주는 것을 바란다는 건 헛된 희망에 불과합니다. 그래서 다름을 받아들이는 태도에 따라 신혼 초의 행복과 불행이 좌우된다 해도 과언이 아닙니다.

의견 일치를 봐야만 평화롭다고 생각하는 사람일수록 자아가 완전히 분

---

55) 『유쾌한 가족 레시피』 '신혼기' 중에서

화하지 않은 미성숙 단계에 머물러 있는 사람입니다. 매사에 나와 같은 생각을 가진 사람을 원한다면 혼자 우아하게 살아야 합니다. 이 과정에서 차이를 받아들이지 못해 갈등을 겪다가 급기야 이혼의 위기까지 겪는 부부의 원인을 살펴보면 경제관념, 청소와 정리 정돈, 여행 습관 등 소소합니다.

세상에 나와 같은 사람은 어디에도 없습니다. 소소한 것들은 손가락 사이로 흘려보내며 갈등이 증폭될 때는 우리 가정에 꼭 필요한 것 때문에 화를 내고 있는가를 살펴 '마법의 대화 포스텝'으로 요청해야 합니다. 그래야 나의 에너지 손실도 적고 상대에게도 잘 들리는 소통이 되며 나아가 건강한 가정의 기틀이 되는 대화가 시작됩니다.

'예상치 못했던 변화를 겪게 될 때마다 부부는 생소한 경험으로 혼란을 겪으며 관계까지 영향을 받습니다. …… 그 과정에서 지치지 않도록 아낌없는 칭찬과 지지를 보내는 것은 서로를 일으켜 세우는 큰 동력이 됩니다.[56]

두 번째 파트너십, 내 편 되어주기

두 번째 파트너십은 내 편 되어주기입니다. 여성은 대화를 주고받으며 공감과 지지를 얻을 때 비로소 상처받은 마음이 안정되며 계속 대화를 나누고 싶은 열린 마음 상태가 됩니다. 그런데 남성들은 편이 되어 주기보다 도와주려는 마음으로 이성적으로 판단하고 해결책을 제시하곤 합니다. 이때 여성은 남성이 자신의 편이 아니라는 생각이 들어 종종 마음을 다칩니다. 반

56) 『유쾌한 가족 레시피』 중에서

면 남성은 대화를 나눌 때 칭찬을 받거나 인정을 받으면 점점 더 자신의 역할에 충실하고 싶어집니다. 그러니 대화를 나눌 때 필요한 스킬, 계속하면 인품이 되는 대화의 도구 하나쯤은 꼭 배워두어야겠지요. 또한 나 자신의 욕구나 기대를 무시하지 않고 적시에 요청하는 건 관계를 유지해가는 중요한 키워드 중 하나입니다. 왜냐하면 상대에게 못다 한 말이 억울함으로 바뀌고, 억울함이 공격성으로 연쇄적 반응을 일으킬 수 있기 때문입니다. 또 그런 감정에 짓눌려 있으면 심리적 울증은 물론 신체적 병을 불러오기도 합니다.

세 번째 파트너십, 역할 분담

세 번째 파트너십은 역할 분담입니다. 가정 경영 방식이 전무한 가운데 아이가 태어난다면 부부의 혼란은 가중될 거고 아이는 그 정서를 고스란히 물려받게 됩니다. 또 아이가 태어나면 포기해야 할 것과 가사가 늘어 아이가 주는 기쁨은 고사하고 육아 사막을 지나며 서로 간의 다툼도 배로 늘게 됩니다. 저는 앞의 사례 부부에게 서로를 더 알아가고 연대방식을 세운 후 2세 계획을 해야 한다고 조언했습니다.

네 번째 파트너십, 개인의 목표와 공통된 가정의 목표

네 번째 파트너십은 개인의 목표와 공통된 가정의 목표를 위해 서로 지지하는 것입니다. 맹자가 '등문공 상편'에서 이야기한 '부부유별'(夫婦有別)은 아내가 남편을 내조하라는 뜻으로 알려졌으나 아내와 남편이 서로 존중하고 소통해야 한다는 상호적인 쌍방의 윤리로 이해할 수 있습니다. 부부의 서로 다름을 상호존중의 윤리로 인정해야 한다는 거지요. 칼릴 지브란이 『결혼에 대하여』에서 '함께 있되 서로 거리를 두라'고 했던 말도 이런 맥락입니다.

이처럼 결혼은 서로 다른 시선을 가진 두 사람이 모든 기억을 함께 공유하게 되는 삶의 옆지기를 만나는 일입니다. 그러니 여러분이 무엇과도 바꿀 수 없는 달콤한 신혼이라면, 나와 다른 옆지기를 흥미롭게 지켜보며 각자의 성장계획, 가정이 함께 성장할 공통의 계획을 세워야 합니다.

이 시기는 재정, 건강, 재교육, 여가 등의 세부적인 계획을 수립해 가정의 초석을 다지는 중요한 때입니다.

또 2세가 찾아오기 전에 각자의 가치관과는 꼭 일치하지 않더라도 가정을 위해 공통으로 지켜야 할 가치관을 우선으로 가족 규칙을 만들어야 합니다. 그래야 아이가 인간이 되어가는 위대한 과정을 지켜볼 힘을 지닐 수 있습니다.

또 하나의 신비를 체험하는 시간

아름다운 생명체가 태어나기를 기다리는 것만으로도 신혼은 충분히 설레는 시기입니다. 또한 신혼은 각자 성장하면서 본래 가족과의 관계에서 미처 채워지지 않았던 결핍을 서로 충분히 채워주는 기간입니다. 서로의 성(性)을 잊지 않도록 노력해야 하지만, 신혼이 지나 아이가 태어나면 한동안은 아이를 중심으로 일상의 리듬이 재편될 수밖에 없습니다. 그러므로 신혼기는 두 사람이 아기에게 베푸는 것 같은 사랑을 서로에게 받을 수 있는 단한 번의 기회입니다. 이때 서로의 욕구를 충분히 살펴서 좋은 부모가 될 수 있는 준비를 하세요. 그 과정을 거친 부모는 그렇지 않은 부모와는 비교할 수도 없을 만큼 선순환적인 가정을 꾸려 나가게 됩니다. 아이 또한 준비된 좋은 부모를 만나게 되는 것이지요.

서로의 결핍을 채워주려 충분히 노력했다면 이젠 새 생명의 탄생을 준비하며 그대들의 왕국을 건설해야 하는 시기입니다. 물론 이 모든 과정은 경직된 의무가 아니라 즐거운 놀이가 되어야 하고, 놀이가 되게 하려면 그와 내가 무엇을 하면 즐거운가를 끊임없이 탐구해야 하겠지요.

이제야 내 매력을 상대에게 마음껏 보여줄 수 있는 행복한 시간 신혼, 상담 내내 왜 결혼하게 됐는지, 두 사람이 지금 해야 할 일과 앞으로 해야 할 일은 무엇이었는지를 나눈 내담자들은 재기발랄한 본래의 모습으로 돌아갔습니다.

언젠가부터 우리 사회는 정상적인 부부생활을 하면서 의도적으로 자녀를 두지 않는 맞벌이 부부 '딩크족'(DINK, Double Income, No Kids)이 늘고 있습니다. 딩크족이 늘어나는 이유는 육아, 교육 등의 부담으로 인한 출산 기피는 물론 사람으로 태어나 하고 싶은 일을 마음껏 할 수 있는 시간을 갖고 싶은 선택이기도 합니다. 하지만 2세의 출산과 양육은 두 사람 삶의 지평을 새로이 열어주는, 가슴 뜨거운 일입니다.

맹자는 제(齊)나라 선왕(宣王)이 왕도정치에 대해 묻자 주(周)나라 문왕

(文王)의 예를 들면서 어진 정치인으로 선정을 베풀기 위해서는 궁벽한 백성들로 의지할 데가 없는 환과고독(鰥寡孤獨)의 계층을 보살펴야 한다고 말합니다.

> 환(鰥)과 과(寡), 고(孤)와 독(獨) 사궁(四窮)을 먼저 살피야 한다. 이 네 부류는 천하의 곤궁한 백성으로서 하소연할 곳이 없는 사람들이다. 문왕은 선정을 펴고 인을 베푸셨는데 이 네 부류의 사람들을 우선했다.[57]

왕도정치에서 가장 우선해야 할 일은 환과고독(鰥寡孤獨)을 돌보는 것이라는 맹자. 환과고독이란 구체적으로 누구를 뜻하기에 제선왕에게 이들을 돌보라고 한 것일까요.

사궁(四窮)은 인간 생활에서 네 가지 궁한 상황에 처한 사람들을 말합니다.

늙어 아내가 없는 홀아비[鰥], 늙어 남편이 없는 홀어미[寡], 부모가 없어 외로운 아이[孤], 자식도 재산도 없는 고독한 노인[獨], 네 가지 부류의 곤궁한 사람을 사궁(四窮)이라고 칭한 것입니다.

우리나라 통계청에서 발표한 2022년 혼인과 이혼 통계에 의하면 혼인 즉 결혼 건수는 19만 2,000건으로 전년 대비 0.4% 감소(-0.8천 건)했고, 이혼도 9만 3,000건으로 전년 대비 감소한 것으로 나타났습니다. 하지만 이혼 건수

57) 노이무처왈환 노이무부왈과 노이무자왈독 유이무부왈고 차사자 천하지궁민이무고자 문왕발정시인 필선사사자(老而無妻曰鰥 老而無夫曰寡 老而無子曰獨 幼而無父曰孤 此四者天下之窮民而無告者 文王發政始仁 必先斯四者)『맹자』'양혜왕'

는 결혼 건수에 비해 50% 이상의 높은 수치입니다. 개인의 욕구가 다양해지며 비혼과 결혼 중 무엇을 선택하느냐는 개인의 몫이 되었고 그에 따라 가족 형태 또한 다양해졌습니다.

결혼 후의 삶을 고민해 볼 때 '나로서의 개성을 유지하며 살 수 있을까, 타자를 위해 더 많은 헌신을 해야 하는 삶이 아닐까'라는 걱정이 가장 우선될 것입니다. 그러나 전통적 가족 구성을 이룬다 해도 개인의 독립성을 인정하며 헤쳐모여가 가능하도록 구성원 간 합의가 이루어진다면 더 이상 홀로가 아니어도 좋지 않을까요?

역할 휴지기로 피로도를 낮추고

역할을 잠시 내려놓는 휴지기 방식도 좋은 대안입니다. 이 글을 쓰는 저도 가까운 날에 '엄마 안식년'을 쓰리라 가족들과 논의를 한 상태인지라 언제든 원할 때 그 카드를 쓸 수 있게 됐는데 이미 안식년을 맞은 듯 마음이 가볍습니다. 이렇듯 다양한 대안으로 역할 피로도를 낮추고 단기, 중기로 배터리를 충전한 후 역할로 돌아간다면 시간을 함께 쓰며 쌓이는 서로의 '타성'도 얼마든지 긴장과 이완을 반복할 수 있습니다.

이처럼 따로 또 같이의 균형에 초점을 맞춘다면 굳이 비혼을 고집할 이유가 없어지고, 기혼의 장점인 서로 간의 연대나 돌봄이 가능한 점이 부각될 것입니다.

우리나라가 약소국가임에도 지식 강국의 힘으로 경제력이 향상된 사례는 세계적으로 보기 드뭅니다. 국민 한 사람의 교육 수준이 한 나라의 힘이 된 것인데 그렇게 되기까지는 어려운 환경에서도 자녀의 교육을 포기하지 않은 우리 부모님들의 공이 지대했습니다. 나아가 가임기 부모가 탄생의 신비를 축복으로 받아들일 수 있도록 하려면 그 결정이 걱정과 부담이 되지 않도록 무엇보다 우리 사회 전체, 국가적인 전폭적 양육 지원 시스템이 마련되어 온 나라가 아이를 함께 키운다는 연대감을 형성시켜야 합니다.

정말 열심히 자신의 삶을 살아내며 7년간 딩크족이었던 제자 K는 2세를 탄생시킨 후, 딩크 때도 좋았지만 지금은 가정이 채워진 듯한 느낌이 있다고 말했습니다. 그렇게 말하는 K의 얼굴은 어느 때보다 건강하고 밝아 보였습니다. 세 사람이 함께하며 중첩되는 감정의 공유로 연대가 깊어지는 것이겠지요.

신이 선물한 것을 누리는 권리

쉽지 않겠지만 출산과 양육의 경험은 내 세계가 더 통찰력이 깊어지고, 넓어져 사람으로 태어나 겪는 감정을 모두 느껴볼 수 있는 것만으로도 생의 경이로운 일이 됩니다. 그러니 한 사람의 인재를 길러내는 건 신이 선물한 것을 누리는 권리라고 생각해보면 어떨까요? 희생과 헌신으로 점철된 우리 윗대의 어머니, 아버지 모델이 아니라 내가 하고 싶은 걸 하면서 신비한 생명의 탄생과 성장의 기쁨을 누려보는 엄마 아빠 역할 말입니다.

우리 연구원 중 '시어머니'인 한 분은 둘째를 출산한 며느리에게 좋아하는 여행을 자주 가볼 수 있는 기회를 주고자 노력합니다. 그 기간 동안 당신이 애써 손주를 보면서 말입니다.

앞서 말씀드렸던 거처럼 맹자(孟子)가 그 당시 전한 사궁의 경우도 상황은 다르겠지만 우선해야 할 바는 환과고독(鰥寡孤獨)의 계층을 돌보는 거라고 강조했습니다. 나라를 이끄는 왕정은 우선적으로 '빈곤'층의 '무고' '무의' 등 혼자서는 살 수 없는 사회적 약자를 보살필 수 있어야 한다는 맹자는 이미 사회복지 실천가였던 것이지요.

놀라운 건 오늘날에도 가족해체로 인해 사궁의 처지에 놓인 사람이 결국 소외계층이 된다는 겁니다. 또 세계적으로 고독사도 늘고 있어 사궁의 처지에 놓인 분들의 돌봄과 지원이 필요한 형편입니다. 이 추세는 돌봄과 배려를 등한시하는 현대사회의 '귀차니즘'의 양상과 함께 나날이 더 심각해지겠지요. 그러니 내 부모, 내 배우자, 내 자녀를 나처럼 귀하게 여겨야 할 이유는 더 분명해집니다. 자본주의 방식으로 손익을 따져봐도 서로 연대해야 사궁이 줄어들 것이니 말입니다.

지적장애 아내를 존중하고 지킨 퇴계 이황

이쯤에서 가족을 끔찍이 사랑하며 자신의 삶도 잘 살아낸 이황의 이야기를 하지 않을 수 없습니다. 조선 명종 때의 유학자 퇴계 이황은 6현 중 한 사람으로 1501년에 태어났습니다.

율곡 이이는 이황을 가리켜 공자와 주자를 잇는 대학자라고 했습니다. 68세의 노대가(老大家) 이황이 17세의 나이로 왕위에 오른 선조에게 즉위 원년에 올렸던『성학십도』(聖學十圖)는 성왕(聖王)이 되어 백성에게 선정을 베풀도록 나라를 걱정하는 충정에서 간곡하게 저술된 상소문입니다. 선조의 부름을 고사하며 학자로서의 삶을 훌륭히 완성해낸 걸작,『성학십도』저술의 목적은 오직, 나라를 위한 것이었기에 더 빛나는 업적입니다.

퇴계 이황은 개인적으로도 진보적이고 따뜻한 가정상을 보여줍니다. 애처가로 알려진 그는 두 번의 결혼을 했는데, 첫 번째 부인은 출산 후 산후조리를 못해 사별하게 됩니다. 비탄에 잠긴 이황은 그럼에도 장모가 돌아가실 때까지 극진히 보살폈습니다.

그 무렵, '갑자사화', '기묘사화' 등으로 고초를 겪다가 이황이 살던 근처로 유배를 오게 된 권질은 딸의 혼인이 늦어지자 이황에게 딸과 혼인할 것을 제안합니다. 이황은 권질의 딸이 지적장애가 있음을 알고도 그 청을 받아들여 권씨는 이황의 두 번째 부인이 됩니다.

그렇게 권씨와 혼인생활을 하던 어느 날, 할아버지 제삿날이 되어 상을 차리던 중 권씨가 제사상의 배를 치마폭에 감추다가 들켰습니다. 제사상의 음식을 떨어트리는 것도 당시로선 큰일인데, 과일을 감추다가 들키다니요. 큰형수가 이 광경을 보고 화를 내자 이황은 권씨에게 연유를 묻습니다. 권씨가 '배가 먹고 싶어서 그랬다'라고 하자 이황은 "손주며느리니 할아버지도 귀엽게 보실 것"이라며 배를 깎아줍니다.

또 어느 날, 이황이 상갓집에 가야 하는데 도포 끝이 너덜거려 부인에게 꿰매어 달라고 청합니다. 그런데 부인은 흰 도포 위에 빨간 천을 덧대어 꿰매줍니다. 잠시 그것을 바라보던 이황은 그대로 상갓집에 갔습니다. 사람들이 도포 끝의 붉은 천을 보고 놀랐지만 이황은 붉은색이 액을 막는 효과가 있어 일부러 아내가 그랬다며 그저 웃을 뿐이었습니다.

이황은 이렇듯 부인의 실수를 항상 좋은 쪽으로 받아들여 다시 해석하고 채워주려 했습니다. 상대가 누구든 부부가 된 각별한 인연을 그렇듯 사랑으로 지켜냈다는 건 이미 파트너십이, 남편의 역할이 무엇인지 잘 알고 있었다는 거지요.

그런 이황이 손자 이안도가 결혼을 하게 되자 상경여빈(相敬如賓), 서로를 손님처럼 공경해야 한다는 편지를 써서 결혼에 대한 교육을 합니다.

부부는 인륜의 시작이요, 만복의 근원이다. 그러므로 비록 지극히 친하고 지극히 가깝더라도 바르게 행동하고 더욱 삼가야 한다. 그런데도 세상 사람들은 예의로 공경하는 것을 잊어버리고 서로 지나치게 친밀해져서 마침내 서로 업신여기고 능멸하는 지경에 이르게 되니 이것은 모두 서로 공경하는 마음이 없기 때문이다. 그러므로 부부는 서로를 손님처럼 공경해야 한다.[58)]

할아버지의 귀한 조언이 손자에게 많은 도움이 됐을 듯합니다. 그가 일상에서 부부 파트너십을 어떻게 정의하고 있는지 보여주는 또 다른 일화가 있습니다.

21세의 젊은 제자 이함형이 어느 날 스승을 찾아왔습니다. 여러 환담이 오간 끝에 제자는 '부인과 사이가 좋지 않아 얼굴도 마주치기 싫다'라고 하소연을 했습니다. 그 말을 듣고도 별말이 없던 이황은 제자가 순천 집으로 돌아가던 날 아침상을 함께한 뒤, 반드시 고향집 사립문 앞에서 읽으라며 편지 한 통을 건넵니다. 스승의 말대로 대문 앞에서 서찰을 읽은 제자는 큰

58) 상경여빈(相敬如賓)『후한서』

변화를 맞았습니다. 퇴계 이황은 제자에게 무엇이라 이른 걸까요.

유남녀연후 유부부, 남녀가 있은 후에 부부가 있고

그 편지는 다음과 같았습니다.

'하늘과 땅이 있은 후에 만물이 있고, 만물이 있은 후에 남녀가 있으며, 남녀가 있은 후에 부부가 있고, 부부가 있은 후에 아비와 아들이 있으며, 그 후에 군왕과 신하가 있고, 그 후에 위와 아래가 있다. 위아래가 있은 후에 예절과 의를 둘 바가 있다. 부부의 도는 영원할 수밖에 없으니, 항괘(恒卦)로 받는다' 하였다. 이처럼 군자의 도는 부부에서 시작되나 궁극적으로 천지의 원리와 직결된다고도 하였다. 부부의 윤리란 이처럼 중요한 것인데 어찌 마음이 서로 맞지 않는다고 부인과 헤어지려 하는가. 마땅히 거듭 깊이 생각하게나. 끝내 부부관계를 회복하지 못한다면 굳이 학문을 해 무엇을 실천할 수 있겠는가.[59]

이 편지를 읽은 후, 배우자 탓을 하던 제자는 그날부터 아내에게 예의를 다해 대했고 아내 또한 화답하여 서로 사랑하게 됩니다. 이뿐만 아니라 둘째 아들이 혼인을 앞두고 죽자 이황은 그 당시 번성한 성리학의 영향으로

59) 유천지연후 유만물 유만물연후 유남녀 유남녀연후 유부부 유부부연후 유부자 유부자연후 유군신 유군 신연후 유상하 유상하연후 예의유소조 부부지도 불가이 불구야 고수지이항(有天地然後 有萬物 有萬物然後 有男女有男女然後 有夫婦 有夫婦然後 有父子 有父子然後 有君臣 有(君臣然後 有上下 有上下然後 禮義有所錯 夫婦之道 不可以不久也 故受之以恒)『주역』'서괘전'

재혼이 허락되지 않은 시기였음에도 둘째며느리의 재가를 허락합니다. 이듬해 이황이 세상을 떠나자 제자 이함형은 큰 깨우침을 주신 스승의 죽음을 애도하며 3년 동안 상복을 입고 그를 추모했습니다.

이황은 죽기 전에 비석을 쓰지 말고 조그만 돌에다 비문을 쓰라고 유언했는데 비문에는 '근심 중 낙이 있고 낙심 중 근심 있네. 자연으로 돌아가니 더 바랄 것이 무엇이랴'라고 쓰였습니다. 재산이 많음에도 직접 농사를 짓기도 하며 검소한 생활을 했던 이황의 마지막 말은 어떤 것을 선택해도 근심과 낙이 우리네 삶에서는 동전의 양면처럼 순환할 수밖에 없다는 뜻입니다. 상대를 바라보는 내 시선도 좋음과 싫음으로 이와 같을 수 있습니다. 그러니 내가 선택한 내 옆지기에게 최선을 다했을 때 나는 물론이고 우리 가정이 번성하면서 나 또한 존재의 기쁨을, 또 때로 슬픔을 느껴도 충분히 극복해 나갈 수 있겠지요.

워킹맘으로 워킹대디로 사는 오늘이 아무리 팍팍하게 느껴져도 내가 가장 친절해야 할 사람은 바로 나를 마주보고 있는, 즉 파트너십을 발휘해야 할 내 배우자입니다. 따로 또 같이의 개성을 존중하고, 신화학자 조셉 캠벨의 말처럼 상대에 대한 헌신이 아닌, 결혼으로 생성되는 '관계의 헌신'을 이해하며 안정된 가정의 장점을 누리는 지혜를 파트너십으로 나누면서 말입니다.

상사 리더십

제 3 장

윗사람이 무엇을 좋아한다면 아랫사람들은 좇아 그것을 더 좋아하게 되는 법이오. 군자의 덕은 바람과 같고 소인의 덕은 풀과 같아서 풀 위로 바람이 불면 풀은 반드시 쓰러진다고 했소.

—『맹자』 '등문공' 상

내가 한 말이 언어폭력이라고?

김 선 영

(맹자, 인항과 연후능개–사람은 잘못을 저지른 후에야 고칠 수 있다)

"본부장님, 이거 언어폭력 아닌가요? 어떻게 제게 그런 말씀을 하실 수 있는지."

L본부장은 귀를 의심했습니다. 일대일 면담으로 30여 분째 회의실에 시종일관 무표정하게 앉아 있던 H차장은 상사인 L이 자신에게 언어폭력을 했다고 말했습니다. 둘 사이에 무슨 일이 있었던 걸까요? 면담을 마치고 나온 L본부장은 팀원인 H의 말이 온종일 뇌리에서 떠나지 않았습니다. L은 떨리는 가슴이 진정되지 않아 누구라도 붙잡고 하소연하고 싶었지만 그럴 수도 없는 노릇이었습니다.

사건의 전모는 이러했습니다. L은 H에게 맡긴 프로젝트가 지지부진한 상태라 문제를 파악하기 위해 그날 오전에 미팅을 요청했습니다. 며칠 전 팀 회의에서도 H는 시종일관 눈길을 피하며 대답을 얼버무리는 모습을 보였는데, 이날도 어두운 표정으로 상사인 L이 하는 질문에 단답형으로만 반응했습니다. 프로젝트 진척 대책을 묻자 H는 이렇게 말했습니다.

"저는 주어진 상황에서 할 일을 하고 있는데 뭘 더 하라는 건지 모르겠네요."

L은 말했습니다.

"팀 프로젝트를 끌고 가야 할 역할이 있는데 이렇게 방어적이고 소극적인 태도를 보이시니 정말 답답합니다. H님에게 중요한 내부고객인 제게 이렇게 한다면, 외부 고객에는 어떻게 대응하실지 걱정이 되네요."

이 말에 H는 격앙되었고, L이 언어폭력을 했다고 그 자리에서 바로 대꾸했던 것이지요.

부적절한 말이 불러오는 사고

언어폭력이라는 말을 곱씹고 있던 본부장 L의 뇌리에는 '직장 내 괴롭힘 금지법'이 떠올랐습니다. 직장 내 괴롭힘이란 법률상 '직장에서의 지위 또는 관계 등의 우위를 이용하여 다른 근로자에게 고통을 주거나 근무 환경을 악화시키는 행위'로 규정되어 있습니다. L은 실제로 직장 내에서 일어나는 괴롭힘이 대부분 상급자의 부적절한 말로 야기되는 사고라는 것을 알고 있었습니다. 모욕, 명예훼손, 부당지시, 업무 외 강요, 폭언 등이 이에 해당합니다.

'내가 정말 언어폭력을 한 갑질 상사란 말인가? 혹여 H는 자신이 정말 위계에 의해 괴롭힘을 당했다고 여기는 것일까?'

말로만 듣던 언어폭력이라니, 자신에게는 가당치 않다고 생각하던 L은 답답하고 억울한 심정이었습니다.

남의 말을 안다는 것

L은 『맹자』를 꺼내 읽다가 '말'에 대한 언급에서 멈춰 섰습니다. 맹자는 왕도(王道), 즉 천하를 다스리는 참된 리더의 길을 가르쳤는데, L은 맹자가 통치자의 리더십에 관해 당대의 패자(霸者) 및 제후들과 주고받는 긴장감 넘치는 대담과 어록에 눈길이 갔습니다.

남의 말을 안다는 것은 어떤 의미입니까? 맹자가 대답했다. 편파적인 말을 들으면 그 말을 하는 사람이 어떤 것에 의해 가려져 있음을 안다. 도를 지나친 말을 들으면 그 말을 하는 사람의 마음이 어떤 것에 빠져 있음을 안다. 사특한 말을 들으면 그 말을 하는 사람이 올바른 도리에서 벗어나 있음을 안다. 둘러대는 말을 들으면 그 말을 하는 사람이 궁지에 빠져 있음을 안다. 이 네 가지의 말들은 마음에서 생겨서 정치에 해를 끼치게 되며, 정치하는 곳에 횡행하면 국가의 대사를 망치게 된다.[60]

L에게는 위 구절이 자신이 고민하는 문제와 직접 맞닿아 있는 것처럼 느껴졌습니다. 그도 그럴 것이 당면한 프로젝트 이슈와 직접 관련이 없는 H의 외부 고객 응대 태도를 끌어들인 자신의 언사는 '편파적인 말'이었단 걸 인정하지 않을 수 없었기 때문입니다. 그는 H의 신경을 거스르게 했을 말실수가 과거 H의 고객 서비스 업무 처리에 대한 자신의 부정적 경험에서 기인한

60) 하위지언 왈 피사지기소폐 음사지기소함 사사지기소리 둔사지기소궁 생어기심 해어기정 발어기정 해어기사 (何謂知言 曰 詖辭知其所蔽 淫辭知其所陷 邪辭知其所離 遁辭知其所窮 生於其心 害於其政 發於其政 害於其事) 『맹자』'공손추 상'

것임을 알아차렸습니다. 현재는 과거와 단절될 수 없지만, 당면한 문제 해결에 과거의 판단을 관련짓는 건 부적절하다는 사실을 L은 잠시 잊었던 겁니다.

맹자의 말에 비춰보면서 L은 H의 입장에 서 보았습니다. 그 결과, 언어폭력을 한 게 아니냐며 자신에게 화살을 겨눈 H는 자존감에 상처를 입고 '둘러대는 말'로 반격한 것임을 추측할 수 있었습니다. 맹자에 따르면, 그렇게 말한 H는 '궁지에 빠져 있다'라는 사실을 드러낸 것에 불과했지요.

자신과의 관계를 돌아보라

마음을 추스르고 평정심을 되찾은 L은 H와 대화를 할 때마다 부정적인 감정이 반복적으로 유발되는 이유가 궁금했습니다. 상사인 자신도 이러한 문제 패턴에 일부 원인제공을 한 부분이 있지 않을까 자문해보았습니다. 그래서 L은 소모적인 말 전쟁을 멈추고 H와 다시 한번 대화를 시도해보기로 했습니다. 자신의 태도에 따라 H와의 소통이 달라질 수 있다는 가능성을 믿어보기로 한 겁니다.

며칠 후, L은 H와 마주 앉았습니다. 그는 당면한 프로젝트와 직접 관련이 없는 사항을 언급해 H의 감정을 상하게 한 것과 논의 중인 문제의 핵심을 벗어나는 실수를 했다는 점을 인정하고 사과했습니다. 대신, 이번에는 대폭 수정이 불가피해진 프로젝트를 과거가 아닌 현재 시점에 집중해 논의했고, H가 팀에 바라는 지원이 무엇인지 질문했습니다.

아울러 '명확함이 친절한 것이다'(브레네 브라운 저 『리더의 용기』 p.75)라는 말을 기억하면서 H에게 최대한 분명하게 메시지를 전하려 애썼습니다. 즉, L은 회사가 프로젝트에 기대하는 바를 설명하고 H가 맡은 역할을 소홀히 하면 어떤 결과가 따를 것인지 명확히 전달한 것입니다. 이전과 달라진 상황에서 H가 자신의 선택이 미칠 영향을 확실히 이해하고 직시하기를 바랐기 때문입니다.

> 사람은 언제나 잘못을 저지른 후에야 고칠 수 있다. 마음으로 번민을 느끼고 이리저리 생각해 보고서야 분발하며, 낯빛으로 분명하게 나타나고 음성으로 터져 나온 후에야 깨닫게 된다.[61]

이 글귀를 읽으며 L은 누구나 실수를 저지를 수 있지만, 리더를 리더이게 만드는 건 자신의 취약성을 인정하고 드러내는 단단한 태도임을 상기했습니다. 사실 L은 불편한 상황을 회피하지 말고 과감히 문제를 직면하자고 스스로 마음을 다스렸었지요. H와 대화를 계획하고 실행에 옮기기까지 L에게도 상당한 용기와 준비가 필요했기 때문입니다.

잠시 혼란스러웠고 흔들렸지만, L은『맹자』의 지혜에 접속해 리더답게 행동할 수 있었습니다. 어려운 대화를 마무리한 L은 앞으로 펼쳐질 H와의 관계가 도전인 동시에 기회로 느껴졌습니다. 리더십은 지위나 권력에서 오는 게 아니라 구체적인 관계 속에서 담금질되고, 리더십 역량이란 문제의 현장 속에서 내딛는 용기의 보폭만큼 정직하게 나아간다는 걸 절실히 경험했던 덕분이지요.

---

61) 인항과 연후능개 곤어심 형어려 이후작 징어색 발어성 이후유(人恒過 然後能改 困於心 衡於慮 而後作 徵於色 發於聲 而後喩)『맹자』'고자 하'

리더십이 부족한 상사와 일하려면

김 준

(맹자, 소구어인자중–남에게 요구하는 것은 무겁다)

회사에 갓 취업한 A는 업무를 배우고 익숙해지기도 전에 같은 부서 과장이 다른 부서로 이동하게 돼 신임 C과장과 일하게 됐습니다. 막상 업무가 시작되고 보니 A는 C과장의 업무 속도와 일하는 방식을 가늠하기 어려웠습니다.

"과장님 이건 얼른 결재해주셔야 하는데요?"

"어, 알았어. 언제까지 해야 하는데?"

"이미 기간이 지나 다른 부서에서 독촉 전화가 계속 옵니다."

"알았어. 바로 할게."

타부서에서 공문이 넘어오지 않았다는 항의전화가 걸려올 정도로 상당수 공문이 늘 결재 대기 중이었습니다. 그런 탓에 A는 으레 과장의 결재 여부를 여러 차례 확인해야 했습니다. 정책 결정이 어려운 공문은 더 오래 과장 결재선에 머물러 있었습니다.

그러던 어느 날, 부장의 호출로 A는 미결재 상태 공문의 추가 설명을 위해 C과장과 같이 부장실에 들어갔습니다. 그런데 평상시에는 늘 표정이 여유로워 보였던 C과장이 막상 부장실에 들어갈 때는 몸이 불편한 듯 얼음처럼 굳어 보였습니다. 그 모습을 보고 A도 덩달아 긴장이 됐지만 A의 공문 제안 설명이 잘 됐는지 부장은 몇 가지 수치적인 질문을 하고 바로 결재했습니다. 결재를 무사히 받고 나자 A는 문득 의문이 들었습니다.

'과장이라면 결재 과정에서 내용을 파악하고 고민을 했을 텐데 왜 설명을 하지 못할까? 업무 성격이 다른 타 부서에서 갓 발령받은 탓에 업무에 익숙하지 않아 결정에 어려움이 있는 건가?'

A는 그런 생각을 하면서도 어떻게든 C과장을 이해하려 했지만, 온전히 납득이 되지는 않았습니다. 그런 일을 겪고도 주어진 업무에 대해 제대로 알려 하지 않고, 업무 중에도 개인적인 일에 몰두하는 C과장의 모습을 아무리 이해하려 해도 쉽지 않았습니다.

이제는 초급관리자야

탕비실에서 차를 들고 오던 C 과장이 A를 부르더니 책을 한 권 건넸습니다. 얼떨떨하게 서 있던 A가 받아든 책은 초급관리자의 업무추진에 관한 내용이었습니다.

과장이 말했습니다.

"우리 부서에서는 내가 너를 계장으로 대우할 테니, 결재하기 전에 부서 전체 업무에 대해 사전조율을 해주면 좋겠어. 이 책이 일 처리에 도움이 될 거야."

"아, 네. 그런데 과장님, 제가 입사한 지 2년도 안 됐고 직급도 낮은데 어떻게 계장급으로 일할 수 있나요?"

A의 반문에도 C과장은 명확한 대답 대신 책임을 떠맡기듯 서둘러 그 자리를 떠났습니다. 부서 내에 이미 직급자가 있었고 여러 상황을 고려해봐도 A는 이해할 수 없는 일이었습니다. 아니나 다를까 C과장의 계획은 며칠 후, 다른 직원들의 반발로 없던 일이 되고 말았습니다.

C과장의 그런 모습을 목격하면서 A는 그가 왜 일에 대해 성취동기도 낮고 무기력한지, 또 결정적일 때 직원들에게 업무를 미루는지 궁금하기 짝이 없었습니다.

상사와 리더의 차이

상사의 리더십은 조직 관리의 핵심적 요소입니다. 직장 상사가 갖추어야 할 리더십에 대해 맹자는 다음과 같이 이르고 있습니다.

> 윗사람이 무엇을 좋아한다면 아랫사람들은 좇아 그것을 더 좋아하게 되는 법이오. 군자의 덕은 바람과 같고 소인의 덕은 풀과 같아서 풀 위로 바람이 불면 풀은 반드시 쓰러진다고 했소.[62]

등나라 정공이 죽은 뒤 세자 문공이 장례 절차를 물었을 때 맹자가 답한 말입니다. 이 답 덕분에 세자 문공은 장례 절차에 대한 결단과 솔선수범으로 많은 이들의 인정을 받게 됩니다. 직장에서 상사의 리더십은 직원들에게

62) 상유호자 하필유심언자의 군자지덕 풍야 소인지덕 초야 초상지풍 필언(上有好者 下必有甚焉者矣 君子之德 風也 小人之德 草也 草上之風 必偃)『맹자』'등문공'

업무를 대하는 방식과 문제를 해결하는 방식 등 직간접적으로 다양한 영향을 미치게 됩니다.

맹자는 또 다음과 같이 말했습니다.

사람들의 폐단은 자기 밭은 버려두고 남의 밭의 김을 매는 것이니, 남에게 요구하는 것은 무겁고 스스로에게 책임지우는 것은 가볍기 때문이다.[63]

스스로 할 일을 버려두고 책임을 전가하는 리더십이 부족한 상사와 일하게 된 A는 자신이 상사가 된다면 어떤 자세와 마음을 지녀야 하는지 생각해보게 됐습니다. 또한, 리더의 방향성에 의해 조직이 춤을 춘다는 것도 다시금 깨닫게 됐습니다.

여러분이 팀장이라면 '팀장급의 직책인 나는 과연 탁월한 리더인가?'라는 질문을 해보고, 아직 팀장이 아니라면, 언젠가 팀장의 자리에 오를 때 리더상을 그려보며 리더십에 대한 공부를 계속하면 좋겠습니다.

---

63) 인병사기전이운인지전 소구어인자중 이소이자임자경(人病舍其田而芸人之田 所求於人者重 而所以自任者輕) 『맹자』'진심'

퇴사를 부르는 상사가 되지 않으려면

박 연 아

(맹자, 이덕복인자-덕으로 인을 실행하는 상사)

은행에 입사만 하면 모세의 기적처럼, 바닷물이 갈라지듯 어려움은 사라지고 행복을 향해 달려갈 거로 생각했던 G는 어느새 입사 5개월 차 신입사원입니다. 연수원에 있을 때만 해도 G는 은행원의 정직원 명찰을 가슴에 달고 자랑스럽게 근무할 꿈에 부풀었습니다. 전국의 수많은 지점 중 하필이면 인구 10만 미만의 소도시에 발령을 받았을 때도 직장생활이 이렇게 힘들 거라고는 전혀 생각하지 못했지요.

사실 취업을 준비할 때 G보다 먼저 은행에 입사한 친구들이 "은행은 정말 힘들어! 그러니 다른 기업 쪽으로 지원해봐!"라고 말하면 친구들이 정말 배부른 소리를 한다고 생각했습니다. G는 그래서 취직만 시켜주면 밤 10시까지도 힘들지 않게 일할 자신이 있다고 생각할 만큼 취업이 간절했습니다. 그렇게 바라던 직장이었거늘, 그의 기대는 입사한 지 일주일도 되지 못해 산산이 깨지고 말았습니다.

우선 직원이 많지 않다 보니 업무 이외의 허드렛일은 모두 신입사원인 G

의 몫이었습니다. 그뿐만 아니라 은행은 지방의 소도시에 있었지만 대부분 팀장을 비롯한 선배 직원들은 대도시에 가정을 꾸리고 있었습니다. 그렇다 보니 직원들은 주중에 은행에서 제공하는 숙소에서 함께 생활하고, 주말에야 각자 집으로 돌아가는 합숙을 하고 있었던 겁니다. 당연히 G도 퇴근하면 또 상사가 있는 숙소로 다시 출근하듯 가야 했습니다.

출근해도, 퇴근해도 상사의 눈치를 봐야 하는 신입사원 G의 생활은 진흙길과 같았습니다. 혼자 원룸을 구해 나가고 싶어도 개념 없는 사원이라는 오해를 받을까 봐 그러지 못했습니다. 낮에는 직장에서, 저녁에는 숙소에서 그야말로 24시간 상사들과 생활하는 듯 심리적 부담이 컸습니다. 저녁 시간이면 식사 준비며 설거지까지 G의 몫이었고, 저녁의 휴식도 맘 편히 할 수 있는 분위기가 아니었습니다.

그런 상황에서 G의 유일한 안식처는 자동차, 출퇴근길에 혼자 누릴 수 있는 자유의 공간은 오직 자동차뿐이었습니다. 그래서 퇴근길에 혼자 드라이브하며 일부러 숙소에 늦게 들어가기도 하고, 어떤 날은 출근길에 조금 일찍 출발해서 자동차 안에서 혼자만의 시간을 가지기도 했습니다.

내가 개념 없는 상사라고?

그렇게 신입사원의 힘겨움을 자신의 자동차 공간에서 겨우 견뎌내고 있던 어느 날, A팀장이 수도권에서 발령을 받아 내려왔습니다. 당연히 숙소도 같이 사용하게 되었지요. A팀장이 나이가 많음에도 진급에 실패하여 지방으로 좌천됐다는 소문이 무성했지만 G는 상관없었습니다.

그런데 웬걸, 하필 새로 온 A팀장이 눈치 없게도 매일 출퇴근길에 G의 자동차를 타는 거였습니다. 처음에 같이 타자고 했을 때 예의상 허락했는데 아뿔싸, 시간이 지나면서 이젠 당연한 듯 G를 기다렸다가 타는 거였습니다. G의 유일한 휴식처이자 직장생활의 숨통을 틔워줬던 소중한 시간을 A팀장이 몽땅 빼앗아 간 거지요. 그렇다고 A팀장의 자동차가 없는 것도 아니었습니다. 자신의 차는 주차장에 모셔놓고 만만한 G를 마치 운전기사처럼 여겼습니다.

이제 G는 자신의 자유를 방해하는 A팀장 얼굴만 봐도 화가 치밀고, 옆 좌석에 앉아 숨 쉬는 소리조차 듣기 싫었습니다. G는 하루에도 몇 번씩 "팀장님은 왜 자동차를 모셔두고 제 차를 타시는 거예요? 저 정말 불편해요."라고 말하고 싶었습니다. 하지만 부모님과 비슷한 연배의 A팀장에게 예의가 없는 거 같아 마음과는 달리 말 한마디 하지 못했습니다. 그저 '나는 나이 들면 절대 이러지 말아야지'라고 푸념하며 울며 겨자 먹기 식으로 A팀장과 동행했지요.

덕으로 마음을 얻는 상사

공자의 정통유학을 계승 발전시킨 맹자는 왕도정치의 이념을 실현하고자 했던 유학자였지요. 그는 공손추에게 덕으로써 인(仁)을 실행하는 왕자(王者)를 설명하며 이렇게 말합니다.

무력으로 사람을 복종시킨다면 사람들이 진심으로 복종하지 않고, 단지 자신의 힘이 부족해서 억지로 복종한다. 덕으로 사람을 복종시킨다면 진심으로 기뻐하며 진정으로 복종하니, 70명의 제자들이 공자에게 복종한 것이

그 예이다.[64]

A팀장은 그가 가진 직책에 부응하는 덕을 보이지 못했습니다. 그러다 보니 G는 물론 다른 직원들과 진정한 관계를 맺지 못하고 있었습니다. 하지만 G가 근무하는 은행에는 눈치 없이 그의 자동차를 빌려 타는 A팀장과는 달리 덕을 실천하는 B팀장도 있었습니다.

B팀장은 G가 실수로 현금지급기의 현금을 잘 못 계산해서 퇴근을 못하고 있을 때 말없이 다가와 늦은 시간까지 도와주는가 하면, 어떻게 알았는지 A팀장 일로 속상해할 땐 살짝 불러내 "힘들지? 조금만 지나면 괜찮아질 거야, 힘내!"라며 맥주를 사주며 위로해주기도 했습니다. 이렇게 자신의 힘든 마음을 알아주는 B팀장을 G는 무한 신뢰하게 됐고 B팀장의 일이라면 힘껏 돕기도 했습니다. 아울러 G는 자신이 팀장이 되면 B팀장처럼 힘들어하는 신입사원을 격려하고 배려하겠노라 다짐하기도 했습니다.

직책에 어울리는 덕

회사 생활을 하다 보면 직급과 상관없이 A팀장과 같은 동료나 동기를 만나기도 합니다. 더구나 그가 상사임에도 타인을 전혀 배려하지 않고 자기중심적으로 상황을 해석해 몰지각하게 행동하면 고개가 절로 돌려집니다.

회사는 짧지 않은 준비기간을 거쳐 어렵게 취업에 성공한 신입사원의 잠재력을 알아주고 조직 내에서 훌륭하게 성장하도록 도와야 합니다. 그럼에

64) 이력복인자 비심복야 역불섬야 이덕복인자 중심열이성복야 여칠십자지복공자야(以力服人者 非心服也 力不贍也 以德服人者 中心悅以誠服也 如七十子之孔子也)『맹자』'공손추'

도 상사의 갑질이나 여러 이유로 인해 신입사원들이 조기 퇴사하거나 이직하는 비율이 높아지고 있습니다. 구인구직 매칭 플랫폼 '사람인'이 약 500개 기업을 대상으로 조사한 결과에 따르면 전체 신입사원 10명 가운데 3명이 입사한 지 5개월 안에 퇴사하는 것으로 집계됐습니다. 특히 MZ세대 신입사원들이 1년 이내로 조기 퇴사하는 비율이 높다고 합니다.

물론 여러 이유로 그 같은 결정을 했을 것이고, 많은 선배가 서툰 업무와 구성원들에 적응하느라 고군분투하는 이들을 보면서 자신들의 신입사원 시절을 떠올리며 격려하고 이끌어주고 있는 것도 맞습니다. 그러나 일부 선배들의 행태, 신입의 정착을 도울 생각조차 하지 못하는 소인(小人)의 모습이 아쉽기만 합니다.

공자의 유학을 뒤이어 발전시킨 순자는 나라를 부유하게 하는 방법으로 예의의 중요성을 다음과 같이 강조했습니다.

> 그들의 덕은 반드시 그들의 지위에 어울려야 하며, 그들의 지위는 반드시 그들이 받는 녹에 어울려야 하며, 그들의 녹은 반드시 그들의 쓰임에 어울려야만 한다.[65]

더불어 "예의란 모든 직책에 따라 어울리는 대우를 하는 것"이라고 했습니다.

우리는 과연 어떨까요. 직장생활을 하면서 이름 대신 불리는 직책에 어울

65) 덕필칭위 위필칭록 록필칭용(德必稱位 位必稱祿 祿必稱用)『순자』'부국'

리는 덕을 실천하는지, A팀장과 B팀장 중 어느 쪽에 더 가까운지 함께 생각해보면 좋겠습니다.

돌아보지 못하면 바뀜을 당할 수도

정 예 서

(맹자, 문주일부주의-역할의 뜻을 행하지 않으면 팽 당한다!)

그가 저를 찾아온 건 겨울이 막 끝나고 봄이 오려는 시기였습니다. 저를 바라보는 눈빛이 어찌나 침울해 보이던지…. 그의 우울감은 깊어 보였습니다. 40대의 그는 회사에서 부장이라고 했습니다.

"직장생활 17년 동안 정말 최선을 다해 일했어요. 주재원으로 생활하는 동안에도 인사점수가 높았습니다. 승진도 남다르게 빨랐고, 제가 엘리베이터를 타고 오르는 중이라는 걸 의심하지 않았어요. 휴일도 반납하고 일에만 집중해서 높은 성과를 낼 수 있었던 거고, 회사에서도 그걸 알아줘서 본부장 승진이 거의 확정이었는데…."

뒷말을 잇지 못하고 그는 한동안 말없이 앉아 있었습니다.

"승진시험도 잘 치른 거 같았는데…. 저보다 학벌도 안 좋고 성과도 없는 다른 사람이 그 자리에 내정됐다는 소문이 돌 때도 설마 했는데, 정말 그런 일이 일어났습니다. 완벽주의자라는 말을 들을 정도로 일했는데…. 승진인사 공지를 보고 여태껏 제가 뭘 했는지 알 수 없었어요. 선생님, 제가 무얼 잘못한 걸까요?"

"승진이 될 거라고 확신하고 계셨다면 실망이 크셨겠어요. 혹시 상사에게 그 이유를 물어보셨나요?"

"네, 상무님께 여쭤봤는데, 성과가 있으니 다음에는 꼭 될 거라고, 직원들과 좀 쉬어가며 일하라고 애매한 말씀만 하시더라구요."

그와의 첫 상담에서 제가 주목한 건 그가 쓰는 단어가 온통 성과를 나타내는 수치나 그동안 자신이 이룬 성취에 국한된다는 거였습니다. 우수한 성적으로 명문대를 졸업하고 최종 목표가 회사의 임원이었던 그는 자신이 목표한 대로 뒤도 옆도 돌아보지 않고 쉼 없이 성취지향으로 달려왔습니다. 그랬던 그였기에 성공이 바로 목전에 있는데 인사에서 탈락했으니, 그 후유증이 너무 컸던 거였지요.

그는 10회기의 상담을 통해 지난 회사생활을 스스로 반추하게 됐습니다. 상담 중간쯤, 그는 자신이 본부장 승진 심사에서 왜 탈락했는지 그 이유를 알고 다시 주저앉았습니다.

내침을 당할 때는 팀장이 아닌 그저 구성원에 불과하다

그가 승진 대상에서 가장 유력한 본부장 후보였던 건 사실이었습니다. 그런데 사내에 그가 본부장으로 승진할 거라는 소문이 돌면서 인사부에 여러 통의 투서가 들어왔습니다. 그는 후에 여러 경로를 통해 투서의 내용을 파악할 수 있었는데, 팀원을 혹사시키고 모든 성과를 자신의 공으로 돌리는 안하무인이라는 게 투서의 공통점이었습니다. 더 놀라웠던 건 그가 본부장으로 승진하면 퇴사를 고려하겠다는 투서도 있었던 겁니다.

동양의 현자 중 특히 리더십을 깊게 연구한 맹자는 백성을 귀하게 여기지 않는 군주는 교체해야 한다는 '민본주의적 혁명론'을 주장했습니다. 이는 맹자가 제왕 리더십을 코칭하며 7년이나 함께했던 제선왕과의 대화에서도 잘 드러납니다.

제선왕은 맹자에게 "탕이 걸을 내쫓고 무는 주를 정벌했다는데, 정말 그런 일이 있었소?"라고 묻습니다. 예상치 못했던 제선왕의 질문에 맹자는 잠시 침묵하다 "고서에 그리 기록돼 있습니다. 은나라를 세운 탕은 하나라의 포악한 군주 걸을 내쳤고, 주나라를 세운 무왕이 부패한 은나라의 주왕을 정벌한 건 역사적 사실입니다."라고 대답합니다.

맹자가 그 사실을 어찌 생각하는지 몹시 궁금했던 제선왕의 질문에 맹자가 그 같이 대답하자 제선왕은 다시 "어찌 신하가 군주를 죽일 수 있는가?" 하고 묻습니다. 맹자는 또 이렇게 답합니다.

인을 해치는 자를 적이라 하고 의를 해치는 자를 잔이라고 하며 잔적한 자를 일개 사내라 하니, 일개 사내에 불과한 주를 베었다는 말은 들었어도 신하가 군주를 죽였다는 말은 제가 일찍이 듣지 못하였습니다.[66]

제선왕은 맹자의 대답에 더 이상 반문하지 못하고 생각에 잠깁니다. 사실

66) 탕방걸 무왕벌주잔적지인위지일부문주일부주의미문시군야(湯放桀 武王伐紂 殘賊之人謂之一 夫聞誅一夫紂矣 未聞弑君也)『맹자』'양혜왕'

제선왕의 이 질문은 신하가 왕을 죽이는 게 군신의 도리에 어긋나지 않느냐라는 속내를 감춘 질문이었고, 어느 정도 정해진 답을 기대한 것이었습니다. 그 때문에 좌중은 맹자의 대답이 과연 어떠할지 숨죽여 듣고 있었는데 맹자는 지금 들어도 무릎을 칠 수밖에 없는, 현답을 한 것입니다.

군주답지 못한 군주는 더 이상 군주가 아닌 필부에 불과하기에 신하와 백성에 의한 역성혁명은 당연하다는 거지요. 자신의 공과와 상관없이 왕, 즉 리더의 권력이 있으니 아무도 해할 수 없다는 시선에서 멀리 벗어난 맹자의 대답은 제선왕에게 새삼 역할의 막중함을 일깨워준 것입니다.

여러 사정으로 제나라를 7년이나 떠나지 못한 맹자는 그럼에도 제선왕과 관계가 그다지 나빠 보이지는 않습니다. 맹자가 머물려면 그 나라에서 몇 가지 수용해야 할 조건이 있었는데, 제선왕이 그 조건들을 수용했으니 어찌 보면 맹자를 의지했던 것이라 할 수 있지요. 하지만 맹자의 코칭은 늘 이렇게 신랄해 후대의 왕 중에는 맹자를 너무 싫어해서 제사를 못 지내게 하는 일도 있었습니다.

맹자의 말은 오늘날의 모든 리더에게도 적용되는, 지위 즉 직급의 역할을 일깨우는 날카로운 지적입니다. 직장의 리더가 덕을 쌓지 못하면 그 역할을 벗어난 한 사람의 개인에 불과하니 내침을 당해도 타당하다라는 뜻인 거지요. 몇 천 년 전이나 현대를 살아가는 지금이나 여전히 리더의 덕목은 변함이 없으니 참으로 놀랍습니다.

"회사에서 원하는 성과를 냈을 뿐인데, 어이가 없네요. 상급자는 그래야 하는 거 아닙니까? 회사에서 중요한 게 또 뭐가 있나요? 아, 진짜 염증이 납니다. 그런 저를 독려했던 윗분들도 이제는 저를 외면하고, 제가 유능해서 좋다던 직원들도 제게 칼을 꽂고…. 출근하는 게 죽기보다 싫어요. 당장 무얼 해야 할지 모르겠지만, 이제는 사표를 써야 하는 걸까요?"

"이제껏 열심히 하셨는데 무척 속상하실 거 같습니다. 누구나 처음부터 부하직원이나 팀원의 마음을 헤아릴 수 있는 건 아닙니다. 차차로 돌아보게 되는 거지요. 특히 임원급에서는 목표만 생각하고 앞만 보고 달려가시는 분들이 많습니다. 성과를 내야만 존재감이 드러나니까요. 저도 한때 그랬구요."

"그렇다면 제가 잘못한 게 있다는 말씀인 거지요?"

"그렇게 단정적으로 말씀드리긴 어렵고, 아직 젊으시잖아요. 이제 찬찬히 되짚어보면서 리더의 덕목을 점검하는 계기로 삼으면 어떨까요? 이제껏 이룬 성과가 있으니 충분히 다음을 기약할 수 있으실 겁니다."

그는 지난날 성과 위주로 달려왔던 여러 일화를 역할극을 통해 객관적으로 볼 수 있게 됐습니다. 그러면서 본인을 늘 무대에 세우고 싶어하고 직원들에게 야근을 빈번히 시키는 건 물론, 좋은 의견을 내는 부하직원들의 노고를 인정하지 않던 자신의 맨얼굴을 마주하게 됐습니다.

군자중용 소인반중용

상담이 중반쯤 이른 어느 날, 그는 말했습니다.

"직원들이 처음부터 저를 피했던 게 아닌데 이렇게 많은 사람 마음을 아프게 했을 줄은 몰랐습니다. 성과를 인정하는 것도 너무 인색했고 상처 주는 말도 많이 했네요. 저는 좌우를 살펴주는 상사가 아니라 앞으로만 질주하는 기차였어요."

그의 눈이 붉게 충혈돼 있었습니다. 그가 그 대목까지 오도록 내내 기다리며 상담했던 저는 그 말이 더할 나위 없이 반갑고 고마웠습니다.

또 그는 역지사지의 마음으로 '마법의 대화 포스텝'을 통해 대화, 즉 일방향이 아닌 양방향 소통법을 처음부터 다시 배우기 시작했습니다. 제가 기업 현장에서 '마법의 대화 포스텝' 강연을 통해 개인의 소통 진단을 해보면 많은 상사들이 스스로 소통을 잘한다고 생각하지만 실상은 늘 일방향인 경우가 많습니다. 리더들은 스스로가 구성원을 배려해 말한다고 여기지만, 실제 자신이 어떻게 말하는지 인식하기가 쉽지 않기 때문입니다.

어떻게 사과할까?

이제껏 성취 위주로 달려온 또 다른 자신의 얼굴을 반추해본 그는 변화를 위해 무엇을 해야 할지 연구하기 시작했습니다. 상처받았다고 생각하는 그 시간 안에 자신을 가둬두지 않고 무엇이 문제인지를 파악해 앞으로 나아가려 하는 그를 저도 응원하는 마음이 되었지요.

맹자의 스승이었던 공자는 "태어나면서부터 저절로 아는 자[생지(生知)]가 으뜸이요, 배워서 아는 자[학지(學知)]는 그 다음, 벽에 부딪치고 나서야 배우는 자[곤지(困知)]는 또 다음, 벽에 부딪쳐서도 배우지 않으려는 자는 가장 못난, 하우(下愚) 사람이다."[67]라고 이르고 있습니다.

---

67) 孔子曰 生而知之者上也 學而知之者次也 困而學之又其次也 困而不學民斯爲下矣(공자왈 생이지지자상야 학이지지자차야 곤이학지우기차야 곤이불학 민사위하의)『논어』'계씨'

이제 그는 성과만을 저울에 달던 자신의 가치관을 바로 잡았습니다. 그리고 어떤 일을 하기 전 숨을 고르며 생각하고 일을 마친 후에는 반드시 돌아보고자 했습니다. '나만'에서 '우리'의 시각으로 회사생활을 시작하게 된 것입니다.

공자보다 무려 40여 년이나 어렸던 제자, 증자는 이렇게 말합니다.

나는 날마다 세 가지 점에 대해 자신을 반성한다. 남을 위하여 일을 도모하면서 진심을 다하지 못한 점은 없는가? 벗과 사귀면서 신의를 지키지 못한 일은 없는가? 배운 것을 제대로 익히지 못한 것은 없는가?[68]

저 또한 아직도 1년에 두어 번은 말실수를 하고 집으로 돌아가는 차 안에서 머리카락까지도 숨기고 싶을 만큼 부끄러울 때가 있습니다. 그러나 우리가 동물과 다른 것은 돌아볼 수 있는 힘, 즉 반성할 수 있는 힘이 있다는 거지요. 증자처럼 하루에 세 번 진심을 다하지 못한 거, 신의를 지키지 못한 거, 배운 것을 실천하지 못한 거에 대한 부끄러움을 알고만 있어도 우리는 더 평화로워질 수 있습니다.

북극성의 리더십

수많은 정치 지도자들을 만났던 공자는 논어 위정(爲政)편 1장에서 다음과 같이 말합니다.

---

68) 오일삼성오신 위인모이 불충호여 붕우교이불신호 전불습호(吾日三省吾身 爲人謀而 不忠乎與 朋友交而不信乎 傳不習乎)『논어』'학이'

덕(德)으로써 정치를 행함은, 비유컨대 북극성이 제자리에 가만히 있는데도 뭇별들이 그를 향하는 것과 같다.[69]

멋진 비유가 아닐 수 없습니다. 비단 정치의 리더십뿐 아니라 기업, 가정 등 어느 조직에서도 적용될 수 있는 말입니다. 내 필요에 따라 오라 가라 하는 게 아닌, 덕으로 구성원을 대하면 북극성처럼 그 자리를 지키고 있어도 구심점을 중심으로 균형 잡힌 팀워크가 형성되는 건 자명합니다.

이처럼 덕을 쌓는다는 말에는 항구적인, 시종일관의 태도가 함의되어 있는 것이지요. 현대사회의 위정자들이 그야말로 북극성으로 삼아야 할 말입니다.

타인을 향한 태도가 곧 나를 대하는 타자의 태도

누구라도 편안히 말을 건넬 수 있는 인품을 지닌 리더가 되기 위해 우리가 기억해야 할 말은 구이경지(久而敬之)입니다. 이 말은 『논어』 공야장에 수록된 말로, 공자가 제자들에게 제나라 재상 안영을 두고 "사람을 사귄 지 오래되어도 한결같이 일관된 태도, 공경(恭敬)으로 대하는구나."(晏平仲善與人交 久而敬之, 안평중선여인교 구이경지)라고 칭찬한 데서 유래했습니다.

승진에서 탈락한 부장이 17년간 성과를 내면서 구성원들에 대한 공경의 우의가 있었다면 본부장 승진이 가능했겠지요. 긴 상담은, 구이경지(久而

69) 위정이덕 비여북신 거기소이중성공지(爲政以德 譬如北辰 居其所而衆星共之) 『논어』 '위정'

敬之), 타인을 향한 태도가 곧 나를 대하는 타자의 태도가 된다는 걸 그가 다시금 이해하는 시간이었습니다. 그러니 그에게 상처받은 팀원들에게 어떻게 사과해야 할지 잘 알게 된 거지요.

독자 여러분도 덕으로 관계를 맺기보다 요즘처럼 변화무쌍한 직장 날씨에 따라 내 이익을 위한 관계를 밀고 당기고 있지 않은지, 이 글에 등장하는 선인들의 글과 더불어 살펴보시면 좋겠습니다.

자본주의 사회에서 내 연봉 지키는 법

제 4 장

네거리에서 헤매는 자는 목적지에 이르지 못하고, 두 임금을 섬기는 자는 아무에게도 받아들여지지 않을 것이다. 두 눈은 각기 두 가지를 보지 않기 때문에 밝게 보이고, 두 귀는 각기 두 가지를 듣지 않기 때문에 분명히 듣게 되는 것이다.

— 『순자』 '권학'

주식으로 잠 못 이룬다면

차 경 숙

(순자, 군자경기재기자 – 나에게 달린 것에 힘쓰기)

그날, 번개 모임 장소에 도착하니 J선배는 무슨 일이 있는지 싱글벙글 기분이 좋아 보였습니다. 아니나 다를까, 몇 년 전 상장폐지로 휴짓조각이 되었던 주식이 다시 거래가 재개되어 생각지도 않은 공돈이 생겼다는 것입니다. J선배는 자타공인 주식의 고수입니다. 마치 무협소설처럼 다채롭고 흥미진진한 그의 주식 무용담을 듣고 있노라면, 자신도 그 주인공이 되고 싶게 만들었습니다. 한편 자신도 이러다가 벼락 거지로 전락하는 건 아닌지 O과장은 초조했습니다. 벼락 거지란 자신의 소득에 별다른 변화가 없었음에도 부동산과 주식 등의 자산 가격이 급격히 오르면서 상대적으로 빈곤해진 사람을 자조적으로 가리키는 신조어입니다.

초심자의 행운

코로나바이러스가 전 세계를 덮친 초유의 사태에 주식 거래량이 폭발적으로 증가했습니다. 특히 동학 · 서학 개미라고 불리는 개인 투자자들이 저금리로 빌린 돈으로 매일 1조 이상 주식을 매수하며 사회 초년생부터 주부, 대학생까지 뛰어들자 O과장의 마음도 바빠졌습니다. 더 늦기 전에 O과장은 인터넷 방송과 신문기사를 보며 주식의 기본부터 익혀 나가기로 했습니다.

먼저 관련 어휘를 익히고, 차트 보는 법과 기업 실적 및 가치를 나타내는 지표 읽는 법을 알게 되자 비자금을 털어 주식을 매입하기 시작했습니다. 전문가의 조언대로 포트폴리오를 구성하고 매입 계획을 세웠지만, 막상 직접 해보니 계획대로 되지 않았습니다. 하지만 '주식은 인내심이 있는 사람이 이기는 게임'이라는 워런 버핏의 말을 매일 새기며 아침 일찍 일어나 미국 주가와 환율, 유가 등의 정보를 확인하고 증권가의 리포트와 공시정보, 경제기사를 읽으며 시장 동향을 분석했습니다. 퇴근 후에는 그날의 장을 검토하고 손익을 점검한 뒤 저평가된 기업을 찾아보는 등 다음 날 매매 전략을 세웠습니다.

이렇게 매일 노력한 덕인지 초심자의 행운인지 O과장의 주식계좌잔고는 적금과 비교할 수 없는 높은 수익률로 늘어났습니다. 자신감이 붙은 O과장은 적금을 해지하여 주식투자로 전환했습니다.

추락하는 주식 그리고 인문학

끝나지 않을 것 같던 저금리 시대가 금리 인상 랠리의 시작으로 막을 내리자 주식시장도 덩달아 출렁거렸습니다. 무슨 일이 일어나는지 알아차리기도 전에 O과장의 알짜 주식들은 매일 추락했고, O과장은 밥맛과 밤잠을 잃었습니다. 그 와중에도 상승세를 유지하는 주식들이 있었지만 O과장의 주식계좌잔고는 퍼렇게 멍들기 시작했습니다. 마침내 O과장의 인내심이 바닥을 드러냈습니다.

"주식 못하겠어."

어느 날 이른 아침, 불면으로 충혈된 눈으로 O과장은 기권을 선언했습니다. 아내는 주식의 고수인 J선배와 상의하길 권했습니다.

"지수가 다 내려가는데 그 형이라고 뾰족한 수가 있겠어? 돈 더 날리기 전에 지금이라도 손절하고 주식 안 할 거야."

말은 그렇게 했지만, O과장은 퇴근 무렵 J선배에게 전화를 걸었습니다.

"전 주식이랑 안 맞나 봐요. 그냥 다 팔고 손 떼려고요."

"주식, 쉽게 버는 듯 보이지만 공부도 끊임없이 해야 하고 마음 수양도 필요해. 이렇게 장이 나쁠 땐 당분간 장 쳐다보지 말고 책이나 보는 건 어때?"

J선배는 주식으로 성공하려면 숫자로만 된 지표 너머에 있는 스토리를 읽고, 그 스토리와 함께 꿈꿀 수 있어야 한다면서 책 한 권을 권했습니다. 기대했던 이야기는 아니었지만, 귀갓길 서점에 들른 O과장은 중앙에 쌓인 주식 관련 책들을 지나쳐 인문학 코너로 향했습니다. 선배가 말한 책이 『순자』였기 때문입니다. 베개로 써도 될 만한 책의 두께에 흠칫 놀란 O과장은 살까 말까, 책장을 뒤적였습니다.

군자는 자기에게 달린 것에 힘쓰고 하늘에 달린 것은 흠모하지 않기 때문에 날로 발전한다. 소인은 자기에게 달린 것은 버려두고 하늘에 달린 것을 흠모하기 때문에 날로 퇴보한다.[70]

---

70) 군자경기재기자 이불모기재천자 시이일진야. 소인착기재기자 이모기재천자 시이일퇴야(君子敬其在己者 而不慕其在天者 是而日進也. 小人錯其在己者 而慕其在天者 是以日退也)『순자』'천론'

펼쳐진 책장 사이로 언뜻언뜻 보이는 구절은 생각보다 흥미로웠습니다. 그러다 마주친 이 문구에 감전된 듯 손이 멈췄습니다. 예측 불가한 주가 변동성을 마치 자기에게 달려있어 통제할 수 있는 거로 착각하고 애태우는 자신에게 하는 말 같았기 때문입니다.

순자의 욕망 통제법

주식투자자의 나이가 갈수록 어려지고 있습니다. 2020년 1분기 주식 활동 계좌의 50% 이상을 20~30대가 차지하고 있을 정도지요. 아무리 열심히 일해도 노동 소득만으로는 주택을 살 수 없는 2030세대도, 길어진 노후생활이 막막한 중장년층도 돈이 돈을 버는 자본 소득의 전쟁에 너도나도 뛰어들고 있습니다. 이렇듯 자신의 욕망을 채우기 위해 '각자도생'하는 상황은 전국시대(戰國時代)에도 마찬가지였나 봅니다.

정치적 혼란이 극에 달한 전국시대 말기를 살았던 순자는 동양사상가로서는 드물게 인간의 욕망을 본성으로 인정했습니다. 본성이 악하다는 주장을 했다고 알려졌지만, 순자의 본성론을 잘 살펴보면 욕망 자체를 선하게도 악하게도 보지 않았습니다. 다만 타고난 욕망을 다스리지 못하면 편험패란(偏險悖亂) 즉 남이 잘되는 것을 미워하며 서로 다투고 빼앗는 사회로 전락하므로 법과 예의로 욕망을 관리해야 한다고 했지요. 순자는 그런 법과 예의를 만들고 따를 수 있느냐에 따라 군자와 소인을 구별합니다.

군자는 일정한 법칙을 따라가고 소인은 그 공적을 따진다.[71)]

71) 군자도기상 이소인계기공(君子道其常 而小人計其功) 『순자』 '천론'

군자라면 자신이 정한 원칙과 도리를 지킬 뿐 그 결과에 일희일비하지 않습니다. 그런데 자신이 세운 원칙을 지키는 게 보기보다 참 어렵습니다. 욕망에 쉽게 눈이 멀기 때문이지요.

주식투자의 가장 기본적인 원칙은 '올팔내사'입니다. '올라갈 때 팔고 내려갈 때 사라'는 쉽고 간단한 원칙이지만 올라갈 땐 더 많이 벌고 싶은 욕망에, 내려갈 땐 판단을 마비시키는 공포에 지배받기 때문에 오히려 반대로 실행해버리기 일쑤지요.

나에게 달린 것에 집중하기

순자처럼 '우리에게 달린 것들과 달리지 않는 것들'의 구분을 말한 철학자가 그리스에도 있습니다. 『스타벅스에서 철학 한잔』(함께성장인문학연구원 | 달의뒤편)에 소개된 에픽테토스는 '스스로 경계를 정하는 주체적인 삶의 태도'를 배우라고 합니다. 에픽테토스와 순자의 주장을 합하면 '정리평치'(正理平治)의 원칙, 즉 '나에게 달린 일(자신이 할 수 있는 일)과 하늘에 달린 일(자신이 통제할 수 없어 공연히 애태울 필요가 없는 일)을 구분하여 욕망에 끌려다니지 말라'고 정리할 수 있습니다.

O과장은 주식투자를 시작하면서 세웠던 자신만의 원칙을 돌이켜보며 '도기상'(道其常, 일정한 법칙을 따르는 자세)이 지켜지지 않았음을 깨달았습니다. 자신이 보유한 주식은 오르길 원하는 한편, 매수하고 싶은 주식은 떨어지길 바라는 허망한 욕망에 끌려다니며 주식을 예측하고 계획을 변경하니 맞을 리가 없었지요. 그럼, 결과에 따라 자신이 세운 원칙을 흔들지 않고 자신에게 달리지 않은 것을 자기 것으로 착각하지 않기 위해서는 어떻게 해

야 할까요?

O과장은 '경기재기자'(敬其在己者, 나에게 달린 것에 힘쓰기)의 자세로 자신이 지금 하는 일에 집중하기로 했습니다. 오늘 나에게 주어진 시간도 제대로 사용하지 못하면서 내일 더 나은 사람이 되길 바랄 수 있을까요? 생각해보니 식사시간, 대화시간, 근무시간, 여가, 잠자는 시간까지 주체적으로 힘쓰지 못할 일이 없습니다. 주식거래에는 원칙을 지키고 내 손 안에 들어온 시간은 허비하지 않기. 벽돌처럼 무거운 『순자』 책에서 얻은 비법이 O과장의 마음에 꽤 들었습니다.

내 이익을 버리고 타인을 배려할 수 있는가?

강효주

(순자, 영예와 치욕–정의를 우선으로 두고 개인적 이익을 뒤에 둔다)

B부장을 포함한 인사팀 직원들이 새로운 복리후생 정책을 논의하기 위해 회의실에 모였습니다. 그날의 뜨거운 토론 주제는 '자녀학자금 제도'와 '직원학자금 제도' 중 무엇이 더 중요한가에 대한 거였습니다.

구성원이 다르듯 의견도 달랐습니다. '자녀학자금 제도'가 더 중요하다는 의견은 '우리나라 직장 복리후생 중 가장 상징적인 제도이고, 가계의 부담을 덜어주므로 이로 인해 회사에 대한 로열티가 향상된다'는 거였습니다. 또 다른 의견은 '회사를 이끌어 나가는 동력은 직원이므로, 직원의 학습을 통해 역량을 향상하도록 지원하는 것이 더 합리적이다'라는 거였지요.

두 주장 다 논리가 있지만 그들의 면면을 들여다보면 좀 더 쉽게 이해가 됩니다. 자녀가 있는 부모의 입장과 대학원에 다니는 샐러턴트(낮에는 일하고 밤에는 공부하는 사람)인 직원의 입장이 각각 투영된 주장이었으니까요. 그들은 자신에게 더 이익이 되는 안이 선택 가치가 되고 그 때문에 상반된 의견을 내게 된 거지요.

나의 이익을 버리더라도 정의로울 수 있는가?

우리는 이처럼 가치관 또는 이익의 차이로 갑론을박을 벌이는 현장을 자주 목격하게 됩니다. 대부분 자신이 처한 환경에서 가장 필요한 것이 가장 중요한 것이 되고, 그렇게 결정됩니다.

B부장은 이런저런 과정을 살펴보며 문득 '과연 내 이익을 버리고서라도 정의로울 수 있는가?'라는 질문을 던져보았습니다. 한 예로 대통령 선거에 나선 후보의 공약을 확인할 때, 대부분 내게 더 필요한 정책을 우선 살펴보게 됩니다. 내 이익과 관계없는 또는 배치되는 정책이더라도 약자에게 좋은 정책을 내는 후보를 지지할 수 있느냐는 질문과 우리는 한번쯤 만났을 것입니다. 과연 이기적인 개인의 욕망이 거시적 안목의 정책을 수용할 수 있는가라고 자문하면서 말입니다.

순자의 영예와 치욕

순자는 우리가 살아가는 일상의 심리적 바탕이 되는 평안과 위태로움, 이로움과 해로움의 원인을 영화로움과 치욕스러움, '영욕지대분'(榮辱之大分)으로 크게 나누고 다음과 같이 일렀습니다.

정의를 우선으로 두고 개인적인 이익을 뒤에 두는 것을 '영예'라고 한다. 개인의 이익을 우선으로 두고 정의를 뒤에 두는 것을 '치욕'이라 한다. 개인의 이익보다 다수의 의로움을 쫓으면 영예롭다. 그는 늘 의로움을 지키느라 성실할 수밖에 없어 모든 게 이롭게 되어 편안해진다. 자신의 이익을 쫓는 자에겐 위태로운 치욕이 있어도 모두를 위한 의로움을 위한 행위에는 치욕이 없다. 이(利)를 쫓는 소인에게 권력은 있을 수 있어도 모두의 의(義)를 선택했을 때 오는 영예는 누릴 수 없다. 이처럼 영예로운 사람은 언제나 형통해 남을 다스리지만, 치욕스러운 자는 언제나 곤궁하고 남에게 부림을 당한다.[72]

직장에서 개인과 집단의 이익의 눈금을 재며 영예와 치욕을 수없이 오가는 '영욕' 선택의 시험대에 오르게 되는 우리. 순자의 말을 되새기며 스스로에게 '나는 영예를 추구하려고 하는가'를 물어본다면 눈앞의 이익보다 모두에게 의로운 일을 선택할 용기를 낼 수 있지 않을까요? 멀리 보면 그 선택이 개인의 성장과 내가 속한 조직의 발전에 기여하는 길이라는 걸 의식적으로 되새기면서 말이지요.

영예를 추구하는 사람들

전례 없던 코로나바이러스로 전 세계가 공황 상태인 시기, 자신의 안전이 너무나도 중시되는 이때 의료지원에 자발적으로 나선 간호사의 인터뷰를 본 적이 있습니다. 가족들의 만류에도 불구하고 그들이 현장을 자원한 이유는 '국가적인 위기상황에서 내가 해야 할 일을 할 뿐'이라는 직업의식이었습니다.

이처럼 자신보다 타인을 먼저 생각하는 영웅을 우리는 곳곳에서 만날 수

72) 영욕지대분 안위리해지상체 선의이후리자영 선리이후의자욕 영자상통 욕자상궁 통자상제인 궁자상제어인 시영욕지대분야(榮辱之大分 安危利害之常體 先義而後利者榮 先利而後義者辱 榮者常通 辱者常窮 通者常制人 窮者常制於人 是榮辱之大分也)『순자』'영욕'

있습니다. 노점상을 하면서도 수입 일부를 몇십 년 동안 익명으로 기부하거나 매년 농사지은 쌀을 이른 새벽, 몰래 소방서에 놓고 가는 분, 그들이 추구하는 건 혼자만의 안위가 아닌 어려운 이웃에 대한 깊은 배려입니다. 이분들이야말로 '영예'를 실천하는 분들인 거지요.

치욕을 거스르지 못하는 사람들

얼마 전 뉴스를 통해 접한, 한 회사원의 거액 공금 횡령 사건은 국민 모두를 놀라게 했습니다. 회사 자본금의 대부분을 개인계좌로 빼돌리고, 그 자금으로 주식에 투자하고 금괴를 사들인 대범함은 우리를 며칠째 뉴스에 주목하게 했습니다. 대기업에서 건설 중인 아파트의 외벽이 붕괴되어 많은 희생자가 발생한 사건도 연이어 일어났습니다. 이 붕괴사건은 안전을 위한 올바른 조치를 하지 않은 것이 가장 큰 원인으로 밝혀졌습니다. 건설사와 시공사 그리고 다양한 이해관계자들이 그들의 이익에만 눈이 멀어 중간 과정을 생략하거나 비용을 아끼는 방법으로 제대로 된 시공 절차를 지키지 않아 발생한, 충분히 사전에 막을 수 있는 인재였습니다. 추운 겨울, 가족의 품에 돌아가지 못하고 공사 현장에서 실종된 가장들을 떠올리며 우리는 마음 아파했습니다. 이처럼 영예에 반하는 치욕의 욕망을 다스리지 못해 일어나는 사례들이 좀처럼 줄어들지 않고 있고 안타깝게도 우리 사회를 좀먹는 폐악(弊惡)이 되고 맙니다.

연봉 앞에 소인이 될 수밖에 없는 직장인

B부장은 얼마 전 회사 합병 프로젝트에 참여했습니다. 각 사에서 온 참

여자들이 몇 달간 모여 가장 합리적이고 바람직한 인사제도 구축을 위해 논의했습니다. 많은 인사제도 중 원활한 협의가 어려웠던 부분은 다름 아닌 연봉 정책이었습니다. 각 사의 급여 구조가 상이하고, 어떤 정책을 채택하느냐에 따라 조직별로 유불리가 나뉘기에 그 논의 과정은 민감할 수밖에 없었습니다.

B부장은 피합병 법인의 인사 담당자로 그 자리에 참여했지만, 새로 설립할 회사에 소속될 예정이기도 했으므로 합병 전 법인의 직원에게 이익이 되는지와 합병 후 전 직원에게 이익이 되는지를 모두 고려해야 하는 입장에 놓였습니다. 모든 직장인의 마음이 그렇듯 연봉 앞에서 작아질 수밖에 없는지라 처음에는 각사에서 가장 좋은 제도를 합하여 이상적인 연봉 정책을 우선순위에 올렸습니다. 그러면 구 소속 직원들의 이익을 보장할 수 있고, 피합병사의 이익도 그대로 유지할 수 있게 되므로 바람직한 안이었습니다. 그럼에도 연봉 정책을 바라보는 담당자들의 시각이 모두 상이하였기에 쉽게 결론에 도달하지 못했습니다.

인사 담당자들은 긴 논의를 거친 끝에 합병 후 더 많은 직원에게 유리한 인사제도를 채택하면서 연봉제도 정비를 마무리했습니다. 하지만 신규로 통합된 회사의 인사정책이 모두를 만족시킬 순 없었습니다. 단, 연봉처럼 민감한 사안은 한 사람이라도 더 많은 직원에게 이익이 되는 방향으로 결정해야 한다는 데에는 중지를 모을 수 있었습니다.

타인을 위한 마음의 실천

B 부장은 오랜 기간 직장인으로 살며 타인에게 손해를 끼친 적은 없지만

그와 상관없는 타인을 위해 봉사하거나 사회 전체를 위해 공헌한 경험 역시 없습니다. 정기적으로 기부를 해본 적도 없고, 내 이익을 버리며 타인을 도운 적도 없는, 지극히 개인적인 삶을 살아왔습니다. 그러나 동양철학을 공부하며 우리가 추구해야 하는 가치가 오로지 내 이익에만 국한되어서는 안 된다는 걸 서서히 배워가고 있습니다.

무엇보다 우리 자녀들은 치욕보다 영예를 택하는 사람이 많은 세상에서 살기를 바라기에 작은 것부터 옳은 선택을 해야 한다는 것을 인지하게 된 것이지요. 자녀들이 어른이 된 뒤 '나는 좋은 가치가 무엇인지를 부모에게 배웠다'라고 말할 수 있도록 말입니다.

이제부터 무엇인가를 선택해야 할 순간에 '영예'와 '치욕'의 구분을 명확히 해 의미 있는 하루하루를 지내면 어떨까요? 이 글을 읽는 독자 여러분도 함께 영예의 길을 걸어보시도록 초대합니다.

하고 싶은 업무와 해야만 하는 업무

박 연 아

(순자, 옹심일야 – 한결같은 마음)

S는 영업팀 발령을 받은 지 두 달여밖에 지나지 않았습니다. 그런데 새로운 업무에 대한 호기심이나 열정은 고사하고 영업팀에서의 안정을 아직 찾지 못하고 있습니다.

학창 시절부터 다방면에서 재능이 많았던 그는 신입사원 연수 때도 '제품 제작 동영상 만들기' 팀 프로젝트에서 전체 1등을 하는가 하면, 창의력과 기발한 아이디어로 동기들 사이에 단연 화제가 되었지요. 그래서 S는 신입사원 수습기간이 끝나면 본사 기획팀에 들어가 자신의 능력을 맘껏 발휘할 수 있으리라 기대했지요.

S의 회사는 유통회사여서 모든 신입사원이 수습기간인 1년 동안은 현장 경험을 쌓아야 했습니다. 그래서 S는 신입사원 연수가 끝난 뒤 서울의 한 편의점에 발령을 받아 알바생과 똑같은 조끼와 명찰을 착용하고 포스기에서 물건 계산하는 법을 배웠습니다. 선반에 진열되는 물품 정리는 기본이고 청소하다가 손님이 들어오면 계산대로 뛰어가 손님을 응대하는 것이 하루의

일과였습니다.

시간적 여유도 없이 일하다 보니 퇴근 시간이면 온몸이 땀과 먼지로 범벅되기 일쑤였습니다. 그뿐인가요? 취객이 매장 내에서 라면을 먹다가 쏟아놓고 그냥 나가버리면 그 뒤처리를 해야했고, 반말과 욕설 등을 서슴지 않는 고객들 때문에 이른바 '마상'(마음의 상처)을 입기도 했습니다. 그럴 때면 '내가 이런 일을 하려고 대학에서 그렇게 열심히 공부했나?'라는 생각이 들기도 했습니다. 그렇게 육체적, 정신적으로 고된 시간들을 보내다 보니 S는 하루빨리 수습사원 딱지를 떼고 정식 팀원이 되어 자신이 잘할 수 있는 일을 하며 인정받고 싶었습니다.

하필이면 영업팀이라니!

하지만 1년의 혹독한 수습기간을 마친 S가 발령받은 곳은 하필 그가 제일 피하고 싶었던 영업팀이었습니다. 영업 현장은 수습기간보다 더 처절한 전쟁터 같았습니다. 쏟아지는 본사의 신상품을 각자가 맡은 가맹점에서 입고하도록 매주 점주들에게 머리를 조아리며 설득하고, 신상품의 판매실적이 저조하면 가맹점주들의 분노에 찬 뒷감당을 몸으로 받아야 했습니다.

S는 신상품 주문율과 매출액을 높이기 위해 노력했지만, 실적은 쉽게 오르지 않았습니다. 먼저 입사하여 업무에 능숙한 나이 어린 선배를 보면서 나이만 먹었지 일은 제대로 못하는 자신에게 자괴감이 들었습니다. 취준생 시절, 사원증을 당당하게 목에 걸고 사무실에서 아이디어 회의를 하는 모습을 상상했던 S에게 영업팀 업무는 수습 기간의 연장 혹은 그 이상의 고됨이었습니다. 무엇보다 S는 디자인 등 창의성을 발휘할 수 있다고 믿었던 자신

의 재능이 영업현장에서는 무용하다는 현실이 씁쓸했습니다.

매일 피곤함에 지쳐 퇴근하던 어느 날, 신입사원 연수 시절 S의 창의력과 재능을 칭찬하던 P팀장에게서 저녁이나 같이하자는 전화가 왔습니다. 반가운 마음으로 한달음에 달려간 S에게 P팀장은 "요즘 본사에서 들리는 말로는 네가 영업팀에서 아주 힘들어한다고 하던데 진짜 그래?" 하고 물었습니다.

"네, 팀장님! 가맹주들에게 머리를 조아려야 하는 영업팀 일은 제 적성과는 맞지 않는 것 같아요. 전 남에게 부탁하거나 싫은 말을 하는 것이 정말 어렵거든요. 또 영업실적으로 팀원들과 비교되는 것도 싫구요. 디자인팀이나 기획실에 발령받지 못한 것이 정말 슬픕니다. 요즘 같아서는 당장 사표를 내고 싶어요. 매일매일, 진짜 간신히 견디고 있어요. 저 어떡해요? 팀장님!"

S는 그동안의 일들을 떠올리며 P팀장에게 푸념 비슷한 것들을 쏟아냈습니다.

"그래, 소문처럼 엄청 힘들었나 보네, 견디느라 고생했다. 네가 기대했던 디자인팀이나 기획실로 발령이 나지 않아서 실망이 더 컸겠지. 사표를 내고 싶을 만큼 지금도 힘들면 큰일인데… 어쩌냐. 힘들어 못 견디겠음 사표를 내야지. 근데 궁금한 게 있는데 말야, 네 재능을 영업팀에 모두 쏟아붓고 그런 말을 하는 거야? 내 생각엔 영업팀에도 얼마든지 네 강점을 적용할 업무가 있을 듯한데, 그렇게 해봤어?"

"네? 제 재능을 영업팀 어디에요?"

S는 이해가 되지 않는 듯 팀장에게 되물었습니다.

"네 재능을 영업팀에 접목해서 네 스타일대로, 네 언어로 영업을 해보는 거지."

날카로운 발톱과 두 개의 집게

그러면서 P 팀장은 얼마 전 인문학 강의에서 들었다는 순자의 말을 들려주었습니다.

지렁이는 날카로운 발톱과 이빨과 힘센 근육이나 뼈를 가지고 있지 않지만, 위로는 티끌과 흙을 먹고 아래로는 땅속의 물을 마시는데, 그것은 한결같이 마음을 쓰기 때문이다. 게는 여덟 개의 발에다 두 개의 집게를 지니고 있지만, 장어의 굴이 아니면 의탁할 만한 곳이 없는 것은 산만하게 마음을 쓰기 때문이다.[73]

"그게 무슨 뜻이죠?"

"지렁이는 한낱 미물에 지나지 않지만 매일 매일 땅을 비옥하게 하기 위한 한결같은 노력으로 토양을 튼튼하게 해주어 땅속에서 굳건히 지낼 수 있다는 거야. 반면 게는 여덟 개의 발과 날카로운 집게라는 탁월한 장점이 있음에도 불구하고 장어의 굴이 아니면 의탁할 곳이 없지. 그건 할 일을 묵묵히 하지 않았기 때문이란 거야."

73) 인무과 아지리 근골지강 상식애토 하음황천 용심일야 해팔궤 이이오 비사선지혈 무가기탁자 용심조야(螾無瓜 牙之利 筋骨之强 上食埃土 下飮黃泉 用心一也 蟹八跪 而二螯 非蛇蟺之穴 無可寄託者 用心躁也)『순자』'권학'

"팀장님은 지금, 제 모습이 게와 같다는 말씀이신가요?"

"그렇지. 그러니까 영업팀 일이 싫다고 생각했던 첫 마음에 비추어 업무를 하고 있으니 모든 게 너와 맞지 않는 듯하고 날이 갈수록 힘들게 느껴지는 거 아닐까? 그래서 최선을 다해 노력하지 않고, 즉 마음을 다 쏟고 있지 않은 거야. 한마디로 디자인팀이 네가 있어야 할 곳이라고 생각하며 몸만 영업팀에 두고 딴 데를 쳐다보고 있는 거지. 그러니 네 일이 아닌 남의 일을 하는 거 같아 더 힘들지."

그러면서 P팀장은 계속 순자의 말을 이어갔습니다.

네거리에서 헤매는 자는 목적지에 이르지 못하고, 두 임금을 섬기는 자는 아무에게도 받아들여지지 않을 것이다. 두 눈은 각기 두 가지를 보지 않기 때문에 밝게 보이고, 두 귀는 각기 두 가지를 듣지 않기 때문에 분명히 듣게 되는 것이다.[74]

"어때? 네 마음을 옛 성현인 순자가 미리 알고 이렇게 깨우침을 주신 거 같지 않아? 여기서 순자가 하고자 하는 말은 아무리 재주가 있는 사람이라 하더라도 노력을 분산시키면 성공하지 못하지만, 재주가 모자라도 꾸준히 힘쓰면 큰 성과를 낼 수 있다는 거야."

팀장의 따뜻하지만 귀에 쏙쏙 박히는 비유를 들으며 S는 생각에 잠겼습

74) 행구도자 불지 사량군자 불용 목불량시이명 이불량청이청(行衢道者 不至,事兩君者 不容 目不兩視而明 耳不兩聽而聽) 『순자』 '권학'

니다. 실적이 실력으로 평가되는 영업팀이 자신과 맞지 않는다고 생각하며 늘 디자인팀이나 기획팀을 기웃거렸던 지난날을 다시 바라보게 해준 P팀장의 조언에 S는 눈이 번쩍 뜨이는 거 같았습니다.

"어때? 지금이라도 새로 입사했다 생각하고 네 번뜩이는 아이디어를 접목해 영업팀에서 홈런을 한번 날려봐. 열정을 쏟아부으면 분명히 성과가 날 거야. 그래야 회사에서도 너를 인정하게 되고 결국 너도 너 자신을 인정할 수 있겠지. 최선을 다해봐. 그런 후 그 다음을 생각해야지. 이대로 물러설 순 없지 않아?"

다음 날 퇴근길이었습니다. 주황빛 석양을 뒤로하고 회사 앞 버스 정류장에서 S는 자신과 비슷한 시기에 입사해 디자인팀으로 발령받은 동기와 마주쳤습니다. 그녀는 팀 내에서 에이스로 인정받고 있었습니다.

"반가워. 디자인팀, 재미있지?"

"재미? 말도 마. 집에 가서도 매일 새로운 시안을 내야 하는 숙제 때문에 제대로 잠도 못 자. 게다가 열 건을 올려도 한 건도 채택되지 않고…. 내가 이러려고 목숨 걸고 취준했는지 허무해. 너는 잘 지내고 있어?"

예상 밖 동기의 대답에 S는 요즘 늘 입에 달고 다니던 '힘들다'는 말이 목까지 올라왔지만 이내 씩씩하게 바꿔 대답했습니다.

"그렇구나. 이제 겨우 1년 된 신입, 직장생활은 어딜 가나 다 똑같은가 봐. 나도 잘 해내려고 노력 중이야. 이것도 다 경험이니까. 파이팅! 또 봐."

디자인팀의 동기가 내심 부러운 건 사실이었지만 이제 S는 타 부서보다는 현재의 부서에 집중하기로 마음을 굳게 먹었습니다. 자신의 강점을 P팀장의 조언대로 영업팀에 접목해보는 일을 연구해볼 것입니다. 여기서 자신의 강점을 펼쳐보지 못한다면 어느 부서를 가도 위축되고 피곤한 직장생활을 할 뿐이라는 걸 이젠 알게 됐으니 말입니다.

혹시 이 글을 읽는 독자 중 신입사원으로 좌충우돌 중이신 분이 있다면 내 강점과 부서 업무의 교차점을 찾아 공헌하는 방법을 연구하시면 좋겠습니다. 어려운 시험을 뚫고 합격한 신입사원 여러분의 앞길, 순자의 말로 응원합니다. 파이팅입니다.

인생 역전,
돈으로 될까?

차 경 숙

(순자, 파별천리–다리 저는 자라가 천 리를 간다)

신입사원 L은 출근을 준비하며 저도 모르게 한숨을 쉬었습니다. 소원하던 직장에 정규직으로 취직했지만, 의욕이 조금도 나지 않았습니다. L은 소위 말하는 흙수저 출신입니다. 지방에서 작은 식당을 하는 부모님은 평생 힘든 노동과 생활에 쪼들렸고, L은 대학을 다니기 위해 쉬지 않고 아르바이트를 해야 했습니다. 취준 기간엔 아르바이트조차 꾸준히 할 수 없어 생활이 더욱 힘들었지만 그럴수록 더 독하게 마음먹고 공부했습니다. 다행히 오래지 않아 취업에 성공한 L은 제일 먼저 월세 탈출을 목표로 세웠습니다. 매달 만만치 않게 나가는 월세 비용을 절약해야 저축도 가능하고 결혼자금도 모을 수 있을 것 같았기 때문입니다. 정부의 청년 전세자금 대출을 알아보는 등 전셋집을 구할 꿈에 부풀어 있던 L은 갈수록 치솟는 집값과 전세금에 속이 탔습니다. 그러다 퇴근길에 우연히 같은 부서 동기의 차를 얻어 탔습니다.

인생 역전 한 방은 없을까?

동기의 차는 신형 중형 세단이었습니다. 당연히 부모님의 차겠지, 짐작하고 물었더니 부모님이 사준 입사 선물이라고 했습니다. 상속세를 줄이기 위해 자신의 월급은 모두 저금하고 엄카(엄마 신용카드)로 생활한다는 동기의 이야기에 L은 자신의 귀를 의심했습니다. 눈앞에 휴일 없이 일해도 넉넉한 적이 없었던 부모님이 떠올랐고, 순간 안쓰러운 마음보다 화가 치밀어 올랐습니다. '이게 바로 헬조선의 신분제구나.' 같은 회사, 같은 부서, 같은 연차로 시작하는 동기지만 그이의 출발선은 자신이 몇 백 년을 살아도 따라잡지 못할 만큼 앞서 있다는 사실이 새 차의 가죽 시트 냄새와 함께 폐부를 찔렀습니다. 얼마나 노력했는데, 얼마나 애를 썼는데…. 그날 이후 회사 일도 사람 만나는 것도 모두 심드렁해졌습니다.

'이런 식으로는 절대 따라잡을 수 없어. 한 방에 해결할 방법이 없을까?'

군자는 외물에 부림을 당하지 않는다

인사 잘하고 열정에 넘치던 L의 달라진 표정을 눈치챈 선배 S가 티타임을 핑계 삼아 고민을 넌지시 물었습니다. L은 돈을 많이 벌고 싶은데 길이 안 보인다고 한숨을 쉬었습니다.

"너만 '이생망'(이번생은 망했어를 줄인 신조어)이냐?"

"선배님도 그렇게 생각하시는구나. 근데 선배님은 화, 안 나세요?"

아버지가 일찍 돌아가신 S도 L만큼 힘들게 살아왔습니다. 앞만 보고 최선을 다해 살다가 문득 모든 게 허무하고 아무것도 하기 싫었습니다. 어떻게 해도 희망이 보이지 않아 오랫동안 무기력에 빠져 있던 S를 보다 못한 친구가 어느 날 독서회에 끌고 갔습니다.

군자는 물건을 부리지만, 소인은 외물에 부림을 당한다.[75]

"순자 강독 시간이었는데, 이 구절이 마음에 확 꽂혔어. 부모와 환경은 바꿀 수 없지만, 내 뜻대로 군자로는 살아볼 수 있겠더라고."

"물건을 부리며 살려면 돈이 있어야죠. 군자가 되려면 부자가 먼저 되어야겠는데요?"

L의 냉소에도 S는 사람 좋게 웃었습니다.

"그런가? 나도 한때 쇼핑에 빠졌었는데, 새 상품이든 환경이든 내 삶에서 정작 나는 빠져 있더라구."

L은 S의 말이 바로 이해되지 않았지만, 왠지 자신의 문제도 비슷하다는 생각이 들어 계속 귀를 기울였습니다.

다리 저는 자라가 천 리를 간다

쉬지 않고 반걸음씩 걸으면 다리 저는 자라라 하더라도 천 리를 갈 수 있다.[76]

"『순자』에서 내가 제일 좋아하는 구절이야. 다리를 저는 자라(파별)와 여

75) 군자역물 소인역어물(君子役物 小人役於物)『순자』'수신'
76) 규보이불휴 파별천리(蹞步而不休 跛鼈千里)『순자』'수신'

섯 마리 준마."

왼쪽으로 갔다 오른쪽으로 갔다 하면, 여섯 마리의 준마가 수레를 끈다 해도 목적지에 도착하지 못한다.77)

"여섯 마리 준마가 끄는 마차가 금수저라면, 절뚝거리는 자라는 딱 나더라고."

S는 여섯 마리 준마가 목적지에 제대로 도착하지 못하는 이유 중 하나가 아마 '엄카'일 거라고 농담을 던졌습니다. '엄카'라는 독사과를 받아먹다 진정한 어른이 되지 못해 부모의 애완 인형으로 살거나 결혼 후에도 부모의 간섭 때문에 결혼생활이 파탄 나는 사람을 여럿 봤다며 자신은 '엄카'의 유혹 자체가 없어서 다행이라 너스레를 떨었습니다. L은 여우가 '신포도'를 대하는 태도라며 이번에도 S의 말에 수긍하지 않았습니다.

"성공을 부의 축적의 잣대로 재는 건 개인의 가치관 문제가 아니라 당연한 거 아니에요? 그거 말고 다른 게 뭐가 있어요?"

"그렇다고 아무 잘못 없는 내 부모를 탓하면 안 되잖아. '수저론' 따위를 확산시키며 경제적, 사회적 특권이 대물림되도록 계급 질서를 고착시키는 자들에게 분개해야지. 잘못된 게임 룰을 그대로 따르면서 수저 색깔만 바꾸려고 하면 우리도 자식 세대의 미래를 망치는 부모가 될 뿐이야."

77) 일진일퇴 일좌일우 육기불치(一進一退 一左一右 六驥不致)『순자』'수신'

바다와 무항안식

고성장의 단꿈이 끝나고 찾아온 저성장 시대, 자원의 과독점 현상으로 상상을 초월하는 경쟁에 청춘을 저당 잡힌 MZ 세대에게 좋은 '수저'를 물려준 부모를 둔 경우와 그렇지 못한 경우의 인생의 명암은 극명합니다. '수저' 없이 근면 성실함만으로는 승산이 없다고 생각하는 젊은이들이 역전할 수 있는 한 방을 찾아 로또를 사고 투기성 높은 자산에 투자하고 '영끌'(영혼까지 끌어모은다의 줄인말) 대출을 통해 부동산을 구매하지요. 하지만 이 또한 하늘의 별 따기보다 어려워서 취업도 결혼도 출산도 모두 포기하는 N포 세대가 되기도 합니다. 끊임없이 한 방을 노리든 다 포기하든 수직적 위계로 이루어진 피라미드의 경사는 더 가팔라지기만 하고, 그럴수록 바닥에서 올려다보는 그들의 절망과 분노도 깊어갑니다.

순자는 왜 준마가 아니라 다리까지 저는 자라(파별)를 굳이 칭찬했을까요? 준마가 아무리 빨리 달려도 자신이 어디를 향해 달리는지 모른다면 그 여정은 무의미할 뿐이겠지요. 파별은 자신이 가야 할 곳, 바다를 향해 부지런히 불편한 다리를 움직입니다. 목적지가 분명하기에 다른 자라보다 뒤처진다고 조급해하지도 중간에 포기하지도 않습니다. 예상하듯이 그 길은 편안함과는 거리가 멉니다.

순자는 우리에게 '무항안식'(無恒安息, 『순자』 '권학')도 주문합니다. 무항안식은 '언제나 편히 쉬려고만 하지 말라'는 뜻입니다.

물질은 가만히 놔두면 무질서가 증가하는데 이를 '엔트로피' 법칙이라고 하지요. 이 무질서를 줄이려면 물리적인 일을 해줘야 합니다. 녹은 얼음을 다시 얼리는 것처럼 말이죠. 사람의 일도 이와 같아 자극이나 노력이 없는 생활이 지속되면 점점 더 안일함과 나태함에 빠져 퇴보하고 방향을 잃어버립니다. 파별이 반걸음을 걷더라도 쉬지 않고 걸어야 하는 이유지요. 따라서 오늘 나의 하루가 고되었다면 내가 제대로 무항안식하고 있다는 신호가 아닐까요?

온전한 내 걸음

『장자』의 외편에는 파별과 다른 행보를 한 젊은이 이야기가 나옵니다.

연나라 수릉에 사는 한 젊은이가 조나라의 수도 한단을 가보고는 그곳의 모든 것에 매료됐습니다. 특히 한단 사람의 걸음걸이가 멋져 보여 매일 흉내를 내었지요. 시간이 흘러 고향으로 돌아갈 때가 되었는데 자신의 옛 걸음걸이를 잊어버린 그 젊은이는 제대로 걸을 수 없어 결국 기어서 돌아왔다고 합니다.[78] 이른바 한단지보(邯鄲之步)라는 말의 유래입니다.

파별이 다른 자라의 반듯한 걸음걸이를 흉내 내려 했다면 천 리 길을 갈 수 있었을까요? 올바른 목적지를 세웠다면 이젠 자신만의 걸음걸이와 보폭으로 씩씩하게 걸어갈 일만 남았습니다. 우리의 완주를 기다리고 있는 바다를 향해 온전한 내 걸음으로 한 발, 한 발 걸어간다면 목적지에 도착했을 때의 성취감은 그 누구의 것이 아닌 온전한 내 기쁨이 될 테니 말입니다.

78) 『장자 외편』 '추수'

지인 찬스를 이용해 성공하고 싶다고?

박 연 아

(공자, 환소이립-지위에 오를 수 있는 능력부터 근심하라)

상담을 전공한 K는 몇 년 전에 다니던 회사를 그만두고 남편이 운영하는 가게를 돕고 있었습니다. 그동안 걱정 없이 잘 운영됐던 가게는 코로나가 시작되면서부터 점점 사정이 어려워지게 됐습니다. 모든 자영업자가 그렇듯이, '조금만 지나면 괜찮아지겠지' 하며 버텨봤지만, 코로나의 여파는 도무지 회복될 기미가 보이지 않았습니다. 아이들을 양육하려면 최저 생활비는 있어야 하는데 가게의 수입은 줄어들고 있으니 가만히 있어도 조여오는 불안감에 K는 공연히 남편과 언성을 높이기도 했습니다.

네가 어쩜 나에게 그럴 수 있어?

어느 날, K의 절친이자 상담센터를 운영하는 B가 보낸 문자가 K에게 도착했습니다.

"강사 자격증을 딸 수 있는 과정 개설! 관심 있으면 신청해봐."

그렇지 않아도 '가게를 정리하고 다시 취직을 해야 하나?' 걱정하던 중이었기에 K는 그 안내 문자에 혹 관심이 생겼습니다. '전공을 살려서 강사 자격증을 따고, 강사의 길로 한번 나서볼까?'라고 생각하니 지금 힘들게 견디고 있는 어두운 터널을 벗어날 수 있을 거 같아 마음이 설렜습니다. K는 B에게 바로 전화를 걸어 "이 자격증만 따면 센터에서 바로 강의할 수 있는 자리 하나 줄 수 있어?"라며 급한 마음을 피력했습니다.

"K! 자격증 딴다고 바로 강사 자리에 설 수는 없어. 경력과 실력을 쌓아 강사를 할 수 있는 자격이 되어야지. 지금 개설되는 자격증 과정은 시작일 뿐이라고!"

슬쩍 운을 떼 봤을 뿐인데 그리고 혹시나 가능했으면 좋겠다는 마음으로 건넸던 질문인데 이렇게 매몰찬 대답으로 돌아오자 K는 갑자기 얼굴이 달아오를 뿐 아니라 심장이 벌렁거리고 대답할 힘조차 없었습니다.

"자격과 실력이라…. 그래? 잘 알겠어."

K는 얼른 전화는 끊었지만, B의 목소리가 계속 귀에 쟁쟁하게 남아 서운한 마음이 파도처럼 밀려왔습니다.

실력이 정답이다

여러분이 K라면 B의 말에 어떤 기분이 들었을까요? 그리고 여러분이 K의 친구라면 어떤 말로 위로를 건넬 수 있을까요?

『논어』의 이인(里仁)편을 보면 공자는 이렇게 말하고 있습니다.

지위가 없음을 근심하지 말고 그런 지위에 오를 수 있는 능력부터 근심해야 한다. 자신을 알아주는 사람이 없음을 근심하지 말고, 알아줄 수 있는 실

력부터 갖추도록 해야 한다.[79)]

남의 인정을 받고 높은 지위에 오르는 것은 자기의 학식이나 인격 그리고 실무능력에 달린 문제이므로 현재 좋지 않은 상황을 탄식하기에 앞서 자신의 실력을 기르도록 애써야 한다는 내용입니다.

그렇다면 우리 주위를 둘러보면서 자신의 꿈을 쉽게 포기하지 않고 꾸준히 정진하여 결국에는 사회에서 인정받을 만큼의 실력을 갖추고 또 스스로도 인정하는 사람을 한 번 찾아볼까요?

얼마 전 우리나라 최초로 영화『미나리』로 미국의 오스카에서 여자 조연상을 받은 배우 윤여정은 그 당시 74세의 고령임에도 재치있는 수상소감으로 수많은 관중의 박수를 받기도 하였습니다. 수상 후 가졌던 많은 인터뷰를 보면 그녀의 연기는 열등감에서 시작되었다고 합니다. 연기를 학교에서 배우거나 영화를 공부하지 않았기에 부단한 노력을 했고, 남과 다른 특이한 목소리를 가진 것 때문에 "재는 안돼." "쟤가 배우 되면 손에 장을 지진다."라는 주위 사람들의 평을 극복하기 위해 수많은 노력을 했다고 하지요. 타고난 목소리는 바꿀 수 없기에 평범하지 않은 개성 있는 연기자가 되기 위해 혼신의 노력을 한 배우 윤여정은 어느 언론사의 인터뷰에서 이렇게 말을 했습니다.

"그때는 정말 열심히 했어요. 목숨을 걸고 했죠. 너무 못하는 걸 알았기

79) 자왈 불환무위 환소이립 불환막기지 구위가지야(子曰 不患無位 患所以立 不患莫己知 求爲可知也)『논어』'이인'

때문이죠. 묻지도 따지지도 않았어요. 돈도 필요했으니까 단역이든 조연이든 뭐든 했어요. 그게 보약이었죠."

요즘처럼 모든 것이 변하고 평생직장이 사라지고 있는 시대에 이 배우처럼 어떻게 목숨까지 걸겠느냐고 혹자는 생각하겠지요. 무조건 닥치는 대로 하라는 건 아닙니다. '어떤 일을 시작해서 적어도 몇 년은 버텨 보겠다'라며 무던하게 그 일을 해보는 마음이 중요합니다. 처음에 해야 할 일을 제대로 하지 않고 과정을 지나치면 언젠가는 그 공백을 반드시 다시 채워야 할 날이 옵니다. 산에서 내려오는 물이 웅덩이를 만났을 때 그 웅덩이를 채워야 다시 흘러가듯 말입니다.

변화와 성장

K의 사례로 다시 돌아가 볼까요? 그래도 믿고 지냈던 B로부터 매몰찬 말을 들어 상처가 되고 서운했을 K가 '네가 어쩜 나에게 그럴 수 있어?'라며 웅크리고만 있다면 더는 K에게 성장의 변화는 일어나지 않겠지요. 어쩌면 K의 안일한 생각을 읽은 B가 에둘러 표현하지 않고 냉정한 현실을 바로 바라볼 수 있도록 직언을 한 것일 수도요. 물론 조금 친절하게 전해줬으면 마음의 상처가 덜했겠지만요.

『논어』의 옹야(雍也)편에는 이런 말이 있습니다.

얼룩소의 새끼라도 털빛이 붉고 뿔이 바르면, 사람이 비록 제물로 쓰지 않으려 해도 산천의 신이 그냥 내버려 두겠는가?[80]

직장에서나 조직에서나 자신이 원하는 자리에 오르기 위해서는 필요한 게 무엇인지 파악하고 시간을 투자해서 실력을 쌓아야 합니다. K가 안일하게 지인 찬스를 이용하여 강사의 자리에 앉았다 해도 실력 없이는 오래 버티기 어렵습니다. 왜냐하면 그야말로 낱낱이 드러나는 게 강사의 실력이니까요.

B의 쓴소리로 인해 K의 마음은 쓰라렸지만, 강사로서의 역량이 무엇인가를 다시 생각하는 계기가 됐습니다. 더 나아가 '강사로서 무엇이 중요한가?'라는 질문을 계속하면서 사람들에게 선한 영향력을 끼치는 강사가 되기 위해 K는 더 연구하기로 마음을 다졌습니다. 그러다 기회가 오면 당당하게 자신의 명함을 내밀 수 있도록 우직하게 역량을 키워나간다면 공자가 말한 것처럼 산천의 신도 그냥 내버려 두지 않으리라 믿으면서 말입니다. 독자 여러분도 어떤 일을 시작하고 중도의 포기 상태에 있거나 새로운 일을 시작하려 한다면 여기 실린 논어의 말이 길잡이가 되길 바랍니다.

80) 자위중궁왈 이우지자 성차각 수욕물용 산천 기사저(子謂仲弓曰 犂牛之子 騂且角 雖欲勿用 山川 其舍諸)『논어』'옹야'

삼모작 시대를 지혜롭게 사는 비결

정 예 서

(묵자, 문 · 설 · 친 · 명 · 실 · 합 · 위–모든 것에서 배우는 지식근로자)

경영의 아버지라 불리는 피터 드러커는 3년 주기로 새로운 분야를 공부했으며 그 덕분에 90세가 넘도록 현역으로 일할 수 있었습니다. 또한 우리나라 직장인의 아버지라 불리는 변화경영사상가 구본형이 직장생활을 하다 작가와 강연자로 거듭난 것도 끊임없는 공부 덕분이었습니다.

그렇다면 120세 시대를 살아가는 당신의 이모작 또는 삼모작 시대의 연착륙 준비에는 어떤 것이 있을까요. 위의 두 분은 창의력과 경제력을 갖춘 지식근로자로 이름을 남긴 분들입니다. 단순한 반복 작업은 이제 자동시스템에 물려주고 창의력, 통찰력, 순발력이 가능한 지식근로자만이 그 고유성을 인정받는 시대가 도래했습니다.

얼마 전, 한 청년의 '주례 없는' 결혼식에 다녀왔습니다. 하객석에 앉아 양가 부모님이 쓰신 축사를 듣다 저는 마음이 벅찼습니다. 신랑 신부가 태어나는 순간부터 지금껏 지켜본 부모님의 축사는 실로 감동이었지요.

"선생님, 처음 치유코칭 백일쓰기 23기 상견례에서 호우를 만났을 때 했던 말을 아직도 기억해요"

"그러게, 서로 인사하는 첫 세미나 자리였는데 팔짱을 이렇게 딱 끼고 누나 때문에 오긴 왔는데 내가 여기 왜 와 있는지 모르겠다고 했잖아요,"

"그랬는데, 정말 잘 성장했어. 멋지네요."

그 청년이 처음 만났을 때 했던 말을, 그의 결혼을 축하하기 위해 모인 함께성장인문학연구원의 동기들은 잘 기억하고 있었습니다.

그렇게 '의도치 않은' 공부를 하러 왔던 청년은 백일쓰기에 이어 인문의숲에서 좋은 책을 읽고 글쓰기를 하며 변화를 맞았습니다. 특히 눈에 띄게 바뀐 건 타인에 대한 배려였습니다. 퇴근 후 게임, 맥주 캔으로 채워지던 시간이 줄며 동기들과 돈독하게 지내는 건 물론이고 동서양 철학의 한 구절을 자신의 삶에 조금씩 실천해 보려는 게 느껴졌습니다. 그러다 보니 어느덧 연구원에서는 '호우'라고 하면 누구든 '그 사람 정말, 매력 있어'라고 이구동성으로 말하게 됐고, 동문회장까지 하게 되었습니다. 그즈음 한 연구원 후배가 그를 눈여겨보다 회사의 동료를 소개해 열애를 하게 됐고, 드디어 결혼 소식이 들려왔습니다. "선생님. 이제 좋은 사람 만나 결혼하고 싶어졌어요."라는 말을 종종 하던 그였기에 제게도 반가운 소식이었지요.

저희 집으로 결혼 인사를 왔을 때 처음 얼굴을 보게 된 예비신부가 제게 건넨 첫마디는 "글 읽고 쓰는 공부를 시켜주신 덕분에 좋은 사람이 된 신랑을 만나게 돼 너무 감사합니다."였습니다. 결혼에 관심이 없었던 그녀였지만 '공부하는 남성'이라는 직장 후배의 말에 이끌려 소개팅을 하게 됐고 결혼에 이르렀다는 거였습니다. 그 또래의 다른 남성처럼 게임이나 그 밖의 다른 잡기가 아닌 직장생활 틈틈이 책을 읽고 글을 쓰는 게 매력적으로 느껴진 건 이미 같은 공부를 하고 있던 직장 후배의 남다른 모습을 보아온 영향도 있었습니다. 또 그녀가 좋은 사람을 만났다는 건, 스스로도 이미 좋은 사람인지라 좋은 사람을 알아볼 수 있었던 거였겠지요.

한동안 몸이 안 좋았을 때도 한결같은 마음으로 곁을 지켜준 그가 무척 든든했다는 그녀. 두 사람이 서로를 바라보는 눈에는 신뢰와 애정이 가득했습니다. 무엇보다 함께 있는 그 모습이 자연스럽고 편해 보였습니다.

편험패란, 정리평치

순자는 인간의 욕망과 이기심을 본성으로 보고 성악설을 주장했습니다. 또 질서가 잡히지 않은 상태, 편험패란(偏險悖亂)을 악으로, 질서가 잡힌 사회, 정리평치(正理平治)를 선으로 보았습니다. 그렇다면 정리평치는 어떻게 가능할까요? 교육의 중요성을 특히 강조했던 순자는 "인간의 우환은 어느 한쪽에 마음이 가려져 큰 이치에 어두운 것이다."라고 말하며 공부를 바탕으로 우환을 걷어내라고 합니다.

제자는 "만약 제가 인문학을 공부하지 않았다면 다 걱정됐을 일들을 그녀에게 다 괜찮다라고 말해줄 수 있었어요. 뭔지 모를 불안으로 뭘 해야 할지 몰랐던 그때, 저를 연구원으로 이끌어준 누나와 동기들, 선생님 모두 감사해요."라고 말했습니다.

"그러게. 하지만 자네에게 변화를 맞고 싶다는 갈망이 없었다면 어떤 초대도 받아들이지 않았을 걸세. 그러니 자네가 결정을 잘해서 여기까지 온 거지."

늠름하게 한 가정을 책임질 수 있는 가장으로 성장한 제자의 모습이 대견했습니다. 15년간의 임상경험을 통해 읽고 쓰는 일이 사람의 잠재력을 얼마나 일깨우는지 현장에서 목격해온 제게 그는 인상적인 한 장면으로 오래 기억될 것입니다.

코로나가 호되게 지나간 상담 현장에서 특히 눈에 띄는 부분은 50대 중반에도 게임을 하는 성인이 늘어났다는 겁니다. 그러니까 이제 게임을 매일, 얼마나 하느냐가 관건이지 게임을 안 하는 성인은 거의 없다는 거지요. 게임 외에도 SNS, TV 등에 소요되는 시간을 매일 기록한다면 연착륙에 필요한, 즉 읽고 쓸 준비 시간이 결코 부족하지 않다는 걸 금세 알 수 있게 될 겁니다.

공부가 어렵다구요?

베개로 삼아도 될 만큼 두껍다고 농을 하던 그와 함께 읽은 『순자』. 그는 공자의 후학으로 공자의 시경. 서경, 역경 등 많은 학문 분야를 계승하여 제나라의 직하학파(稷下學派)를 이끌었으며, 그의 문하에서 배출된 한비자, 이사 등의 법가 유학자들은 후일, 진시황의 천하 통일에 기여했습니다.

순자는 천인지분(天人之分) 즉 하늘과 인간의 능력이 구분되어 있다는 것을 파격적으로 피력합니다. 또 인간의 본성이 욕망에 약해 악을 저지르기 쉽지만 화성기위(化性起僞) 교육을 통해 단계적으로 변화할 수 있다는 주장을 펼쳤습니다. 즉, 본성의 교화인 화성(化性)으로 기위(起僞)인 예치(禮治)가 가능하다는 거였지요.

여기서 우리가 주목할 것은 예치입니다. 법치로 사람을 강제로 규제하는 게 아니고 예로써 교육을 이끄는 것입니다. 저는 이 예(禮)에 오늘의 수용성과 포용성 또 개방성이 함께 포함된다고 봅니다. 바로 이 대목으로 인해 개별성이 존중되며 공부하고 싶은 주도성, 즉 공부의 동력이 되는 셈입니다.

청년 호우뿐 아니라 지난 15년간 우리 연구원에서 동서양 고전을 읽고 썼던 많은 직장인이 주경야독을 하며 지금까지의 경험과 지식을 연구해 책을 출판하는 데까지 이를 수 있었던 건 깨우치는 재미, 즉 인식의 확장을 경험했기에 가능한 일이었습니다.

당장 효과가 나타나지 않는 것처럼 보이지만 점차 앎에의 의지가 커지며 어느덧 일상이 조금씩 변화하는 공부. 그러므로 저는 주입식 교육이 아닌 동서양 철학, 심리학, 경영학 등 좋은 책이 추동이 되며 절로 주도적이 되는 인문학 공부를 예찬하지 않을 수 없습니다.

읽고 쓰는 힘으로 이제 생의 한 매듭을 맺은 부부에게 저는 두 사람 앞에 남은 창창한 미래의 동반자로 파트너십을 연구할 때라고 일렀습니다. 새 식구를 맞은 두 사람이 이제 부모로서도 공부를 계속해 나간다면 아가는 축복을 배로 받은 인물로 자라나게 될 것입니다. 짧지 않은, 제 생의 답을 찾아가는 과정이 그러했듯 생의 주기마다 우리가 물질이 아닌 공부를 우선으로 두어야 하는 까닭입니다.

우리에게 성악설(性惡說)로 주목받지만 그 해답이 화성기위(化性起僞)라 이른 순자의 혜안에 절로 고개가 숙여집니다. 교육의 힘이 얼마나 센지, 공교육을 제때 받지 못했어도 한 분야에서 전문가가 되는 사례는 얼마든지 찾을 수 있습니다.

P는 집안 환경 때문에 초등학교 3학년 때 중도 탈락해 학업을 계속하지 못했다가 근래에 최고 학위까지 수여받았습니다. 초중고 검정고시 과정을 1년 반 만에 통과했다는 그에게 제가 "천재네."라고 하자 그는 "어릴 때부터 책을 좋아해 다독을 하면서 가독성이 빨라지고 그게 공부를 잘하는 비결이 된 듯합니다. 잘하니 재미있고, 탐구심이 생겨 계속 공부를 하게 됐어요. 생각해보니 천재여서가 아니라 독서가 비결인 거 같습니다."라고 말했습니다.

12세 때부터 일을 해야 했던 그는, 어디서든 탁월한 능력을 보여 곧 사무직으로 발탁되었고 20세가 되면서 전문직으로 일할 수 있었는데 그 이유 또한 업무 분야의 책을 섭렵하면서 가능한 일이었다는 거지요. 어디서도 그의 이력을 문제 삼지 않았다는 건, 그가 그 분야의 전문적 식견을 충분히 익혀 업무에 무리가 없었던 거겠지요. 그러니 읽고 쓰는 것을 얼마나 좋아했었던 걸까요?

그의 생애사를 들으며 저는 경외감을 느꼈습니다. 그 모두를 이룰 수 있었던 비결은 공부를 계속한 그의 실행력, 딱 한 가지였습니다.

어느 날, 연구원으로 찾아온 그가 말했습니다.

"선생님,『묵자』는 읽을수록 배울 말이 많습니다."

그가 가져온 이 책의 첫 꼭지 글 '놀고 먹는 사람'에서 소개됐던『묵자』의 다른 구절은 아래와 같습니다.

지(知)에는 전수받아서 아는 문지(聞知), 드러나지 않은 것을 추리하여 아는 설지(說知), 몸소 관찰하여 아는 친지(親知), 사물에 이름을 붙여 아는 명지(名知), 이름 붙인 대상을 아는 실지(實知), 이름과 실제 대상을 함께 아는 합지(合知), 뜻을 세워 실행하는 위지(爲知)가 있다.[81]

묵자로 제자와의 공부 연결성을 공감하는 시간

저는 그에게 "그러게. 묵자가 꼭 자네를 두고 한 말인 듯하네, 다들 공부를 어렵게 생각하고, 정말 그렇게까지 삶의 변화를 가져올 수 있을까 의심하고 상상을 못하는데, 자네는 계속 실천한 덕에 지금 여기 있지 않은가. 은퇴 후 많이 개업한다는 치킨집도 초기자본이 적지 않고 위험부담도 큰데, 공부는 늘 읽고 쓴 만큼 지식이 쌓이니 그만큼 정직한 일도 없지."라고 말해주었습니다.

우리가 공부하는 과정을 신기하게도 그대로 펼쳐놓은 묵자.

'문지'(聞知)는 직접적인 경험은 없으나 타인의 말을 들어서 얻게 되는 구전지식을 말하고, '설지'(說知)는 이미 알고 있는 지식을 기초로 하여 유

81) 지 전수지 문야 방부장 열야 신관언 친야 소이위 명야 소위 실야 명실우 합야 지행 위야(知 傳受之 聞也 方不障 說也 身觀焉 親也 所以謂 名也 所謂 實也 名實耦合也 志行 爲也)『묵자』'경설'

사한 미지의 물(物)을 유추할 수 있는 추리지식, '친지'(親知)는 직접경험을 통해 얻게 되는 경험지식을 말한다.[82]

묵자는 이 말을 통해 온몸으로 배울 수 있음을 알려주고 있습니다.

석박사까지 마친 그는 우리 연구원에서 자신의 단행본 책쓰기를 연구하고 있습니다. 이렇듯 '뜻을 세워 실행하는 위지(爲知)'에 이른 그의 지속적인 탐구심은 어느덧 그를 경제적 곤란에서도 자유롭게 해주었습니다.

앞서 말씀드렸던 청년 호우와 중년의 제자는 인문학을 공부하며 성장을 거듭해서 자신이 원하는 삶을 만난 사람들입니다.

지식 강국의 시대로 일찍이 접어든 우리나라는 학령기 인구 중 87%가 대학에 진학하고, 성인들도 계속 교육을 하면서 누구나 전문가가 될 수 있습니다. 그러나 한 분야의 전문가라고 해도 인성 덕성을 갖춘 이는 많지 않습니다. 그 변별성은 어디에서 찾아야 할까요? 그것은 바로 가르치는 전문가의 진정성입니다. 마치 앞에 마주한 이와 손을 맞잡은 듯 깊이와 진정성으로 가르치는 자세 말입니다.

또한 가정에서 한 사람만 인문학 공부를 계속해도 삼대가 그 덕을 이어갈 거라고 확신할 수 있는 건 제가 현장에서 줄곧 변화를 목격해온 경험의 힘입니다.

그러므로 "나무는 먹줄을 받으면 곧게 되고 쇠는 숫돌에 갈면 예리해진다. 군자는 널리 배우고 날마다 거듭 스스로를 반성하면 슬기는 밝아지고

---

82) 『묵자』 '경설'

행실은 허물이 없어지는 것이다."[83] 학문을 통해서만 정리평치(正理平治)가 가능하다고 봤던 순자는 날이 갈수록 배움이 빛을 발하게 되는 과정을 이렇듯 말하고 있습니다. 또한 순자는 학문 계승의 중요성을 다음과 같이 강조합니다.

"배움을 중단해서는 안 된다. 푸른 물감은 쪽에서 채취하지만 쪽보다 푸르고, 얼음은 물이 만들었지만 물보다 차다."[84]

이 문장은 교육의 진보, 스승의 가르침을 받아 제자의 학문이 스승보다 나을 수 있다는 '청출어람'이 유래된 문장이기도 합니다.

독자 여러분은 삼모작을 무엇으로 준비하실 예정이신가요? 앞서 말씀드린 거처럼 책을 읽고 쓰는, 즉 공부를 하는 행위는 리스크가 없는 안전한 투자일 뿐 아니라 스스로 성장하는 행복을 깨우치는 과정입니다. 무엇을 하든 핵심을 공부하는 사람은 어느 기업에서나 당장 필요한 인재입니다. 저 또한 계속해서 공부해 온 사람으로서, 백세시대를 눈앞에 두고 독자 여러분께 가장 안전한 투자인 공부를 기꺼이, 강력히 삼모작 비결로 추천합니다.

83) 고목수승즉직 금취려즉리 군자박학이일참성호기 즉지명이행무과의(故木受繩則直 金就礪則利 君子博學而日參省乎己 則知明而行無過矣)『순자』'권학'
84) 군자왈 학불가이이 청취지어람 이청어람 빙수위지 이한어수(君子曰 學不可以已 青取之於藍, 而青於藍 氷水爲之 而寒於水)『순자』'권학'

사회와 더불어 사는 직장인

제 5 장

선(善)이나 불선(不善)을 들으면 모두 위에 고하고, 상황이나 신분에 따라 임의로 판단하지 말고 정해놓은 원칙을 반드시 따르라.

– 『묵자』 '상동'

비정규직 동료는 불편하다고?

차 경 숙

(맹자, 부인이지심—차마 외면할 수 없는 마음)

설날을 앞둔 사무실, 직원들은 싱글벙글 기분이 좋습니다. 명절 보너스와 성과 상여금으로 두둑해진 주머니로 즐거운 연휴를 보낼 생각에 마음이 부풀었던 거지요. 그때, 갑자기 채팅방 하나가 열렸습니다. 무슨 일인가 의아해 들어가 보니 방을 만든 사람은 몇 개월 전 다른 부서에서 온 W대리였습니다.

W대리는 조심스레 "N사원은 계약직이라 성과 상여금을 못 받는데, 십시일반 모금을 해서 주면 어떨까요? 팀장의 일정 관리, 회의 준비, 사무실 비품과 탕비실을 관리하는 N사원도 같은 부서원인데, 비정규직이라는 이유로 명절 때마다 소외당하는 게 마음 편하지 않았어요."라며 말을 꺼냈습니다.

예상치 못한 W대리의 메시지에 채팅방은 일순 정적이 감돌았습니다. 1년 넘게 같이 일한 사람들이 미처 생각하지 못한 걸, 늦게 합류한 W대리가 제안했다는 사실에 부끄러움을 느낀 순간도 잠시, 모금액이 구체적으로 제안되자 투덜이 H대리가 먼저 삐딱하게 나왔습니다.

"임원들도 가만히 있는데 힘없는 우리만 또 나서야 하나요?"

왕 오지랖

그러자 기다렸다는 듯 여러 의견이 오갔습니다. N사원이 불우이웃도 아니고 오히려 자존심이 상할 수도 있지 않을까 우려하는 목소리부터 나라도 해결 못하는 일을 유리 지갑 샐러리맨들이 어떻게 책임을 지느냐는 볼멘소리까지 설왕설래가 한동안 이어졌습니다. 좋은 마음으로 상품권이라도 마련해주자는 의견도 있었지만, 누군가 N사원의 평소 짙은 화장과 옷차림에 대한 불만을 말하기 시작하자 너나 할 것 없이 맞장구를 치기 시작했습니다. 제안한 사람의 의도와 상관없이 엉뚱하게 N의 뒷담화로 단톡방의 분위기가 흐르자 묵묵히 지켜만 보던 W대리는 없던 일로 하자는 말을 끝으로 채팅방을 나가버렸습니다.

그 모든 과정을 함께 본 동기 L대리는 안타까웠습니다. 새로운 부서에 적응하며 사람들과도 잘 지내던 W대리의 별명이 이번 일로 다시 입방아에 오르내릴 게 뻔했습니다. W대리의 별명은 '왕 오지라퍼'입니다. 늘 정의감에 불타는 그녀는 크고 작은 불의에 분노를 느끼지 않는 사람을 비정상이라고 여깁니다.

W대리의 오지랖은 얼마 전부터 회사의 비정규직 사원들에게로 향했습니다. W가 예전에 근무했던 부서는 업무 특성상 비정규직 사원들이 많았습니다. 소문에 의하면 W대리는 비정규직 사원의 부당한 처우를 개선하기 위해 인사팀에 진정까지 넣었다는 거였습니다. 그 일로 급기야 L대리가 있는 부서로 이동 발령을 받았고, 부서 이동 후 새로운 업무에 열중하는 듯하던

W대리는 설 연휴를 앞두고 이처럼 또 일을 내고 만 것입니다.

희생번트는 누가 날리나

"속상했지? 계약직 사원들은 1~2년마다 바뀌니까 다들 관심이 없어."

"그렇더라고, 참 이해가 안 돼. 1년 아니 몇 달 동안만이더라도 매일 같은 사무실에서 일하면 한 팀 아냐? 다른 것보다 채팅방 내용이 N사원의 귀에 들어갈까 봐 걱정이야. 어이가 없어서. 옷차림이랑 외모까지 비하할 필요는 없잖아."

"그렇긴 했어. 그러니까 너도 남의 일에 그만 끼어들어."

"그래. 나도 그렇다 치자. 다 그렇게 살면 다른 사람을 위해 할 수 있는 일은 뭐가 남을까?"

"응? 무슨 말이야?"

"모두 안타만 치려고 하면 누가 희생번트를 날리냐고? 도대체 누가!"

W대리는 자신은 불능자(不能者)일지언정 불위자(不爲者)가 되고 싶지는 않다고 했습니다. 그러면서 맹자의 양혜왕편에 나오는 맹자와 제나라 선공의 문답을 들려주었습니다.

맹자가 "만일 왕에게 어떤 사람이 와서 '제 힘은 백 근의 무게는 충분히 들 수는 있지만 깃털 하나는 들 수 없고, 제 시력은 가을날의 짐승 터럭을 살필 수는 있지만 수레에 실은 땔감 더미는 볼 수 없습니다'라고 한다면 왕께서는 그 말을 인정하겠습니까?"라고 묻자, 왕은 "아닙니다."라고 했다.

그러자 맹자가 말했다.

"깃털 하나를 들 수 없는 것은 '힘'을 쓰지 않기 때문이고, 수레에 실은 땔감 더미를 보지 못하는 것은 '시력'을 쓰지 않기 때문이며, 백성들이 제대로 보호받지 못하는 것은 '은혜'를 베풀지 않기 때문입니다."

왕이 "하지 않는 것(不爲者)과 못하는 것(不能者)의 모습이 어떻게 다릅니까?"라고 묻자 맹자가 대답했다.

"태산을 옆구리에 끼고서 북해를 뛰어넘는 것에 대해 남에게 '나는 할 수 없다'고 말하는 경우, 그것은 참으로 할 수 없는 것입니다. 그러나 어른을 위해서 안마를 해드리는 것에 대해 '나는 할 수 없다'고 말하는 경우, 그것은 하지 않는 것이지 못하는 것이 아닙니다."[85)]

열정이 오지랖으로 넘쳐흘러 탈이라고 생각했던 W대리가 해준 맹자의 이야기가 L대리의 귓가에 맴돌았습니다. 돌이켜보면 L대리 또한 지금까지 안타나 홈런을 치기 위해 조바심만 냈지, 남을 위해 희생번트를 칠 생각은 한 번도 한 적이 없습니다. 부모님으로부터도 학교에서도 '너 잘 되라고 하는' 말만 듣고 자랐고, 자신이 어떤 평가를 받을까만 신경을 썼지 다른 사람이 받는 평가를 함께 책임져야 한다는 생각은 해본 적이 없었던 거지요. 그렇게 '불능자'가 되지 않으려고 노력하는 동안 타인을 위해서 깃털 하나 들 생각, 공동체를 위해 번트 한 번 날릴 줄 모르는 '불위자'로 살아왔음을 L대리는 인정하지 않을 수 없었습니다.

---

85) 『맹자』 '양혜왕'

모두 다 귀한 딸

다음 날 W대리는 L대리에게 N사원과 함께 저녁을 먹자고 했습니다. 필라테스 수업이 있어 망설이는 L대리에게 '이렇게 쉬운 일도 안 할 거야?'라는 W대리의 핀잔이 당장 떨어졌습니다. 그러고 보니 비슷한 연령대의 N사원과 사무실에서는 격의 없이 지냈지만, 퇴근 후 사적으로 따로 만난 적은 없었지요. N사원과 식사하고 차를 마시며 자연스럽게 개인적인 일을 이야기하다 보니 N사원도 자신처럼 누군가의 귀한 딸이고 누구보다 열심히 사는 젊은이라는 걸 알 수 있었습니다.

그녀는 해마다 1년 계약으로 고용이 유지되는 계약직 직원에게 직장은 매일 시험대에 오르는 것과 같다고 했습니다. 출근할 때마다 긴장된 마음으로 화장이나 옷차림에 신경을 쓴다는 N사원의 말에 L대리는 부서원들의 뒷담화가 떠올라 얼굴이 화끈거렸습니다. 이야기를 나눌수록 N사원에게 필요한 건 부서원들의 일회성 모금보다 평소에 소외시키지 않고 다른 동료와 똑같이 대하는 마음가짐이라는 걸 알 수 있었습니다.

『마음의 연대』를 쓴 이승욱 저자는 비정규직에 대한 '냉담한 회사 동료들의 행동은 자본주의적 경쟁이 만든 천박함'이라고 했습니다.

N사원과의 저녁 후 L대리는 자신이 N사원에게 진심으로 다가가지 못한 마음 한편에 '불능자'로 살아갈 수밖에 없는 비정규직을 경쟁에서 뒤진 루저로 판단하는 천박한 계급의식이 깔려 있었다는 걸 알아챘습니다. 운 좋게 정규직이 되었지만 '불능자'보다 '불위자'가 더 나은 게 무엇일까, 라는 생각이 들자 부끄러움이 몰려왔습니다.

진정한 안락함

맹자는 '부인인지심'(不忍人之心), 즉 '사람이라면 누구나 차마 남의 고통을 외면하지 못하는 마음'이 있다고 했습니다(『맹자』 공손추 상). '부인인지심'이 잘 작동하는 사람은 곁에 있는 사람의 외로움과 고달픔이라는 땔감이 쌓여있는 걸 못 본 척 지나치지 못하지요. 할 수 있음에도 불구하고 '불위자'로 사는 대중이 자신을 오지라퍼라고 놀려도 타인의 불행에 연대 책임을 느낍니다. 굳이 고생을 마다하지 않는 이유는 그래야 마음이 편하기 때문이지요.

독일의 철학자 니체는 많은 사람이 추구하는 안락함을 '가련한 안락함'이라고 했습니다. 당장 일신의 편안함과 눈앞의 이익에 안주할 때 얻는 안락함은 형세와 운이 바뀌면 한순간에 사라질 수도 있기에 가련합니다.

일터에서 만나는 비정규직 직원을 동료로 받아들이기 위해 거창한 각오는 필요하지 않습니다. 이 글을 읽는 독자 여러분도 일터에서 그저 우리 안에 있는 '부인인지심'을 켜두고 그 마음이 가는 대로 진정한 안락함을 좇으면 어떨까요?

업무는 같은데 처우는 달라도 돼?

김 준

(묵자, 상애–서로 사랑하라)

A는 새로 설립된 자회사의 행정관리 업무를 수행하기 위해 새 부서에 파견됐습니다. 본사의 계약직원들도 함께 일하게 됐습니다. 그러나 계약직원들은 A와 동일한 업무를 하면서도 급여 차이가 있었고, A와 같은 본사 직원들은 해마다 정해진 내규에 따라 승진과 승급이 이루어졌습니다. 그러므로 계약직원들은 자연스럽게 본사 직원들과 업무와 급여를 비교하곤 했습니다. 그러면서 본사 직원들과 같을 수는 없어도 빠른 시일 내에 자회사만의 인사제도 시스템이 정착돼 계약직에서 정규직으로 전환되기를 기대했습니다.

갑작스러운 이직의 혼란

어느 날 계약직원 B가 A에게 무언가를 건넸습니다.

"선배님, H기관에서 이렇게 모집공고가 났어요. 조건 좀 봐주세요."

평상시 허물없이 지내던 사이의 B가 건네준 자료는 직원 채용 공고문이었습니다.

"조건이 참 좋네. 우리도 이렇게 변화가 있으면 좋겠다. 혹시 이직하려고?"

"그러게요. 몇 년을 일했어도 승진도 없고 급여도 오르지 않으니 옮기고 싶어요. 마지막으로 과장에게 연봉과 인사 문제에 관해 얘기해 보고, 안 되면 퇴직하려고요."

A는 잠시 놀랐지만 공고문의 여러 조건이 그들이 근무하는 기관보다 좋았기에 딱히 할 말이 없었습니다. 과장과 면담을 한 B는 그의 요구가 수용되지 않자 승진 체계를 갖춘 곳으로 이직을 강행하고 말았습니다. B 개인적으로는 좋은 결정이었는지 몰라도 갑작스러운 B의 이직으로 인해 업무에도 공백이 생기고 차질이 빚어졌습니다. 그 결과, 당장 새로운 직원을 채용하기 전까지 남은 계약직원들이 업무 분담을 하고 A 역시 추가로 일을 처리해야 했습니다.

총대를 메다

근로기준법에는 상시근로자가 10명 이상이면 취업규칙을 작성하여 신고하도록 하고 있습니다. A가 소속된 기관도 어느덧 상시근로자가 10명이 되어 취업규칙을 만들어야 했습니다. A는 취업규칙에 직원들이 원하는 승진, 승급체계를 만들고 계약직에서 정규직이 될 수 있는 경력 체계 안을 구성했습니다.

하지만 취업규칙 제정을 지시했던 과장은 막상, 보고안이 완성되고도 시행을 망설였습니다. 그러더니 "문제가 생겼을 때 시행하면 되지. 이렇게 미리 준비할 필요가 있을까?"라며 결재를 거부했습니다. 사실 과장은 근로감독 시 지적을 받은 뒤에 취업규칙을 만들어도 된다고 안일하게 생각하며 시행 시기를 미루었던 거였습니다. 지금 생각해보면 과장도 중간관리자로서의 주저함이 있었을지 모를 일입니다.

어려운 상황을 견뎌내면서 이 규칙의 통과만을 기다렸던 계약직원들은 불만을 토로했습니다. A도 고민스러웠지만, 다행히 최소한의 급여 테이블과 인사제도를 한시적으로 적용하는 것으로 결재가 됐습니다. 더 포괄적인 사항은 다음을 기약했지만, 직원들과 A에게는 개운치 않은 씁쓸함이 남았습니다.

그래도 포기할 수 없었던 취업규칙안의 시행 기회를 엿보던 중 마침 인사이동에 따라 과장이 본사의 다른 부서로 전보됐습니다. 이미 이전 상황을 소상히 알고 있던 신임 과장은 장기적인 업무 안정성을 도모하고 체계적인 조직 관리를 위해 취업규칙의 보고와 시행을 단행했습니다. 그 결과, 연봉테이블과 정규직 전환 등 계약직원들에게 미래 지향적인 인사제도를 정착시켜 줄 수 있었습니다. 그리고 얼마 후 거짓말처럼 근로감독 시행을 통보받았지만, 미리 대처한 덕분에 지적사항 없이 잘 마칠 수 있었습니다.

겸애와 일의 원칙

그 일을 계기로 A는 묵자의 말이 떠올랐습니다.

임금이 자신을 사랑하면서도 신하를 사랑하지 않기 때문에 신하에게 손해를 입히면서 자신을 이롭게 한다. 이는 어째서인가? 모두 서로 사랑하지

않는 데서 일어나는 것이다.[86)]

이 말은 직위의 구분 없이 서로 사랑하여 차별을 두지 않아야 함을 의미합니다.

자신의 일처럼 나서는 A에게 본사 직원들은 과장이 고민해야 할 일을 왜 직원이 고민하느냐고 한마디씩 했습니다. "현 상태만 유지하면 될 걸 왜 사서 일을 만들어."라고 말입니다. A는 자신이 관리자는 아니었지만, 선임 선배로서 계약직원들을 위해 반드시 해결해야 할 일이라고 생각했습니다.

매일 애환을 나누는 동료였기에, 조선시대와 같은 신분 사회도 아니고 현대를 살아가는 우리에게는 일한 만큼의 합당한 대우가 필요하다고 A는 믿었습니다. A로서는 이 모든 것이 최소한 그들이 안정적으로 일하고 내일을 꿈꿀 수 있도록 예측가능한 인사시스템을 만들어야 할 이유였던 겁니다.

묵자는 또한 다음과 같이 일의 원칙을 제시했습니다.

어진 사람들이 일을 하는 원칙은 반드시 천하의 이익을 일으키고 천하의 해를 제거하는 것이니, 이것을 일의 원칙으로 삼는다.[87)]

어진 사람의 일은 반드시 천하의 이익을 일으키고 천하의 해를 제거하는

86) 군자애야불애신 고휴신이자리 시하야 개기불상애(君自愛也不愛臣 故虧臣而自利 是何也 皆起不相愛)『묵자』 '겸애'

87) 인인지소이위사자 필흥천하지리 제거천하지해 이차위사자야(仁人之所以爲事者 必興天下之利 除去天下之害 以此爲事者也) 『묵자』 '겸애'

것을 힘써 추구하는 것이다.[88]

일의 가장 대전제는 모두의 이익을 위해 리스크를 줄이는 거고, 더 나아가 모두를 이롭게 하는 이익을 만들어내는 데 있어야 합니다. 비정규직의 사회적, 법적 문제는 우리 사회의 해결되지 않은 오래된 숙제 중 하나입니다. 불안정한 경제상황으로 한 치 앞을 내다볼 수 없는 불확실한 시대에 나도 언제든 취약한 노동환경과 불공정한 근로조건을 감수하는 비정규직 중 한 사람으로 내몰릴 수 있습니다.

동일노동, 동일임금 원칙을 지키기 위해, 우리와 함께 일하는 비정규직 계약직 동료들이 차별 없이 일할 수 있는 환경과 제도를 만드는데 연합한다면 선진사회가 될 수 있습니다. 그 토대에 여러 사람에게 이익이 될 수 있는 일의 규칙을 세워 단 한 명도 우는 사람이 없는 행복한 직장을 만들어 나가는 곳, 우리가 지향해야 할 일터입니다.

88) 인인지사자 필무구흥천하지리 제천하지해(仁人之事者 必務求興天下之利 除天下之害)『묵자』'겸애'

내가 성희롱을 한 거라고?

차 경 숙

(묵자, 문선이불선 개이고기상–선이든 불선이든 모두 고하라)

D부장은 아직도 얼떨떨합니다. 마치 꿈속 일처럼 몽롱해서 자신이 방금 겪은 일이 현실 같지 않습니다. '내가 성희롱과 인격 모독을 했다고?' 아무리 생각해봐도 억울했지만 '혹시 나도 모르게 실수한 게 없나?' 불안하기도 했습니다. 복기하기 위해 부서원들 모습을 영사기 돌리듯 머릿속에서 훑다가 '내가 뭘 그리 잘못했다고?'라는 생각에 분한 마음이 다시 일었습니다.

내부고발을 당하다

D부장은 내부고발을 당했습니다. 한 협력업체 직원이 계약 기간 만료와 동시에 갑질과 폭언 및 여사원 성희롱, 성차별을 이유로 D부장을 고발한 것입니다. '일머리가 없다'라고 한 게 폭언이고, 납기를 어기고 변명하는 업체 직원을 좀 다그쳤다고 모욕적 언행이라니…. 손님이 방문해서 여사원에게 차 심부름을 시킨 게 시대착오적인 성차별이라면 할 말이 없지만, 젊은 여사원에게 남자친구가 있냐고 물어본 걸 성희롱이라고 하다니….

그는 회사를 위해 반평생을 바친 자신을 범죄자 취급하는 데 속이 뒤틀렸지만 이런 일은 변명하기보다 잘못을 인정하고 주의하겠다고 각서를 쓰는 편이 뒤탈이 없다는 조언을 듣고서야 꾹 참고 절차에 따르기로 했습니다.

집에 돌아오면서 D부장은 설마, 하면서도 이번 일로 회사로부터 버림당할까 불안한 마음이 진정되지 않았습니다. 그는 한참을 망설이다가 늦은 저녁 부서원들 한 명, 한 명에게 전화를 돌렸습니다. 정말 입을 떼기도 구차했지만, 혹시 모를 후일을 위해, 그동안 자신이 섭섭하게 한 일이 있는지 물어보고 혹시 있더라도 개인적인 감정은 없으니 오해하지 말아 달라고 사과와 당부의 중간쯤 되는 말을 자동 녹음기처럼 반복했습니다. 그때 중소기업 사장인 친구에게서 전화가 왔습니다.

휘슬을 불게 허하라

친구는 D부장의 이야기를 듣더니 혀를 끌끌 찼습니다. 요즈음 젊은 사람들 무서운 줄 이제 알았냐며, 자신은 회의 시작하기 전에 휴대전화부터 수거한다고 했습니다. 회의에 집중하기 위해서라는 핑계를 대지만 녹음이나 촬영을 방지하는 게 진짜 의도라고 그에게 귀띔했습니다. 회사를 떠나는 직원이 적지 않지만 떠난 직원을 공개적으로 '배신자'라고 부른다며 호기롭게 웃기까지 했습니다. 평소 같으면 같이 웃고 넘어갔겠지만, 마음이 복잡한 D부장은 '아직도 그런 노동 환경에서 일하는 사람들이 있구나. 누가 조직의 발전을 가로막는 진짜 배신자일까?' 저도 모르게 혼잣말을 중얼거렸습니다.

착잡한 심정으로 전화를 끊고 얼마 전에 취직한 조카에게 전화를 걸었습니다. 자신의 이야기를 다른 사람 일인 양 전하니 조카는 갑질 제보를 자유롭게 할 수 있는 D부장의 회사를 부러워했습니다.

"그래도 노조가 있는 회사는 다르네요. 우리 회사는 휘슬을 불고 싶어도 불 데가 없어요. 노동청에 '직장 내 괴롭힘 신고센터'가 있지만, 형식적으로만 조사하고 조치를 제대로 해주지 않는다고 하더라고요. 얼마 전 회사 선배가 회사원들의 대나무숲 같은 게시판에 우리 회사가 주 52시간을 지키지 않는다는 비방 글을 올렸다가 다른 부서로 강제 발령 난 일도 있었어요."

"그런 일이 있었어? 그렇지만, 남자친구 있냐고 물어봤다고 고발까지 하는 건 너무하잖아?"

"삼촌이 잘못 생각하시는 거예요. 프라이버시를 건드렸잖아요. 좋든 나쁘든 외모에 대한 평가가 사적 영역을 침해하는 것처럼 프라이버시와 관련된 일은 안 묻는 게 맞아요. 삼촌도 조심하세요."

부하직원들과 스스럼없이 지내는 친화력도 리더십의 일종이고, 칭찬은 무조건 좋다고 생각했던 D부장은 적잖이 충격을 받았습니다. D부장은 조카에게 다시 반박하려 했지만, 상사와 부하직원이 성별, 나이, 고용 형태와 관계없이 서로 존중하고 업무능력과 관련 없는 사적인 이야기는 묻지 말자는 게 뭐가 잘못되었냐고 조카가 반문하자 바로 대꾸할 수 없었습니다.

묵자, 스스로 울리는 종이 되어라

그런데 위의 사례처럼 내부고발과 포상제도를 2,000년 전에 주장한 사람이 있었습니다. 제자백가 시대, 모든 사람이 소외되지 않고 노동에 대한 정당한 몫을 받을 수 있는 통치체제를 갖추자고 부르짖은 묵자(墨子)입니다. 차별 없이 사랑하는 겸애(兼愛)를 주장한 사상가로 알려졌지만, 그가 말하는 겸애란 순수한 이타적인 사랑이 아닙니다. '누구나 타인에게 사랑과 이로움을 주면 자신도 그만큼의 사랑과 이익을 받는다는 상호 호혜에 기반을 둔 통치이념'입니다. 세상의 법이 돈과 권력 있는 사람에게만 이롭게 작동하여 백성들이 궁핍한 생활을 벗어나지 못한다는 사실을 간파한 묵자는 백성부터 최고통치자까지 일관되게 적용되는 공통의 분배체제를 만들자고 유세했습니다. 그리고 이 체제가 투명하고 공정하게 작동하도록 잘못한 일은 고발하고 잘한 일은 상을 추천할 수 있어야 한다고 거듭 강조했습니다.

인(仁)과 의(義)를 기반으로 예(禮)로써 나라를 다스리자는 유가사상에 익숙한 우리에겐 공자와 거의 동시대인 철기시대에 살았던 묵자의 주장이 신선하면서도 꽤 현대적으로 들립니다. 공자는 사람 본성에 자정 능력이 있다고 믿었기에 드러나게 칭찬하거나 잘못을 고발하는 걸 미덕으로 보지 않았습니다. 그래서 다른 사람이 인정해주지 않더라도 자신을 알아줄 때까지 묵묵히 실력을 기르면서 기다리라고 했습니다. 하지만 묵자는 남이 종을 쳐줄 때까지 기다리지 말고 스스로 울리는 종이 되라고 했습니다.

빌붙는 신하는 군주를 해치고 아양을 떠는 아랫사람은 위를 해친다. 군주는 반드시 어길 줄 아는 신하가 있어야 하고, 위는 반드시 바른말을 하는 아랫사람이 있어야 한다.[89]

89) 시고편신상군 첨하상상 군필유불불지신 상필유각각지하(是故偪臣傷君 諂下傷上 君必有弗弗之臣 上必有詻詻之下)『묵자』'친사'

모두를 위한 내부고발

독일의 철학자 니체는 '자신의 발톱이 무뎌서 선하다고 스스로 생각하는 사람들은 사실은 약자'라고 했지요. 잘못된 것을 보고 침묵하는 건 마음이 선량해서가 아니라 용기가 없기 때문이니까요. 물론 힘없는 개인에게만 용기를 가지라고 할 수는 없습니다. 그래서 묵자는 이렇게 말했습니다.

> 선(善)이나 불선(不善)을 들으면 모두 위에 고하고, 상황이나 신분에 따라 임의로 판단하지 말고 정해놓은 원칙을 반드시 따르라.[90)]

2019년부터 직장 내 괴롭힘 금지법(직장에서 지위나 관계상 우위를 이용해 타인에게 신체적 · 정신적 고통을 주거나 근무환경을 악화시키는 행위를 금지하는 법안)이 시행되면서 갑질 신고센터나 내부고발 같은 차별을 없애기 위한 제도가 많은 기관과 기업에 신설되고 있습니다. 하지만 피해자가 신고해도 회사에서 다반사로 일어날 수 있는 일로 치부하거나 흐지부지 시간을 끌며 사건을 방치한 채 신고자를 가해자와 분리하지 않아 신고자에게 2차 피해를 주는 경우가 허다합니다.

한편, 내부고발을 당한 사람은 정작 자신이 무엇을 잘못했는지 모르는 경우가 많습니다. 관행을 따랐을 뿐인데 자신만 운 나쁘게 걸렸다고 여기며 반성은커녕 자신이 가진 권위와 지위로 문제를 덮으려 하기도 합니다. 하지만 무엇을 잘못했는지 모른다고 면죄부를 받을 수는 없지요. 모든 괴롭힘

---

90) 문선이불선 개이고기상 상지소시 필개시지 소비 필개비지(聞善而不善 皆以告其上 上之所是 必皆是之 所非 必皆非之)『묵자』'상동'

사안이 그렇지만 직장 내 괴롭힘도 그럴 의도가 없었다는 가해자의 변명은 용납되지 않습니다.

내부고발이 공정하게 처리되지 않으면 사람들은 용기 내서 스스로 종을 치지 않게 되고, 차별과 갑질이라는 악성 종양은 점점 더 깊숙이 자리 잡아 종내에는 조직의 근간을 흔들 수도 있습니다. 따라서, 말단 직원에서 사장에 이르기까지 누구도 예외 없이 엄정하고, 편향되지 않고 공평무사하게 내부고발 제도를 운영하라는 묵자의 권고는 현재에도 유효합니다.

인생에 한번쯤은 비영리 마인드

김 선 영

(묵자, 윤열지애기 애인야–차별 없이 자신을 사랑하면 사람을 사랑하는 것)

인생 2막을 준비하던 세 사람이 합심해 창업을 하기로 했습니다. 그들은 소외된 이웃을 돕는 비영리 단체를 만들었습니다. 하지만 의기투합도 잠시, 창업을 준비하던 멤버 중 한 명이 다른 길을 가겠다며 빠른 결정을 내린 후, 다른 한 명도 중도 하차하고 말았습니다. 그러자 마지막까지 남은 한 사람은 사업의 존폐를 결정해야 하는 갈림길에 서게 됐습니다. 장고를 거듭하던 그는 창업을 포기하는 대신 사업 모델을 수정해서 혼자 재도전해 보기로 했습니다.

그렇게 시작한 사업이 올해로 창립 10년 차를 맞았다며 웃음을 띤 J대표의 얼굴은 환해 보였습니다. 열악한 비영리 생태계에서 10년을 버티며 성장해온 것은 일반 영리회사로 따지면 우량 장수 기업으로 여겨질 기록입니다. 2020년 10월 기준, '창업기업 생존율 현황 자료'를 보면 50%가 넘는 창업기업이 1년 이내에 폐업한다고 하니까요.

그런 가운데 10년을 버틴 건 그에게도 절대 녹록지 않았습니다. 코로나

유행 상황 이후 비영리 조직 역시 직격탄을 맞았기 때문입니다. 하지만 J대표는 무슨 일이 있어도 같이 일하는 사람들의 월급을 지켜주리라는 일념으로 부단히 현장을 누볐습니다. 사람들은 이제 그에게 비영리 영토에서 흔치 않은 성장을 일구며 공헌해온 비결을 묻습니다. 질문에 답하며 그는 '이익'을 바라보는 사람들의 다양한 관점과 지난 경험을 돌아보았습니다.

이익을 바라보는 다양한 시선

비영리의 특징은 자본을 위한 '이익'을 달성하는 대신 자본을 통해 '목적'을 이루는 데 있습니다. 한 예로, 비영리 법인은 발생한 수익을 조직 구성원에게 배분하지 않습니다. 따라서 수단과 목적이 뒤섞이고 공익과 사익의 분별이 흐려지면 비영리의 정체성은 흔들리기 마련입니다.

J대표는 목적사업과 이를 뒷받침할 수익사업의 비중에 관한 나름의 원칙을 세웠고, 이제껏 그것을 최대한 지키고 있습니다. 조직의 생존이 위협받는 상황에서 임시로 수익사업에 무게를 두어야 할 때도 있었습니다. 하지만 오늘날까지 비영리의 정체성을 지키며 건재할 수 있었던 비결은 상황에 따라 기회를 만들어 발 빠르게 움직이고, 사업 간 균형에 관한 원칙을 지켜온 노력에 있지 않았나 생각한다며 J대표는 조심스럽게 운을 뗐습니다.

"말처럼 쉽지 않은 도전이었죠. 때로 유혹과 갈등이 있었고 고민은 여전히 현재 진행형입니다. 하지만 오히려 비영리를 시작했던 초심으로 돌아가 사업의 핵심과 기본을 지키려 했던 노력이 여태껏 숱한 고비를 넘기게 한 버팀목이었어요. 코로나 대유행 시기에도 계속 새로운 것을 시도했던 에너지도 결국 비영리 정신을 더 잘 살려보자는 데서 나온 거지요."

묵자는 이기적 이타주의자?

영리와 비영리의 경계에서 서로 다르게 작동되는 이해관계를 주제로 J대표와 대화를 나누다 보니 묵자(墨子)의 이름이 떠오른 것은 우연이라 할 수 없었습니다. 타인에 대한 차별 없는 사랑, 즉 겸애(兼愛)를 주창한 묵자는 사랑에서조차 '이익'을 주창한 독보적인 사유를 펼쳤습니다. 묵자가 말하는 겸애는 "모든 사람이 서로 사랑하면 서로에게 이익이 된다."는 겸상애교상리(兼相愛交相利, 『묵자』 겸애)의 관점을 견지합니다. 묵자는 그저 생각에 머물거나 감정적인 차원의 사랑이 아니라, 구체적인 행동을 통해 상대에게 이익을 주는 방식으로 나아가라고 하지요.

비영리는 공공부문을 담당하는 국가와 영리활동에 치중하는 시장이 미치지 못하는 제3의 영역에 속합니다. 묵자의 시대에, 묵자 자신도 그를 따르던 사람들과 함께 직접 물품과 무기를 제조해 자급자족하는 공동체를 만들었습니다. 그 속에서 묵자는 겸애사상과 더불어 무분별한 침략전쟁에 반대하는 평화사상인 '비공'(非功)을 주창하며 민중 활동을 펼쳤습니다. 이러한 묵자의 생애와 궤적은 현대사회 속 비영리 공동체의 이미지를 연상시킵니다.

인간관계에서 발생하는 가장 중요한 요소로 '이해'(利害), 즉 이익과 손해를 꼽았던 묵자는 '이타주의'를 실천했던 철학자이자 행동가로, 묵가의 사상은 오늘날 다시금 주목받으며 꾸준히 연구되고 있습니다. 이해관계가 이타주의와 상충하기는커녕, 서로를 지지하는 모습으로 완성되는 것이 묵자의 논리입니다. 일견 모순인 듯 보이는 상황을 묵자는 이렇게 표현합니다.

사람을 사랑하는 것은 자기를 배제하지 않으며 자기를 사랑하는 가운데 있다. 자기가 사랑하는 바에 있으면 사랑이 자기에게 가해진다. 차별 없이 자신을 사랑하면 사람을 사랑하는 것이다.[91]

묵자는 사람을 사랑하는 마음의 근본이 자신을 배제하지 않는 균형 잡힌 온전한 자기 사랑을 포함한다고 말합니다. 차별 없이 자신을 사랑하면, 즉 자기 자신만을 사랑하는 것에 치우치지 않는다면 타인을 사랑하는 것과 다름없는 경지라는 뜻입니다. 그 둘은 분리되지 않는 동전의 양면이라는 거지요.

묵자의 겸애는 '이웃을 내 몸같이 사랑하라'라고 한 예수의 계명 그리고 부처의 자비와도 닮았습니다. 하지만 내 몸처럼 남을 돌보아야 하는 이유가 결국 나를 포함한 모든 사람에게 '이익이 되는' 이기적 목적을 내포하고 있기에, 엄격한 의미의 이타주의가 아닌 정직하고 실용적인 '이기적 이타주의'라고 말할 수 있겠지요. 그렇다면 묵자를 진정한 '자기 배려의 실천가'로 부를 수도 있겠습니다.

자기 배려 속에 깃든 비영리 마인드

J대표는 그동안 조직의 규모를 더 크게 키울 기회가 있었고, 더 많은 공익사업을 하기 위해서라도 그렇게 해야 한다는 주변의 설득과 유혹이 많았다고 했습니다. 하지만 그가 그 길로 가지 않은 건 그가 품고 있던 한 가지 두려움 때문이었습니다. 비영리 공익사업을 하면 '참 좋은 일을 한다,' 혹은 '착

91) 애인불외기 기재소애지중 기재소애 애가어기 윤열지애기 애인야(愛人不外己 己在所愛之中 己在所愛 愛加於己 倫列之愛己 愛人也)『묵자』'대취'

한 활동가다.'라는 칭찬과 박수를 받는 일이 많아집니다. 그런 상황이 반복되고 확대되면 점점 더 남들 눈에 잘 띄는 사업을 쫓게 되고, 이름이 알려지면서 유명세를 치르는 일도 있습니다. J대표도 한때 드러나는 성과 즉, 일의 규모나 건수에 집중하게 되면서 소소하지만 가치 있는 공익 프로젝트를 배제하게 되는 상황을 경험했다고 합니다. 이런 이유로 그는 소외된 이웃을 되도록 더 크게 돕겠다는 명분을 앞세워 예산을 키우는 과욕을 부리고, 그러한 과정에서 불가피하게 도덕성을 훼손하는 상황을 만들지 않으려고 경계하게 된 거지요.

J대표는 마음속 깊이 간직해온 바로 그 두려움 덕분에 외부의 시선에서 벗어나 자신이 원하는 것에 솔직할 수 있었고, 그 결과 그가 바라던 방식으로 비영리 정신을 지킬 수 있었습니다. 다시 말해 자신이 추구하는 가치를 우선 목록에 올린 덕분에 그가 운영하는 비영리 조직에 가장 이익이 되는 선순환과 지속가능성을 확보할 수 있었던 겁니다.

자기다움을 가장 잘 실현하면서도 동시에 타인에게 이익이 되는 관계를 실천하고자 했던 J대표가 추구해온 가치에는 묵자의 사유가 투영되고 있었습니다. 공공의 이익에 공헌하는 비영리의 가치를 실현하는 과정에서 자신이 세운 기준에 부합하는 좋은 삶을 스스로 부여함은 물론, 내적 충족감을 높여 세상을 이롭게 하는 이기적 이타주의자. 자기 배려의 정신으로 이타주의를 실천하는 J대표를 통해 읽을 수 있었던 현대적 묵자의 모습이었습니다.

그 나물에 그 밥, 투표 대신 캠핑!

정 예 서

(먹고 살기도 바쁜데 투표가 나와 무슨 상관!)

투표일을 모처럼의 휴일이라고 생각한 P는 가족들과 당일 여행을 다녀오기로 계획했습니다. 코로나 여파로 자영업을 폐업하고 중소기업에 취업한 지 3개월, 모처럼 휴일을 맞아 기분이 좋았습니다. P의 가족을 초대한 동창 가족과의 행선지는 서울 근교의 글램핑 캠핑장이었습니다.

두 부부가 바비큐를 준비하는 동안 아이들은 어울려 뛰어놀았습니다. 날씨도 좋아 P는 '그래 이런 게 사람답게 사는 거'라는 감회에 젖었습니다. 폐업을 하기까지 몸고생 마음고생이 실로 컸기 때문입니다.

식사를 마치고 카드게임을 하며 이런저런 이야기를 나누던 중 친구가 불쑥 물었습니다.

"사전 투표를 하니 덤으로 휴일이 주어져 좋다. 너도 투표했지?"

"음… 그게 꼭 투표를 해야 해? 나는 정치에 관심이 없어서. 너는 누구 뽑았는데."

"누구에게 투표했는지는 비밀이고, 훗, 그래서 너는 투표를 안 했단 말이야?"

"누가 되든 딱히 나 사는 거랑 관련이 없어서…. 그냥 자기들 좋아서 하는 정치잖아."

"그래도 투표는 해야지! 너도 애 키우는 아빠인데, 관심을 가져야 정책 결정에 도움이 되지."

"넌 언제부터 정치에 그렇게 관심이 많았어? '영끌'해서 집 사고 나니 주택 정책에 관심이 생겼냐? 나는 먹고사느라 힘들어 아직 집도 못 샀어. 이젠 이대로 영 못 사겠지만. 그러니까 정부에서 뭘 하든 관심이 없어. 어떤 정권이 들어와도 말만 번지르르하지 현실적인 도움을 받은 기억이 없거든. 그러니 누가 되든 관심이 없어지더라고. 회사 다닐 수 있을 때 열심히 다녀 아이들 학교나 제대로 마치게 도와줘야지."

"그래, 너 고생 많이 한 거 나도 알지. 그런데 어떻게 알아? 정책이 바뀌어서 너도 집을 살 수 있을지. 그러니까 투표를 했어야지. 관할 투표소로 가야 하니 지금은 못하겠네. 어쩌냐. 한 표가 중요한 선거였는데."

"괜찮아. 뭐 그렇게까지 정치가 나와 관련 있다는 개연성을 피부로 못 느끼겠어. 그리고 제일 싫은 게, 지들 할 일이나 홍보하지 위정자들이 서로 헐뜯는 게 너무 싫더라고. 구역질이 나. 그런 사람 중 누가 돼도 자기 배 불리는 데 힘쓸 거고, 결과는 똑같지 않겠느냐는 거지."

친구에게 계속 '참여의식이 없다'는 등의 질책 비슷한 말을 들으면서도 P는 자신이 행사하지 않은 투표가 그다지 아쉽지 않았습니다. 그런데 다음 날 아침, 출근길에 라디오로 선거결과를 접하면서 자신의 기권이 얼마나 큰 영향을 끼쳤는지 알게 되었습니다. P는 그제야 당선 후보자의 선거공약을 찬찬히 살펴보게 됐습니다. 투표 기권 후 급, 정치에 참여의식이 생긴 겁니다.

P의 말처럼 대선 후보자들의 '네거티브 피로도'가 유권자들의 기권율 증가로 이어졌습니다. 하지만 대한민국 리더를 뽑는 일에 어떤 고민도 없이, 의도조차 없이 선거권을 포기했다면 대한민국 국민으로서 어떤 마음으로 당대를 살아가고 있는지 뒤돌아봐야 합니다. 인구 5,000여 만 명의 작은 나라의 리더가 얼마나 큰 영향력을 국민 생활 전반에 미치는가를 생각해봐야 합니다. 선거가 치러질 때마다 어떤 리더에게 이 나라를 대표하게 해야 하는가를 고심하는데 시간을 충분히, 더 충분히 써야 합니다.

내 소중한 한 표의 위력을 여실히 목격할 수 있었던 지난 선거는 양당의 소소한 표 차이가 대선주자의 운명은 물론 나라의 방향까지 영향을 끼치게 된다는 걸 알게 했지요. 한 표 차이로 당락이 바뀔지도 모른다며 대선 주자들이 유권자들에게 그렇게 투표를 독려했음에도 '내가 투표한다고 세상이 달라지지 않을 거 같아서 기권했다'라는 그는 새 정부의 정책이 그의 절실한 문제와 관련돼 있을 거라는 생각을 왜 하지 못한 걸까요?

개인이 당면한 문제와 국가의 여러 정책은 긴밀하게 연결돼 있습니다. 코로나로 인한 매출 감소, 일자리 부족으로 청년실업률이 높아지는 현상을 정책에 반영하고, 현저하게 낮아진 인구밀도와 두터워지는 고령층 관련 복지 정책, 나날이 높아져 가고 있는 국민들의 문화수준을 소득 콘텐츠로 이어지게 하는 정책 수립 등 생존의 여러 안전장치가 내가 투표로 의견을 내는 것에 따라 반영됩니다. 물론 어떤 대선 후보인가도 살펴 그 정책이나 공약이 잘 이루어지는가를 감시하는 게 나라를 위해 일하는 분들을 위하고 결국 나를 위한 행위임을 인지해야 합니다.

앞선 '빌어먹을 관계'에서 잠시 소개해드렸던 철학자, 맹자는 개인을 변화시키는 것도 중요하지만 한 나라의 제왕, 즉 군주의 리더십이 무척 중요하다는 걸 잘 알고 있었습니다. 따라서 왕도정치를 구현시킬 수 있도록 천릿길도 마다하지 않고 여러 나라를 방문합니다. 제왕들이 맹자를 초대해 나라를 이끄는 데 지침이 될 만한 말씀을 들으려 한 것이지요. 이때 맹자가 제자와 함께 이끌고 가던 수레가 당도한 곳은 위나라로, 위혜왕으로도 불렸던 양혜왕은 당시 여러 나라 임금 중에서 인재를 알아보고 초빙을 해 현답을 듣고자 했던 왕이었습니다.

천자의 힘이 약화되고 제후국들이 부국강병에 힘을 써 패자(敗者)가 되려 했던 당시인지라 양혜왕은 맹자를 더 반가이 맞았고 양혜왕의 첫 질문은 이러했습니다.

"선생께서 천릿길을 멀다 하지 않고 이렇게 오셨으니, 내 나라를 어떻게 이롭게 해주시려는지요?"

맹자는 양혜왕의 첫 질문을 듣고 적이 실망한 듯 한참을 있다 이렇게 대답합니다.

"임금께서 어떻게 하면 나라를 이롭게 만들 것인가에 대해서만 말씀하시면, 대부들은 어떻게 하면 내 집을 이롭게 만들 것인가를, 관리나 백성들은 어떻게 하면 내 자신을 이롭게 만들 것인가를 궁리할 것입니다. 그렇게 되면 남의 것을 서로 빼앗지 않고는 만족하지 못 하게 되겠지요. 일찍이 어질면서 그의 부모를 소홀히 한 사람은 없었으며, 의로우면서도 그의 임금을 모른 척했던 사람은 없었습니다. 그러니 상하가 각자의 이익만을 추구한다면 결국 위태롭게 되고 말 것이 '나라'입니다. 만승의 나라를 다스리는 천자를 죽이는 자가 있다면 그는 필시 천승의 나라를 다스리던 제후일 것이고, 천승의 나라를 다스리는 제후를 죽이는 자가 있다면 그는 필시 백승의 나라를 다스리던 제후일 것입니다."[92]

예와 인을 행하면서 부모를 버린 자는 없었다

천승의 나라를 다스리는 제후는 만승의 나라의 천자가 준 10분의 1의 땅을 다스리는 것이고, 백승의 나라를 다스리는 제후 역시 천승의 나라의 10분의 1에 해당하는 땅을 녹으로 받아 다스리는 것입니다. 하지만 천승의 나라 제후나 백승의 나라 제후가 인의를 무시하고 자기 이익만을 생각한다면 나머지 땅을 다 차지하지 않고는 만족하지 못할 것입니다.

그런데 예와 인을 행하면서 부모를 버린 자는 없었으며, 의를 행하면서

---

92) 맹자견양혜왕 왕왈 수불원천리이래 역장유이이오국호 맹자대왈 왕하필왈이 역유인의이이의 왕왈하이이오 국대부왈 하이이오가 사서인왈 하이이오신 상하교정이이국위의 만승지국시기군자 필천승지가 천승지국 시기군자 필백승지가 만취천언 천위백언 불위불다의 구위후의이선리 불탐불여 미유의이후기군자야 왕 역왈 인의이이의 하필왈이(孟子見梁惠王 王曰 叟不遠千里而來 亦將有以利吾國乎 孟子對曰 王何必曰利 亦有仁義而已矣 王曰 何以利吾國 大夫曰 何以利吾家 士庶人曰 何以利吾身 上下交征利而國危矣 萬乘之國弑其君者 必千乘之家 千乘之國弑其君者 必百乘之家 萬取千焉 千取百焉 不為不多矣 苟為後義而先利 不奪不饜 未有仁而遺其親者也 未有義而後其君者也 王亦曰仁義而已矣 何必曰利)『맹자』'양혜왕'

임금을 뒷전으로 돌려둔 자도 없었습니다. 그렇기에 임금께서는 그 덕을 모두 담을 수 있는 인(仁)과 의(義)만을 말씀하시면 되는 것일 뿐, 애써 이익을 논할 필요가 없다는 말씀입니다.

나라의 '이'를 묻는 양혜왕의 첫 질문에 맹자는 평소의 가치관을 속사포처럼 펼칩니다. 기실 이 대답에는 많은 일깨움의 꾸지람이 담겨 있습니다.

양혜왕은 맹자의 이 대답을 듣고 어땠을까요? 맹자의 바람처럼 인의(仁義)에 근거한 왕도정치를 하라는 맹자의 말을 단번에 깨우친 거 같지는 않습니다.

양혜왕의 이 질문은 현대 사회 위정자의 욕구 즉 기득권을 우선으로 지키되 더 큰 이익을 추구할 수 있겠느냐라는 속내가 고스란히 드러난 대목입니다. 질문에도 성숙의 단계가 있는데, 무릎 아래의 질문을 다시 던지니 말입니다.

양혜왕은 마침 연못가의 기러기와 고라니와 사슴이 노니는 풍경을 가리키며 또 말합니다.

"그렇다면 현자도 이런 것들을 즐길까요."

물끄러미 양혜왕을 바라보던 맹자는 "어진 사람이라야 비로소 이런 것을 즐길 수 있습니다. 어진 사람이 아니면 즐길 수 없지요. 시경에 이르기를 '문왕(文王)께서 처음으로 영대(靈臺)를 지으실 때 그 터를 살펴보시고 확정하시니 백성들이 몰려와 일을 도와 모양을 갖추었네. 급하게 하지 말라 했으나 백성들이 아버지의 일을 돕듯이 돕고 그 완성을 함께 기뻐했다네. 문왕께서 영유(靈囿)의 정원에 사슴들이 윤기가 흐르고, 백조의 깃털이 빛나고 연못에 가득 찬 물고기들이 뛰어오르네'라며 백성의 힘으로 대와 연못을 만들고 백성들이 함께 기뻐해 그 대를 영대(靈臺)라 부르고 연못을 영소(靈沼)라 부르며 즐거워했다'고 합니다. 이처럼 옛 현자는 백성과 더불어 능히 즐길 수가 있었던 것입니다."라고 답합니다.[93]

맹자가 인용한 시는 『시경』 영대(靈臺)의 구절인데, 문왕이 비록 백성을 불러 일을 시켰으나 평소 문왕이 백성을 사랑했기에 백성 또한 문왕의 동산을 만들며 함께 즐거워하며 '영대'라고 이름을 짓기까지 한 것을 시로 지은 것입니다. 이처럼 낙(樂)을 혼자 즐기는 게 아니고 '백성을 이롭게 하는 점들을 늘 염두에 두면 함께 즐거울 수 있다'라는 여민해락(與民偕樂), 여민동락(與民同樂)은 맹자의 주요한 가치관입니다.

또 맹자는『시경-탕서-상서』를 인용해 "걸 왕이 일찍이 '내가 천하를 얻은 것은 하늘의 해가 있는 것과 같으니, 저 해가 없어져야 내가 망한다'고 하자 백성들이 걸의 학정을 원망하면서 그 말을 인용하여, '그 해는 언제 없어질

93) 맹자견양혜왕 왕립어소상 고홍안미록 왈 현자역락차호 맹자대왈 현자이후락차 불현자수유차 불락야 시운 경시영대 경지영지 서민공지 불일성지 경시물극 서민자래 왕재영유 우록유복 우록탁탁 백조학학 왕재영소 어인어약 문왕이민력위대이소 이민환락지 위기대왈 영대 위기소왈영소 락기유미록어별 고지인여민해락 고능락야 양해왈 시일갈상 여급여해망 민욕여지해망 수유대지조수 기능독락재(孟子見梁惠王 王立於沼上, 顧鴻鴈麋鹿 曰 賢者亦樂此乎 孟子對曰 賢者而後樂此 不賢者雖有 不樂也 詩云 經始靈臺 經之營之 庶民攻之 不日成之 經始勿亟 庶民子來 王在靈囿 麀鹿攸伏 麀鹿濯濯 白鳥鶴鶴 王在靈沼 於牣魚躍 文王以民力爲臺爲沼 而民歡樂之 謂其臺曰 靈臺 謂其沼曰靈 樂其有麋鹿魚鼈 古之人與民偕樂 故能樂也 湯誓曰 時日害喪 予及女偕亡 民欲與之偕亡 雖有臺池鳥獸 豈能獨樂哉)『맹자』'양혜왕'

것인가? 만일 없어질 수만 있다면 차라리 같이 망하자'라고 말하는데 탕 임금과 백성이 더불어 걸왕이 죽기를 바란다는 말입니다. 다시 밝음을 펼쳐 말씀드리기를 현명하지 않은 자는 비록 새와 짐승이 있어도 즐기지 못합니다."[94]라고 맹자는 간곡히, 그러니 좀 깨우쳐 무릎 아래 질문이 아닌 가슴의 질문을 양혜왕이 하기를 타이르고 있습니다.

'탕'이 무력으로 '걸'왕을 내쫓은 것은 왕위세습의 전통의 틀을 깨고 신하가 왕을 해한 '역성혁명'이었습니다. 군주는 백성을 어떤 가치보다 우선해야 한다는 생각을 보여준 맹자의 예시였습니다.

현대사회에서 권력이나 명예, 재력으로 식탁의 먹거리 계급부터 모든 일상의 소비계급을 양산하는 상류층이나 스스로의 일상을 탐욕으로 채워가는 위정자에게 이르는 맹자의 따끔한 지적이 아닐 수 없습니다.

맹자는 인(仁)으로 포장하고 실상은 힘으로 다스리는 것을 '패도'라 하고, 덕을 실천하는 정치를 '왕도'라 일렀습니다. 또한 힘으로 사람을 복종시키면 마음이 따르지 않게 되고, 덕으로 이끌면 사람들이 따르게 되므로 덕에 의한 왕도 정치가 가장 바람직하다고 봤습니다.

맹자가 주창한 왕도정치는 이처럼 수천 년이 지난 현대 사회에서도 적용돼 국민에 의해 걸왕처럼 쫓겨난, 인(仁)으로 포장해 사리사욕을 채우던 대통령의 사례를 세계적으로 볼 수 있습니다. 그러니 이 덕목은 절대 간과할 수 없는 리더의 주요 가치관입니다.

94) 탕서왈 시일해상 여급녀해망 민욕여지해망 수유대지조수 개능독낙재(湯誓曰 時日害喪 予及女偕亡 民欲與之偕亡 雖有臺池鳥獸 豈能獨樂哉)『맹자』'양혜왕'

정치인과 대통령이 어떤 교본을 들고 정치를 하고 있는지, 철새처럼 당을 바꾸고 말을 바꾸는 정치인들이 내 선거구를 대표하고 있지 않은지, 눈 크게 뜨고 잘 경계하여 한 표의 주권으로 지켜야 하는 내 나라입니다. 그러니 무동기로 기권한 한 표는 부도덕한 위정자들을 도와주는 명백한 방치 도화선이 될 것입니다.

뽑을 사람이 없다고 여겨 투표를 하지 않은 거, 멀리 갈 것도 없이 얼마 전 상영된 영화『영웅』의 주인공 안중근 등, 기꺼이 목숨을 건 독립투사들이 쟁취한 '내 나라의 민주주의'를 안일한 구경꾼이 되어 흙바닥에 내동댕이친 것과 같습니다. 또한 '나를 하나의 커다란 시스템에 가두어 사용되도록 방치한 것'과도 같습니다. 다시 말해 '의사표현을 할 수 있는 내 권리를 무지로 포기하고 시스템에 작동되는 수동적 삶을 살아도 괜찮다는 것을 무언으로 허락한' 것입니다.

그러니 내가 주권을 가진 인격체라는 걸 인정할 때 방치가 아닌 참여의식의 무게를 인식할 수 있을 것입니다. 그것을 잘 표현할 수 있는 첫 번째 행위가 투표인 것이지요. 개인의 이(利)가 아닌 모두를 위한 이(利)를 지금의 정부가 할 수 있도록 추동과 감시를 하면서요.

그것이 내 가정, 내 직장을 지켜갈 수 있는 실천의 시작입니다. 현재를 살고 있는 나와 미래를 살아갈 우리의 아이들을 위한 귀한 한 표를 꼭 행사하셔야 하겠습니다.

닫는 글

『스타벅스에서 동양철학 한잔』에서는 공저자 연구원들과 한 번쯤 우리가 멀리서 전망하며 그려봐야 할 또는 당장 직장에서 부딪히는 갈등 에피소드를 다루었다.

좋은 책은 읽으면 읽을수록 감칠맛이 나는 법. 원고를 준비하며 공자에게 감읍하고 맹자에게 탄복하고 순자의 명철함, 묵자의 진짜 사랑법에 고개 숙이고 퇴계 이황, 실천하는 학자에게 감동을 받았다. 하여 큰 스승에게 빚을 진 듯 아직도 전하고픈 말이 산처럼 남아 아쉽다. 특히 스승이나 멘토, 이직에 관한 글을 더 썼어야 했다는 아쉬움도 있다. 나중, 단행본을 써보고 싶다는 생각이 들 만큼 좋은 산책이었다.

직장인으로 사는 걸 점점 어려워하는 가장 큰 이유는 개인의 개성과 욕구가 조직에서 존중받는 것이 쉽지 않다고 느끼는 데서 기인한다. 또한 과거와 달리 자기 안의 욕구를 면밀하게 살필 수 있게 되면서 스스로에 대한 연민의 강도가 높아지기도 한 점, 연대나 관계 맺기를 귀찮아하는 것도 한

축으로 자리 잡고 있다. 그런데 상담 현장에서 이 관계 맺기 귀찮음의 심리를 더 들여다보면 조직에서 함께하는 구성원에게 상처받기 싫다는 기저가 대부분 잠재돼 있다. 코로나가 방점을 찍은 시점에서 유난히 퇴직이나 이직, 전직을 고민하는 분들의 상담을 많이 접하게 된 것도 무관하지 않다고 본다.

자본주의 국가에서는 소득수준이 상향될수록 사적인 것, 프라이버시를 존중하는 게 더 특별한 계층이라는 오해도 분명 영향을 끼치고 있다. 이에 따라 스스로를 소외시키는 현상이 직장에서의 단절을 더 심화시키고 있다.

경제개발협력기구(OECD) 국가의 경제활동 인구 중 자영업자 비중은 평균 13%, 우리나라는 그 두 배에 가까운 25%다. 그리스 · 튀르키예 · 멕시코 · 칠레 · 한국 순으로 자영업자 비중이 높다. 미국과 일본은 10%에 불과하다. 우리나라는 무급 가족 종사자까지 포함하면 1,000만 명 이상이 자영업 관련 일에 종사하고 있다. 그중 4인 이하 영세 사업체 비중은 90%를 웃돈다.

이 수치의 행간에서 우리는 많은 것을 유추해볼 수 있다. 코로나 시국을 지나면서 소상공인들이 폐업을 고민하는 것과 달리 일인 기업가 즉 자영업자의 창업은 늘었다. 이처럼 직장인 노마드 시대를 맞아 전통적 직장인 시대는 미래학자 제레미 리프킨이 오래전 예언했듯 많은 변화를 맞게 될 것이다.

내가 존재해야 내 세상을 써 내려갈 수 있으니 세계 인구 77억 중 가장 중요한 사람은 역시 나일 수밖에 없다.

어떤 삶의 방식을 선택하든 좋은 점과 불편한 점은 동전의 양면처럼 작용한다. 그러므로 개인의 프라이버시를 존중받는 것과 구성원들과의 어울림 사이에서 과하지 않은 균형을 잡는 게 중요하다는 걸 잘 알고 있어야 한다. 그래야 스스로 원한 고립이 아닌 관계의 고립을 당하지 않는 함께의 기쁨을 누릴 수 있다. 그러니 귀찮음의 경계를 되도록 많이 넘어서기를 조언한다. 반드시 그에 상응하는 확장된 경험의 기쁨을 만나게 될 것이니 말이다.

전작 『스타벅스에서 철학 한잔』을 기획하게 된 계기는 대부분 직장인이었던 연구원에 와서 공부하는 연구원들이나 내담자들에게 도움이 되고자 했던 마음이었다. 그 마음이 동양철학까지 이어졌다. 이 특별한 기획이 여러 변화를 맞고 있는 직장인뿐만 아니라 가정에서도 도움이 된다면 그것으로 정예서함께성장인문학연구원의 계속적 연구의 이유는 충분하다고 본다.

이 책을 엮음으로써 나는 두 권의 단행본과 세 권의 공저를 마치게 됐고, 올해 겨울이 시작될 무렵, 『나를 세우는 네 가지 기둥』이 출간될 것이다. 이어 팬데믹으로 멈추었던 제자 연구원들과 공저 7권이 순차적으로 출간이 예정돼 있다.

주변에서 인문학자가 왜 단행본을 안 쓰고 공저를 쓰느냐, 왜 인문학 주제를 안 쓰고 생의 계발서를 계획하느냐는 질문을 많이 받는다. 그 이유는 15년간 연구원에서, 상담소에서, 강연장에서 만났던 사람들에게 가장 필요하다고 생각되는 책을 우선으로 펴내는 것이 내가 해야 할 일이라고 생각하기 때문이다. 생의 주기에 따라 지금 당장 사람들의 힘듦의 문턱에서 절실하게 도움이 되는 책들을 반드시 제자 연구원들과 함께 출간하는 것 말이다.

바야흐로 어른공부의 르네상스 시대를 맞고 있다. 난세에 철학의 꽃이 핀다고 하지만, 성인이 돼 하고 싶었던 공부를 제대로 해보고자 하는 열망으로 책을 읽는 이들 덕분에 우리나라는 지식강국, 성숙한 시민사회가 될 것이라는 기대를 품게 된다.

혹자는 나 또한 한때 염려했던 거처럼 인문학을 빙자한 현시적 가벼운 교양이라는 우려 섞인 시선을 던지기도 한다. 그러나 현장에서 제자들과 함께 공부하면서 그런 시각이 얼마나 편협한지 깨닫게 됐다. 깊이의 차이는 당연히 있겠지만, 흡수할 수 있을 만큼의 지식을 받아들여 어제의 나보다 오늘, 조금이라도 내 세계가 넓어져 인식의 차이를 줄일 수 있다면 더할 나위 없이 좋은 것이다. 하여, 인문학 공부한다고 모두가 인문학자가 돼야 한다고 생각하지 않게 됐다.

전문적 식견을 가진 학자들이 더 깊은 연구를 해서 쉽고 좋은 글로 보통의 일상을 살아가는 사람들이 변화를 맞도록 하는 그것이 사람을 이롭게 하는 인문학의 정의 아니겠는가. 다시 말해 누구에게도 도움이 되지 않는 현학적 쓰기나 말이 인문학을 통칭하거나 대표할 수는 없다. 공부의 목적은 결국 인식의 확장으로 실천이 돼야 하는 것이므로 공부의 경중(輕重)을 논할 수는 없는 거다. 독자의 눈높이, 독자를 존중하는 쓰기만이 '책'으로서의 소명을 다하는 것이다. 그러므로 전작과 마찬가지로 장중한 베토벤의 교향

곡을 세미클래식으로 편곡하듯 동양철학에 대한 접근을 쉽게 하고자 했다.

모든 텍스트를 쓰는 이의 고질병, 수정에 수정을 거듭해도 마침표를 제대로 찍지 못한 듯해 부끄러움을 면하긴 어렵겠지만, 그럼에도 매 출간 시마다 최선이었다고 기억하며 걷고 있다. 그 기억이 나를 다시 쓰게 하므로.

전작 '서양철학'에 이어 '동양철학'을 제자 연구원들과 함께 작업하며 보폭을 맞춰 걸었던 연대의 경험은 우리를 달뜨게도, 성장하게도 한다. 그러니 함께한 연구원들이 늘 정겹고 고마울 밖에. 직장과 가정을 경영하면서도 연구원에서 공부를 계속해 스스로를 꽃피우며, 가장 사람다운 형상을 추구하는 제자들의 모습은 곧 내 스승의 모습인지라 존경을 아니 보낼 수 없다.

이 책을 쓰며 공저자인 제자의 와병 소식과 또 다른 공저자의 2세 탄생 소식을 전해 들었다. 딩크로 살다 새 생명을 맞은 그녀는 무척 밝고 빛나 보였다. 나를 나누어야 가능해지는 육아, 그러나 혼자일 때보다 커지는 충만감. 그녀가 스스로 그 역할을 즐기며 생명의 신비로움을 선물로 받은 듯해 어여뻐 보였다.

또 와병을 맞은 그녀. 열심히 함께했던 모든 시간이 빛났던 총명한 그가 어서 쾌유해 '즐거울 낙(樂)을 연구할 날을 고대한다.' 내내 사랑했으므로, 내내 사랑할 것이므로 내 모든 기운이 그에게로 가서 그의 시간이 되어도 좋았다. 씩씩했던 그가 병마쯤 물리치고 가벼이 그의 자리로 돌아올 것을 믿고 우리 공저자들은 온 마음으로 응원했고, 마침내 그녀는 돌아와 이 책의 에필로그를 쓸 수 있었다.

쓰는 동안 공저자들의 일상에 찾아온 이직, 새로운 도전 등의 변화를 동양고전 덕분에 지혜롭게 겪어낼 수 있었다. 그뿐이랴. 함께 공부했던, 하고 있는 꽃 같은 모든 제자들에게 한결같은 마음으로 곁에 머물렀다. 부족한 내 곁에 함께해 나로 하여금 '어떻게 사랑할 것'인가를 내내 골똘하게 해주는 그대들과 함께해 영광이었다는 사랑의 인사를 전한다.

또한 공저자 모두의 마음을 모아 술이부작(述而不作)한 이 책이 공자의 유가 해석학과 같은 확산에는 못 미치더라도 독자들께 한 줄기 햇살, 위로가 되는 책으로 닿아 멀리 가기를 바란다.

인사동 함께성장인문학 연구원에서

정예서 연구원장

공저자 에필로그

(가나다 순)

강효주

프로 직장인이라 자부했지만, 직장생활을 하는 동안 가치관의 혼란, 관계의 어려움, 내적 갈등과 수없이 마주할 수밖에 없었다. 그때 나를 지탱해준 힘은 과연 무엇이었는가. 끝이 보이지 않는 갈등의 터널 속에 서 있던 때 스스로 문을 두드려 찾아간 인문학연구원에서 접한 인문학 도서들. 그 속에서 하나씩 나만의 해답을 찾아가는 즐거운 여정을 경험했다. 현대인의 마음에도 여전히 깨달음을 주고 있는 동양 철학서를 통해 직장인 독자 여러분이 내디딜 인문학의 길에 마중물 역할을 해드릴 수 있음에 기쁨을 느낀다. 스스로 읽고 쓰는 일을 좋아한다고 말하면서도 정리된 생각을 철자로 내어놓는 일에 매우 서툰 나를 발견하는 시간이기도 했지만, 그러면서 중국 현자들 및 동료들과 마음으로 더 깊어진 시간이었다. 정예서 선생님과 동료 공저자들의 도움으로 이 책을 완성할 수 있음에 감사하다.

김선영

인생 후반기를 정규직 노동이 아닌 자발적 활동을 하는 '공부하는 백수'이자 프리랜서인 '벼룩의 삶'으로 이행하고자 24년의 직장인 생활을 마감했다. 곧바로 이어진 코로나 시기를 맞아 모두가 사회적 단절을 견디는 동안,

이 책의 공저로 중국 현자들의 지혜에 접속할 수 있었다. 수많은 사상이 자유롭게 융성했던 춘추전국시대의 정세와 역사를 공부하며 동양고전 글귀를 읽고, 그것을 21세기 '지금 여기' 일터의 맥락과 연결하는 작업은 큰 도전이었다. 이를 위해 조직 생활을 하며 물음표로 남아있던 경험과 느낌표의 장면을 복기하면서 오늘의 독자에게 들려주고 싶은 이야기로 재구성했다. 또한, 이제 더는 직장인이 아니기에 조직 안팎의 문제를 관찰자적 시각으로 통합해 보려 노력했다. 그 과정에서 지난날의 실수와 후회의 기억들이 동양철학이 전하는 통찰과 지혜를 통과하고 여과되어, 내게 전혀 새롭고 값진 풍경으로 펼쳐지는 경험을 했다.

이 책을 통해 동양철학을 감히 오르지 못할 고산준령이 아닌, 매일 아침 나서는 산책길처럼 거닐며 벗하길 바란다. 우리 스스로 그은 한계를 넘어서도록 이끌어주신 정예서 선생님, 그리고 다섯 명의 공저자들과 늦은 밤 셀 수 없는 랜선 세미나로 빚어낸 이 책은 그 소중한 결과물이다.

김 준

학창시절, 고전을 읽고 '2,500년 전 공자의 말씀이 현재에 통할까? 그 시대와 지금의 나는 어떤 연관이 있을까?'라는 질문이 있었다. 직장생활 10년이 지난 후 다시 읽은 『논어』에서 시대를 초월한 삶의 지혜를 발견할 수 있었다. 인간 삶의 원형은 과거부터 현재에 이르기까지 다르지 않으니 말이다. 『스타벅스에서 동양철학 한잔』은 직장인들이 직장에서 겪을 에피소드를 고전에서 전하는 구절로 그 답을 찾았다. 시대를 초월한 현자의 지혜가 재해석된 직장의 의미. 짧지 않은 글쓰기 여정에 정예서 선생님과 공저자들의 함께함의 힘으로 이 책을 출간하게 됐다. 선생님과 동료 공저자들께 고마운 마음을 전한다.

박연아

인생의 중반부에 접했던 동양고전의 깊이는 내가 살아온 인생을 다시 돌아보는 계기가 됐다. 나이가 들며 지식보다 지혜가 깊어진다는 건 시간에서 오는 삶의 경험이라고 했다. 삶의 모퉁이에서 일어나는 수많은 질문들 앞에서 방황하는 우리들.

여전히 같은 질문을 하게 되는 현대에 고전의 성현들을 통해 해답을 찾아가는 길,『스타벅스에서 동양철학 한잔』공저에 참여하게 됐다. 그분들의 지혜를 완전히 전달하는 데는 부족하지만 전달자 즉, 징검다리 하나, 하나를 놓는 마음으로 글을 엮었다. 독자들이 이 책을 읽고 조금이라도 도움이 됐다면 원전을 찾아 그 속에 담긴 지혜를 깊고 넓게 음미해보시기를 권한다. 혼자였다면 할 수 없었을 일이다. 연구원에서 함께 책을 읽고, 공저를 하는 경험, 그 과정이 또 하나의 세계로 가는 과정이었다. 정에서 선생님과 동료 공저자들에게 감사한 마음을 전한다.

차경숙

반평생 직장을 다녔지만 직장에서 맞닥뜨리는 문제는 왜 늘 새로울까? 취업한 큰딸이 털어놓는 고민에 해답도 위로도 뜻대로 해주지 못해 답답할 때가 더 많다. 10년 넘게 비정규직으로 일하며 목격한 여러 가지 차별에 연대로 맞서보기도 했지만 불평등은 여전히 뿌리 깊다. 그럼에도 불구하고 어른으로 사는 시간 대부분을 보내는 직장에서 어제보다 나은 나로 성장할 순 없을까, 때로는 반성하고 때로는 성찰하며 썼다.

보이는 세계를 보이지 않는 세계와 연결하는 작업인 철학을 좋아한다. 특히 동양철학의 지혜는 현학적이지 않아서 편안하다. 세상이 아무리 바뀌어도 인간답게 살기 위해 지켜야 할 변치 않는 가치를 일상의 씨실과 날실에 스며들게 하는 방법을 일러주고 있기 때문이다. 그래도 철학적 사고역량과 글쓰기의 한계에 부딪혀 흔들릴 때, 같은 배를 탄 공저자들과 함께 토론하고 공부하며 여기까지 올 수 있었다. 마음으로 지원해준 가족들과 쓰기의 여정에 끝까지 함께해주신 정예서 선생님과 동료 공저자들에게 가슴 깊이 감사드린다.

작가 소개

정예서(연구원장)

'구본형변화경영연구소 연구원'에서 1년간 수학, 졸업했고 '성장 상담소'에서 일주일에 두 명의 내담자를 만난다. 기업, 학교 등 기관 강연과 '정예서함께성장인문학연구원' '나를 세우는 네 가지 기둥' '대안대학원' 제자들과 어른의 학당에서 15년째 읽고, 쓰는 놀이를 통해 가르치고, 배우며 성장 중이다.

2009년에 시작한 '치유와 코칭 백일쓰기'는 현재 50기 지원 접수를 받고 있으며 '생의 첫 책 쓰기' 과정에서 각자의 주제로 연구원들의 단행본, 수십 권 출간을 지도했다.

독자 눈높이의 인문학 공부는 물론이고 생애 주기에서 우리가 가장 알아야 할 8가지 과정 '인문의 숲' '치유와 코칭 백일쓰기' '마법의 대화 포스텝' '신사와 숙녀의 품격' '유쾌한 가족 레시피' '내 생을 그리는 꿈 설계' '독서지도사' '내 생의 첫 책 쓰기'를 통해 강사를 배출해내고 있다. 지난 15년간 현장에서 만난 사람들을 통해 생애주기에서 반드시 알아야 할 것을 놓치며 갈등과 불통을 낳고, 급기야 어른으로서의 심리적 이행을 멈추기에 교육이 절실하다고 깨달았기 때문이다.

본원의 강사 자격 과정은 물론, 이에 확장된 연장선상에서 생애발달 과정에 반드시 필요한 어른의 학교, '나를 세우는 네 가지 기둥' 대학원을 설립했다. 대학원의 학생들은 위의 7개 강사자격과 '생의 첫 책'을 쓰는 법까지 배워 단행본 출간을 준비하며 졸업하고 있다.

'나를 세우는 네 가지 기둥' 대학원 설립 동기는 우리나라가 지식강국으로 접어들며 이제는 배우는 시대에서 가르치는 시대, 모두가 '선생'이 되는 시대가 도래하는 바, 강사는 물론 작가로서의 교양을 넘어선 인문학적 역량을 제대로 갖춰 현장에서 학습자를 만나야 한다고 여기기 때문이다.

'나와 너'로 사회를 연결하는 도구 중 '글'이 가장 강력한, 선한 추동의 영향력이 있다고 믿기에, 생애 주기에 필요한 위의 책들을 펴낸 이후에도 그간 써온 원고를 꾸려 지속적으로 단행본을 출간할 계획이다. 심리학과 문학, 철학을 공부했으며 현장경험을 통해 '사람으로서 평화롭되 나아가는 삶'을 지속적으로 연구해왔다.

단행본 『유쾌한 가족 레시피』와 단편소설집을 출간했으며, 구본형변화경영연구소 연구원들과 『구본형 내 삶의 터닝포인트』를 공저했다. 함께성장인문학연구원 제자들과 『스타벅스에서 철학 한잔』에 이어 『스타벅스에서 동양철학 한잔』을 출간했다. 또한 위의 8개 커리큘럼과 같은 주제의 공저를 제자 연구원들과 순차적으로 출간 예정이며 지난 15년간 연구해온 단행본 출간을 앞두고 있다.

강효주(연구원)

18년 동안 기업의 인사담당자로 일하고 있다. 전문성에 대한 목마름으로 박사과정을 병행하며 주경야독하는 삶을 살고 있다. '정예서함께성장인문학연구원'에서 인문학을 만나 읽고 쓰며 인생관에도 변화가 생겼다. 오직 내게만 집중됐던 삶에서 타인에게로 시선이 확장됐으며 '나를 세우는 네 가지 기둥' 대학원에서 동서양 철학, 심리서, 경영서, 문학을 읽고 썼다. '치유와 코칭 백일쓰기' '마법의 대화 포스텝' '신사와 숙녀의 품격' '내 생을 그리는 꿈 설계' 등의 전담강사 자격을 이수해 직장과 가정에서 실천하기 위해 노력하고 있다. 직장인의 고민을 십분 공감하기에 『스타벅스에서 동양철학 한잔』 공저에 참여했다. 공부하며 일하고, 일하며 공부해 앞으로 나아가는 인간의 삶을 지향하고 있다.

김선영(연구원)

미국 및 유럽계 글로벌기업의 한국 법인에서 조직 커뮤니케이션, 사회공헌, 애드보커시(Advocacy) 분야의 일을 했다. 오랜 기간 리더십 팀 일원으로 재직하며 변화관리, 전략기획, 조직문화 업무를 폭넓게 경험했다. 내 안의 진짜 욕망을 알고 싶어서 '정예서함께성장인문학연구원' 연구원들과 공부하며 동서양 고전의 세계에 접속했고, 독서회 전담강사로서 지자체 기관의 자활 참여 대상자를 위한 '독서와 글쓰기' 수업을 이끌었다. 일상에서 읽고 쓰는 '공부하는 백수'의 기예를 연마하고, 앎과 삶을 연결하는 크리에이터의 길을 탐구하고 있다. 현재 인문학, 조직개발, 리더십 분야에서 교육 트레이너 및 퍼실리테이터로 활동 중이며, 조직과 개인을 돕는 창조적인 대화법에 관심이 많다.

김 준(연구원)

24년 동안의 첫 번째 직장생활을 마치고 두 번째 직장생활을 하고 있다. 직장생활 동안 어느 조직에서든 목격되는 조직 내 갈등의 원인에 주목하게 됐다. 어떻게 하면 원활한 소통을 할 수 있을까 질문하게 됐고, 그 탐구심으로 '정예서함께성장인문학연구원'의 '나를 세우는 네 가지 기둥' 대학원에서 동서양 철학, 심리서, 경영서, 문학을 읽고 쓰며 졸업했다. '치유와 코칭 백일쓰기' '마법의 대화 포스텝' '신사와 숙녀의 품격' '내 생을 그리는 꿈 설계' '유쾌한 가족 레시피' '신사와 숙녀의 품격' '독서회' 등의 전담 강사 자격을 이수해 강사로도 활동하며 생의 3막을 준비하고 있다.

온 가족이 인문학을 공부하며 가정이 성장하는 인문학의 위력을 실감했다. 단행본 『그 남자의 소통법』을 출간 준비 중이며 '생이 평화로워지는 인문학 전도사'로 사람들과 관계맺음을 지속하고 있다.

박연아(연구원)

30년째 어린이집을 운영하고 있으며 인간의 내면 심리를 더 알고 싶어 대학원에서 상담심리를 공부했다. 인생에서 가장 중요한 성장기인 영유아기의 중요함을 부모들에게 알리고자 '정예서함께성장인문학연구원'의 '나를 세우는 네 가지 기둥' 대학원에서 동서양 철학, 심리, 문학, 경영서 등을 읽고 쓰기를 통해 내면성장을 거듭하며 졸업했다. '치유와 코칭 백일쓰기' '나를 세우는 인문의 숲' '유쾌한 가족 레시피' '마법의 대화 포스텝' '신사와 숙녀의 품격' '독서회' 등의 전담강사 자격을 이수해 강사로도 활동하며, 이 모든 커리큘럼을 교사와 학생, 학부모에게 적용하는 현장교육을 하고 있다. 30년 경험을 바탕으로 유아기의 학부모들에게 전해 줄 단행본 『달콤 쌉싸름하지만 무엇과도 바꿀 수 없는 성장육아』 출간을 준비 중이다.

차경숙(연구원)

영문과 졸업 후 대기업 마케팅 · 영업부서에서 14년 동안 일했고, 이후 중국살이를 몇 년 한 후 돌아와 초등학교에서 12년 동안 영어를 가르쳤다. 2014년 '정예서함께성장인문학연구원'과 인연을 맺어 읽고 쓰는 일을 계속했다. 2017년 『힘이 되는 인생속담 쓰담쓰담 영어속담』을 첫 책으로 선보였고, 2019년 연구원들과 공저로 서양철학이 직장인에게 주는 위로와 처방을 담아 『스타벅스에서 철학 한잔』을 출간했다. 또한 '치유와 코칭 백일쓰기' '생의 첫책 쓰기' '나를 세우는 인문의 숲' '마법의 대화 포스텝' 등의 전담강사 자격을 이수했다. 『스타벅스에서 동양철학』의 출간을 앞두고 병에 걸려 모든 활동을 중단했지만 동양고전을 공부한 공저자들은 달라도 달랐다. 치병할 때까지 기다려준 공저자들과 사람들에게 필요한 책을 출간하기 위해 계속 함께 연구할 계획이다. 『생의 첫책 쓰기』 공저 출간을 준비 중이다.

| 부록 |

스타벅스에서 만난 동양철학 및 철학자 소개

유가(儒家)

유가(儒家)는 춘추시대의 철학가 공자(孔子)를 개조(開祖)로 발전해온 학파. 춘추시대는 주(周)나라의 봉건제도가 무너지고 제후들이 무력 패권 경쟁을 일삼던 정치적 · 사회적 혼란기이자 변혁기였다. 공자는 예(禮)와 악(樂)의 조화로 통치했던 주나라의 문물제도를 되살리는 것으로 세상을 바로 잡으려 했다. 스스로 주 문왕이 남긴 문화의 담지자를 자처할 정도로 주 왕조를 따르겠다는 강력한 의지를 지녔으며, 이를 자신의 천명으로 여겼다. 후대 유학자들에게 요 · 순 · 우 · 탕 · 문 · 무 · 주공으로 이어져 내려오는 유학을 계승하였다고 평가받는 공자는 예를 외적 질서 형식으로 보고 예를 욕구하는 인간의 내면적 본성이 인(仁)이라고 하여 사상의 핵심적 토대로 정립했다.

공자(孔子)

공자는 주나라의 제후국이었던 노나라에서 기원전 551년 태어나 73세의 나이로 사망했다. 현재의 산둥성 동남부근산(東南附近山) 인근, 지금의 니산(下山) 아래 곤령동이 공자의 탄생지로 전해진다. 부모가 니구산에 기도하여 태어났기 때문에 이름이 구(丘), 자는 중니(尼仲)이다. 부친을 여의고 어머니와 살며 가난했지만 어려서부터 예(禮)에 밝았다.

춘추시대 유학(儒學)자로 주나라의 예(禮)와 악(樂)을 정리, 유학의 기초 경전을 정립하였으며, 이 예악을 바탕으로 한 정치 실현을 목표로 수많은 제자들을 30대부터 가르쳤다.

50대에 이르러 노나라의 중도재를 다스렸는데, 그 성과가 탁월해 지금의 법무부장관에 해당하는 대사구(大司寇)의 벼슬에 올랐다. 그러나 복잡다단한 정치 상황에서 실각, 이후 여러 제자를 이끌고 13년 동안 중국 천하를 주유하며 뜻이 맞는 군주를 찾아 사상을 실천하려 했으나 여의치 않았다. 말년에 노나라로 귀국하여 국로(國老)의 대접을 받았으나 등용되지 못했다.

낙향한 공자는 제자들의 교육에 힘쓰며 이전의 고전들에 숨을 불어넣는 저술 작업을 수행했다. 정치 · 사회 문제에까지 관심의 폭을 넓혀 수기치인(修己治人)으로서의 유학을 정립했다. 한대에는 『역경』(易經) · 『서경』(書經) · 『시경』(詩經) · 『예기』(禮記) · 『춘추』(春秋) 등 오경이 정비되고 오경박사(五經博士)가 설치되었다. 공자 사후 전국시대 중기의 맹자는 성선설(性善說)을, 말기의 순자(荀子)는 성악설(性惡說)을 바탕으로 학설을 전개했다.

공자를 '유교의 창시자'라고 인식하고 있지만, 공자는 자신이 창시자라기보다 옛부터 이어져 오던 예악(禮樂)의 전통을 정리해 옛 성왕, 성현의 행적에 깃든 뜻을 정리, 밝혀낸 것일 뿐이라고 말한다. 공자의 말, '술이부작'(述而不作) 즉 '저술이지 창작은 아니다'라는 말은 여기서 유래했다. 사실

공자는 『역경』(易經) · 『서경』(書經) · 『시경』(詩經) · 『예기』(禮記) · 『춘추』(春秋) 등 5경을 정리했을 뿐 한 권의 책도 쓰지 않았다. 공자의 포대는 스스로 이상적 성인의 계보로 세운 '요순우탕문무주공'(堯舜禹湯文武周公) 왕들의 사상을 계승하는 거였다. 유교 문화로 알려진 것들 중에는 공자 이전부터 있었거나 혹은 후에 형성된 관습이 많다. 후대의 학자들도 이런 점을 감안해 공가(孔家)라고 부르지 않고, 유가(儒家)라고 칭했다. 그러나 공자의 사상은 유가를 전하는 데 그치지 않고 자신의 철학을 확장 접목해 유가를 굳건히 하는 데 기여했다.

공자는 73세에 사망하여 노성(魯城, 지금의 곡부) 북사에 묻혔다. 많은 제자들이 3년 동안 묘를 지켰다. 공자의 생가를 묘당으로 바꾸고 공자의 평생 의관금서를 당에 보관했다. 이후 매년 제사를 지냈다. 오늘날 곡부에는 공자묘, 공부, 공림 등 이른바 '3공'이 있다.

공자는 조선시대 학자들에게 막대한 영향을 끼쳤다. 원 성종 11년(1307년)에 '대성지성문선왕'(大成至聖文宣王)이란 시호를 내렸다. 현재 성균관 대성전 등지의 공문사당 위패에 표기되는 공식 존호다. 『논어』는 유교(儒教) 경전(經典)인 4서 5경 중 대표 저서로 공자의 언행과 제자들의 질문, 공자의 답을 제자들이 엮어 편찬한 것으로 7권 20편이다.

맹자(孟子)

맹자는 전국시대 중기를 살았던 사상가이자 정치가로, 이름은 가(軻)이다. 공자 사후 100년 즈음, 기원전 372년경에 태어나 기원전 289년경까지 살았던 것으로 추정될 뿐, 정확한 생몰을 확인하기 어렵다. 추(鄒)에서 태어나 어린 나이에 아버지를 잃었다. 어머니 장씨가 맹자의 교육을 위해 세 번 이사를 했다는 고사가 맹모삼천지교와 맹모단기지교로 전해진다. 공자의 고향 노나라에서 공자의 손자 자사, 문인에게 육경을 배우며 성선설 사상을 계승했다. 제자백가 시대에 유가사상을 확립하고 묵자 등의 당대 철학자들과 어깨를 나란히 했다.

40세 이후 '인정'과 '왕도정치'(王道政治)를 주창하며 천하를 주유했다. "권력자는 백성을 위해 존재해야 하며 백성은 부당한 권력자에게 저항한다." "왕의 권력은 백성들이 부여하는 것이다." 등 진보적 역성혁명론을 펼쳤다. 이와 함께 사람다움[仁]을 지키기 위해 '사궁'(四窮) '불인인지심'(不忍人之心), '사단' 등을 중심으로 소외계층의 복지에 힘써야 한다는 왕의 리더십을 설파했다.

주자는 맹자를 진(秦)나라 이전 유학의 마지막 적통으로 평가해 유교의 대표적 철학자로 '공맹'(孔孟)을 꼽았다. 호칭 역시 공자에 버금간다는 뜻으로 '아성'(亞聖)으로 칭했다. 원 문종 3년, 추국아성공(鄒國亞聖公)으로 추봉됐다. 이는 곧 현재 성균관 대성전 등의 공문 사당 위패에 표기되는 공식 존호다. 대표적 제자로는 만장과 공손추 등이 있다.

제자들은 그가 남긴 책 『맹자』의 일관된 문체로 보아 맹자가 직접 썼다고 주장하지만 당대의 한유(韓愈)나 북송대의 소철(蘇轍) 등은 맹자 사후 제자인 만장과 공손추의 저작이라고 주장했다. 『맹자』는 양혜왕에서 진심까지 전체 7편으로 되어 있는데, 후한대에 조기가 『맹자장구』를 지으면서 각 편을 상하로 나누어 14편의 체계로 이뤄졌다. 특히 『맹자』는 혼란했던 전국시대 상황에 대처한 정치사상서로 중시되며 오늘까지 리더십의 교본이 되고 있다.

순자(荀子)

성은 순(筍), 이름은 황(況)이다. 기원전 298년경 조(趙)나라에서 태어나, 기원전 238년경 초나라에서 사망했다. 공자의 뒤를 이은 유가 사상가임에도 맹자의 성선설(性善說)을 비판하고 공자에게로 돌아가야 한다고 주장하며 인간의 본성을 경계해야 한다는 성악설(性惡說)을 제시했다. 그러면서도 인간은 적습공부(積習工夫)를 통해 본성을 변화시켜 화성기위(化性起僞)로 인위를 세울 수 있다고 보았다. 또한 예(禮)도 배워야 알 수 있고 실천할 수 있다며 여러 차례에 걸쳐 예(禮) 교육의 중요성과 유익성을 강조했다.

공자의 사상을 뼈대로 인(仁)으로 백성을 감화시키고 '예'(禮)에 따라 사회적 직분을 구분하여 다스릴 것을 강조했다. 따라서 예치(禮治), 즉 왕이 어진 마음으로 백성을 살피고 예(禮)로써 귀천을 나누어 능력 있는 자를 등용한다면 천자의 나라가 될 수 있다고 주장했다. 그러나 순자의 제자인 한비자와 이사 등은 왕이 굳이 어진 행동을 하지 않아도, 능력 있는 신하를 등용해 엄격히 법을 집행하면 백성들이 따라와 부국강병 할 수 있다는 패도정치를 주장했다. 왕도정치를 비판한 이들의 사상을 '법가'라고 한다. 오늘날 패도정치를 꿈꾸는 많은 위정자들이 한비자의 책을 읽는 이유다.

특히 순자의 자연관은 당시로서는 혁명적이었다. 유교의 전통적인 천명(天命)을 부정하고, 천인분이(天人分二), 즉 자연의 법도와 인간 사회의 법도가 다르다는 것을 강조해 철학계에 센세이션을 일으켰다. 유학의 세계관과 전면 대치되는 사상으로, 인간을 하늘에 얽매이지 않은 능동적인 존재로 본 매우 유의미한 주장으로, 지금까지 영향을 미치고 있다.

『순자』는 총 20권 32편으로 구성되었으며, 순자와 여러 제자들의 기록이

혼재되어 있다. 『순자』를 가장 먼저 교정하고 지금의 형태로 정리한 이는 유향이다. 그는 322편에 달하는 순자의 글에서 중복되는 내용을 정리하여 『순경신서』를 펴냈다. 그 뒤 학자들의 연구로 『순자구보』, 『순자간석』, 『순자철학』, 『순자학안』 등이 편찬됐다.

이 시기 유학자들의 출생 연도로 미루어보면 공자와 맹자는 180여 년, 맹자와 순자는 70여 년 정도의 시간 차가 있다. 시대적으로 공자는 춘추시대 말, 맹자는 전국시대의 중앙, 순자는 전국시대 말기에 활동했다. 전국시대는 '제자백가' '백가쟁명', '백화제방' 등이라고 불릴 만큼 다양한 사상들이 활발하게 전개되었다. 이후 다시는 그런 시대를 만나지 못할 만큼 중국역사를 통틀어 가장 철학이 만개한 시대였다.

도가(道家)

중국 선진시대(先秦时代) 제자백가 사상의 하나로 노자와 장자의 허무, 염담(恬淡), 무위(無爲) 자연학파다. 만물의 근원으로서 자연을 숭배했다. 이 사상의 창시자라 할 수 있는 노자(老子)가 우주 본체를 설명하면서 사용한 '도'와 '덕'을 논하는 학자들을 도덕가라고 칭하다가 줄여서 도가로 부르게 됐다. 도가는 넓은 뜻으로는 노자 · 장자 · 열자 · 관윤 등이 중심이 되는 철학파를 가리키며, 좁은 뜻으로는 노장철학(老莊哲學)을 가리킨다.

도가는 유가(儒家)의 가치인 도덕과 본질적으로 다른 '도'(道)와 '덕'(德)의 이론을 제시했다. 도가의 도덕은 무위자연(無爲自然)의 상태로 자연에 순응하는 삶을 이상으로 제시했다. 지식과 가치의 문제에서는 상대주의(相對主義)와 반지주의(反知主義)를 주창했다. 이러한 경향은 장자의 절대자유

· 절대평등의 사상으로 이어졌다. 도가사상은 이처럼 노장사상을 계승, 발전시킨 철학사상으로 인간의 현실적 타락과 무지의 근거를 자연을 통해 벗어나는 무위(無爲)의 삶을 추구한다.

노자(老子)

춘추시대 말기에 태어난 사상가로 사람이 걸어가야 할 길[道]에 대한 통찰을 제시한 인물이다. 성은 이(李), 이름은 이(耳), 시호는 담(聃)이다. 대표 저서로는 『도덕경』이 있으며, 이 때문에 도가의 창시자로 불린다. 도교에서는 노자를 신격화하여 '태상노군'(太上老君)이라고 부른다. 중국 철학사상사에서 노자는 신비에 싸인 인물이다. 실존 인물이었는지에 대해서도 의견이 분분하며 적어도 3인 이상이 노자인 척 행세했다는 추측이 있다. 그럼에도 반고의 『한서』(漢書) 예문지(藝文志)에서 "도가자류(道家者流)는 사관(史官)에서 나왔다."라거나 『사기(史記)』에서 "노담은 주나라의 수장실지리였다."고 말하는 것에 비추어 본다면 노자는 사관 출신의 해박한 지식인으로서 그 시대의 예악제도와 정치적 상황을 잘 알고 있었으리라는 짐작을 할 수 있다.

노자가 혼란스러웠던 당시 시대상황의 대안으로 정립한 '진실했던 본래로 돌아가라'는 '반박귀진'(返朴歸眞)은 도덕경의 근본 사상이다.

노자의 사상은 백성들을 시켜 뭘 하려고 하지 말라는 '무위자연'과, '권력과 재산을 더 가지려고 애쓰지 말라'는 '공수신퇴'로 요약된다. 이로써 노자『도덕경』은 백성들의 입장이 아니라, 권력자의 입장에서 쓴 책임을 알 수 있다. 특히 『도덕경』 3장에 실린 문장은 노자의 무위사상을 대변해준다.

"현명한 사람들을 숭상하지 말라. 백성들로 하여금 다투지 않게 할지니, 얻기 어려운 재화를 귀하게 만들지 말라. 백성들로 하여금 도둑이 되지 않게 할지니. 무위로 행하면 다스려지지 않는 것이 하나도 없다."[95]

『도덕경』의 핵심은 '스스로 그러함'을 본받는 도(道)로 집약된다. 우주의 본질이자 운행법칙이 곧 도의 작용이고 이를 드러냄이 덕이라는 거다.

노자의 사상이 집약된 『노자』는 『도경』과 『덕경』으로 구성되어 『도덕경』으로 불린다. 노자의 사상을 계승한 법가는 후대에 『도덕경』을 절대군주의 처세서로 재평가했다. 81개 장, 총 5,200여 자로 이루어진 『도덕경』은 동양철학 경전 중 가장 적은 단어로 가장 많은 이야기를 하는 고전이라고 평가될 만큼 많은 의미가 함의돼 있다. 또 공들여 쓴 문학서라고 해도 손색이 없을 만큼 문장이 출중해 여럿이 계획한 저술이라는 짐작에 힘을 실어주기도 한다.

묵가(墨家)

묵가는 묵자가 창시한 학파로 중앙집권적 체제를 지향하고 실리적인 지역사회의 단결을 주장하는 등 유가(儒家)에 반한 학파다. 시조는 전국시대 초기 송나라의 목공 출신 묵적(墨翟)이며, 묵적의 뒤를 이은 지도자를 거자(鉅子)라 한다. 제자백가 중 하나로, 가족이나 국가의 경제를 초월한 겸애(兼愛)의 정신을 역설하였다. 전국시대에는 유가와 어깨를 나란히 할 정도로 유력한 학파였다.

95) 불상현 사민부쟁 불귀난대지화 사민불위도(不尙賢 使民不爭 不貴難得之貨 使民不爲盜) 『도덕경』 '3장'

묵가는 혁신적 사회변혁 실천 집단으로 공인, 농민이 중심이었지만 사대부(士大夫)도 흡수했다. 내부에서는 담변, 외부의 선전, 설서, 집단교육, 성곽을 지키기 위한 전투 등의 임무 분담이 이루어지고, '묵자의 법'이라는 규약도 있었다. 묵가 사상이 담긴『묵자』는 상현 · 상동 · 겸애 · 비공 · 절용 · 절장 · 천지 · 비악 · 명귀 · 비명 등 10론 23편의 강령과 경상하 · 경설상하 · 대취 · 소취 등 6편의 논리학 자연학이 기초를 이루고 있다.

묵자(墨子)

기원전 479년경에 태어나 381년경에 세상을 떠난 것으로 전해진다. 평생을 '굴뚝이 검어질 새도 없이, 앉은 자리가 따뜻해질 짬도 없이' 세상을 바꾸기 위해 돌아다녔다는 노동자 출신의 묵자는 성도 이름도 정확하지 않다. 얼굴이 묵처럼 검고, 늘 검은 옷을 입었고, 얼굴에 묵형 자국이 있어서 묵자라고 불렀다고 한다. 하지만 천민 출신의 그를 희화화해 '묵자'로 불렀다는 설도 있다.

전쟁이 끊이지 않아 전국시대라 불린 혼돈의 시기에 묵자는 전쟁을 신의 뜻을 어기는 반인류적 죄악으로 규정하고 반전평화운동가로 활동했다. 또 실제 전쟁에서는 직접 방성(防城)기구를 만들어 약소국이 적의 공격으로부터 9번이나 성을 지켜내도록 한 실천가이기도 했다.

묵자는 묵가(墨家) 집단을 이끄는 리더임에도 스스로를 '북방의 천한 사람'이라 낮추며 하층민, 공인, 노동자들이 굶주림과 천대에서 벗어나 사람답게 살 수 있는 세상을 만들기 위해 온몸을 바쳤다.

『묵자』의 중심 철학 이론은 겸애(兼愛)로, '서로 사랑하자'는 뜻이다. 묵자는 "서로 사랑하지 않으면 강한 자는 반드시 약한 자를 위협하고 부유한 자는 가난한 자를 업신여기고, 영리한 자는 어리석은 자를 속인다."라고 하며 절대 사랑론을 펼쳤다. 또 "천자라 해도 사람을 이롭게 하는 점이 필부, 즉 일반 백성과 다르지 않을 수 있다."라며 실천의 중요성을 강조했다. 겸애(兼愛)는 종교에서 주장하는 무차별적 사랑이라기보다 선택적 별애(別愛)의 반대 개념으로 만민평등주의, 모든 사람이 노동의 대가인 이익을 공정하게 분배하는 법과 제도를 바탕으로 두고 있다. 이처럼 겸애는 제자백가 시대, 만연했던 기득권의 부조리와 불평등을 어떻게 해결할 수 있을까를 고민했던 묵자의 현실적 연구의 소산이었다.

『한서』 '예문지'에 따르면 묵자는 『묵자』 71편을 남겼다. 그중 『묵경(墨經)』은 위정자를 향해 외치는 정치 철학서로 '친사'(親士)를 시작으로 18개 장으로 이루어져 있다. 다른 동양철학서와 달리 근거를 따져 설득하는 논리적 글쓰기로 순자에게 큰 영향을 미쳤다.

현실을 개혁해 세상을 이롭게 하려는 묵자의 의지를 맹자는 진심편에서 진술하고 있다.

"양자(楊子)는 '나를 위한다'는 주장을 취하여 터럭 한오라기를 뽑아 천하가 이롭게 되는 일을 전혀 하지 않는다. 또 묵자(墨子)는 겸애(兼愛)를 주장하여 정수리부터 발꿈치까지 다 닳아 없어지더라도 천하를 이롭게 하는 일이라면, 한다."

양자와 묵자의 지나침을 경계하며 어느 것에도 치우치지 않는 즉, 한 가지만 고집하지 않아야 한다는 것을 이른 것이지만 이 구절만 보더라도 묵자가 자신의 사상을 어떻게 실천하려 했는지 잘 알 수 있다. 묵자의 주장은 오늘날에도 유가 및 도가와 더불어 중국 3대 사상의 하나로 그 영향을 끼치고 있다.

성리학

중국 송나라 · 명나라 때 주돈이, 정호, 정이 등에서 비롯하고 주희가 집대성한 유학의 한 파. 이기설(理氣說)과 심성론(心性論)에 입각하여 격물치지(格物致知)를 중시하는 실천 도덕과 인격과 학문의 성취를 역설하였다. 우리나라에는 고려 말기에 들어와 조선의 통치이념이 되었다. 길재 · 정도전 · 권근 · 김종직에 이어 이이 · 조식 · 이황에 이르러 조선 성리학으로 체계화되었다.

이황(李滉)

1502년 이식(李埴)의 7남 1녀 중 막내아들로 태어나 1571년 사망했다. 조선의 유학자로 자는 경호(景浩), 호는 퇴계(退溪). 여러 개의 호로 불렸으나 가장 널리 알려진 것은 퇴계다. 학문적 업적은 물론, 그 시대로서는 드물게 가정에서도 가족을 살뜰히 사랑하며 챙긴 일화가 여럿 전해진다.

아버지 이식은 이황이 7개월일 때 40세의 나이로 죽고 어머니의 보살핌 아래 성장했다. 모친은 춘천 박씨로, 율곡 이이에게 신사임당이 있다면, 퇴계 이황에게는 춘천 박씨가 있었다.

『논어』 등 다양한 경과 시를 접했는데 19세 때 주희의 『성리대전』을 독파하고 "나도 모르는 사이에 기쁨이 솟아나고 눈이 열렸는데, 오래 두고 익숙하게 읽으니 점차 의미를 알게 되어 마치 들어가는 길을 얻은 것 같았다. 비로소 성리학의 체계를 친숙히 알게 되었다."라고 했을정도로 성리학 공부에 주력했다.

23세에 과거 시험에 응시했으나 세 번 낙방 끝에 34세가 돼서야 문과 초시 2등으로 급제했다. 이후 43세까지 종3품 성균관 대사성까지 올랐지만 자의 반 타의 반 귀향과 귀경을 반복했다. 45세에 '을사사화'에 엮여 파직당했다 오래지 않아 복직했다. 풍기군수 시절 조선 최초의 서원인 소수서원을 지었다.

귀향 후 다양한 학문적 활동을 펼치면서 대학자로서 자리매김했다. 당대의 대유학자였던 서경덕과 논쟁을 벌여 '기를 이끄는 이'를 부각시켰다. 이러한 이황의 사상은 조선시대 주리론(主理論)의 뼈대가 되었다. 명종의 부름으로 홍문관 부제학에 임명되었고, 그해 8월에는 첨지 중추부사로 임명되었지만 사양했다. 평생, 왕들의 부름을 70여 번이 넘게 고사했다. 정치가로서 일생을 마치지 않겠다는 굳은 신념이었다.

그의 사상은 50~60세에 걸쳐 완성되었다. 변론 · 저술 · 편저 등 중요한 것은 모두 이 기간에 이루어졌다. 그는 『주자서절요』, 『송계원명이학통록』, 『계몽전의』, 『심경석의』를 비롯해 기대승과 문답을 기록한 『사단칠정분리기서』 등의 명저를 남겼다.

고향에 도산서당(陶山書堂)을 짓고 아호를 도옹(陶翁)으로 고쳤으며, 주로 서당에 기거하면서 독서 · 수양 · 저술에 전념하는 한편, 많은 제자를 가르쳤다.

성리학을 그림과 함께 쉽게 설명한 『성학십도』(聖學十圖)를 왕에게 올려 성리학이 국가 이념임을 피력했다. 또한 누구나 쉽게 이해할 수 있도록 한 글로 번역한『성학십도』를 인쇄, 간행하여 배포했다. 등용과 퇴임이 잦아 권력에 기생했다는 평도 있으나 평생 생각이나 헤아림을 멈춘 상태에서 마음을 고요하게 간직하는 사색과 '경'(敬)을 중시했다. 1570년 고향인 안동에서 70세에 사망했다.

그가 죽자 선조는 3일간 정사를 파하고 조회를 하지 않았다. 사후 상례와 석물을 화려하게 하지 말고 작은 비석이나 하나 세우라는 그의 유언에 따라 산소에는 '퇴도만은진성이공지묘'(退陶晩隱眞城李公之墓)라고 쓴 작은 비석만 세워졌다. 그 뒤 문순공의 시호를 받아 성균관 문묘(文廟)에 종사되었고, 안동의 도산서원을 비롯한 전국 40여 개 서원에서 제사하고 있다.

율곡 이이가 서인들의 정신적 지주라면 퇴계 이황은 동인들의 정신적 지주라고 할 수 있다. 이언적의 사상을 이어받아 영남학파의 중추가 되었다. 그의 저술 중 일부는 임진왜란 당시 일본군이 약탈해갔는데, 이 책들은 일본 성리학 발전에 영향을 주기도 하였다.

율곡 이이는 23세 때 이황을 방문하여 학문적 교류를 했다. 퇴계는 율곡에 대하여 "군자와 같은 뛰어난 재주로 어린 시절에 정도를 일으키니 후일에 성취를 무엇으로 헤아릴까?" 라며 그의 앞날을 예견했다. 이황이 죽자 율곡 이이는 "조선의 공자가 죽었다."라며 애통해했다.